特進

最　高　水　準　問　題　集

中学地理

文英堂

本書のねらい

　いろいろなタイプの問題集が存在する中で，トップ層に特化した問題集は意外に少ないといわれます。本書はこの要望に応えて，難関高校をめざす皆さんの実力練成のための良問・難問をそろえました。

　本書を大いに活用して，どんな問題にぶつかっても対応できる最高レベルの実力を身につけてください。

本書の特色と使用法

 国立・私立難関高校をめざす皆さんのための問題集です。実力強化にふさわしい，質の高い良問・難問を集めました。

▶ 本書は，最高水準の問題を解いていくことによって，各章の内容を確実に理解するとともに最高レベルの実力が身につくようにしてあります。

▶ 二度と出題されないような奇問は除いたので，日常学習と並行して，学習できます。もちろん，入試直前期に，ある章を深く掘り下げて学習するために本書を用いることも可能です。

▶ 各問題には[タイトル]をつけて，どんな内容の問題であるかがひと目でわかるようにしてあります。

▶ 中学での履修内容の発展として出題されることもある，難問・超難問も掲載しました。難関私立高校では頻出の項目を網羅してありますので，挑戦してください。

2 **巻末にある「実力テスト」で，これまでに学んだ知識の確認と実力の診断ができます。**

▶ 巻末にある**実力テスト**で，実力がついたかどうかが点検できます。50分で70点以上とることを目標としましょう。

▶ わからなかったところやまちがえたところは，教科書や参考書を見て確認しておきましょう。

時間やレベルに応じて，学習しやすいようにさまざまな工夫を
しています。

▶ 重要な問題には ◀頻出 マークをつけました。時間のないときには，この問題だけ学習すれば短期間での学習も可能です。

▶ 各問題には1〜3個の★をつけてレベルを表示しました。★の数が多いほどレベルは高くなります。学習初期の段階では★1個の問題だけを，学習後期では★3個の問題だけを選んで学習するということも可能です。

▶ とくに難しい問題については 難▶ マークをつけました。果敢(かかん)にチャレンジしてください。

▶ 欄外にヒントとして 着眼 を設けました。どうしても解き方がわからないとき，これらを頼りに方針を練ってください。

 くわしい 解説 つきの別冊「解答と解説」。どんな難しい問題でも解き方が必ずわかります。

▶ 別冊の解答と解説には，各問題の考え方や解き方がわかりやすく解説されています。わからない問題は，一度解答を見て方針をつかんでから，もう一度自分1人で解いてみるといった学習をお勧めします。

▶ 必要に応じて *トップコーチ* を設け，知っているとためになる知識や，高校入試に関する情報をのせました。

4

もくじ

1編 世界と日本の姿 問題番号 ページ
1 世界の地域構成 ……………………………………… *1 ～ 6* … *5*
2 日本の地域構成 ……………………………………… *7 ～ 11* … *12*

2編 世界のさまざまな地域
3 世界の自然環境 ……………………………………… *12 ～ 15* … *16*
4 アジア ……………………………………………… *16 ～ 26* … *21*
5 ヨーロッパ ………………………………………… *27 ～ 31* … *34*
6 アフリカ …………………………………………… *32 ～ 35* … *44*
7 南北アメリカ ……………………………………… *36 ～ 41* … *49*
8 オセアニア ………………………………………… *42 ～ 46* … *57*

3編 日本のさまざまな地域
9 身近な地域の調査 ………………………………… *47 ～ 51* … *63*
10 日本の自然環境 …………………………………… *52 ～ 56* … *72*
11 日本の産業・エネルギー ………………………… *57 ～ 61* … *78*
12 日本の貿易・交通・通信 ………………………… *62 ～ 66* … *82*
13 環境問題 …………………………………………… *67 ～ 70* … *87*
14 九州地方 …………………………………………… *71 ～ 75* … *92*
15 中国・四国地方 …………………………………… *76 ～ 79* … *98*
16 近畿地方 …………………………………………… *80 ～ 83* … *104*
17 中部地方 …………………………………………… *84 ～ 89* … *110*
18 関東地方 …………………………………………… *90 ～ 94* … *118*
19 東北地方 …………………………………………… *95 ～ 99* … *126*
20 北海道地方 ………………………………………… *100～102* … *133*

第**1**回 **実力テスト** ……………………………………… *136*
第**2**回 **実力テスト** ……………………………………… *142*
第**3**回 **実力テスト** ……………………………………… *148*
第**4**回 **実力テスト** ……………………………………… *154*

別冊 解答と解説

1 世界の地域構成

解答 別冊 *p.2*

★1 ［正距方位図法と時差］ ◀頻出

右の図は，中心からの距離
と方位が正しい正距方位図法
で描かれた世界図である。中
心は東京である。この図を見
て，以下の問いに答えなさい。

（石川・金沢大附高）

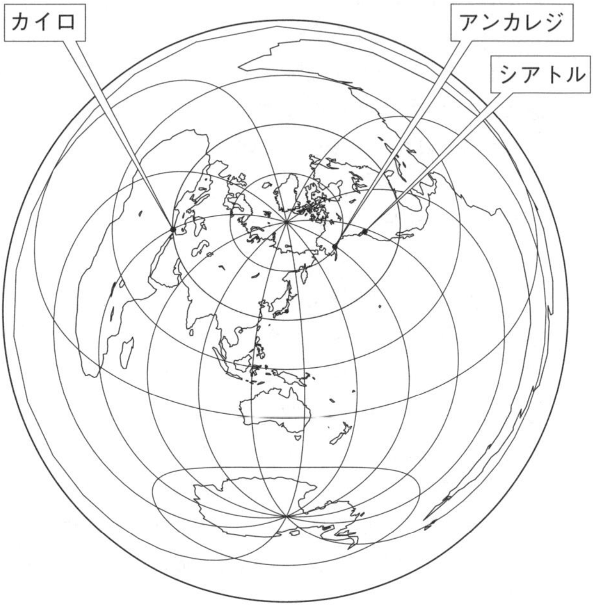

カイロ
アンカレジ
シアトル

(1) 東京から飛び立った航空
機がまっすぐに東へ進むと
き，アメリカ大陸のどのあ
たりに到達するか，次のア
～エのうちから正しいもの
を一つ選び，記号で答えよ。

ア　アラスカ州（アメリカ
合衆国）

イ　カリフォルニア州（ア
メリカ合衆国）

ウ　パナマ

エ　チリ

(2) 東京―カイロ間の距離に近いものを，次のア～オのうちから一つ選び，記号で答え
よ。

ア　5,000km　　イ　6,700km　　ウ　10,000km　　エ　15,000km　　オ　20,000km

(3) アンカレジの経度は何度か，次のア～カのうちから一つ選び，記号で答えよ。

ア　東経150度　　イ　東経90度　　ウ　東経30度

エ　西経30度　　オ　西経90度　　カ　西経150度

(難)(4) 東京を2月10日午前10時に飛び立ち，約10時間でシアトルに到着，その後2時間待
機して再びアンカレジに向かった。シアトル―アンカレジ間は約4時間であった。ア
ンカレジに着いたのは，現地時間で何月何日の何時か，答えよ。

★2 ［正距方位図法と世界の国々］

正距方位図法で描かれた次ページ以後の図1，図2を見て，また各図に関して述べた
文章を読み，問いに答えなさい。

（鹿児島・ラ・サール高）

図1は，正距方位図法を用い
て東京を中心として描いた世界
全図である。正距方位図法は，
図の中心からの距離と方位を正
しく示す図法であるので，図1
を用いれば，東京から東へまっ
すぐ進むと（　①　）諸島付近を
通過して（　②　）大陸に達する
ことが読み取れる。また，東京
からニューヨークは，東京から
（　③　）とほぼ同じ距離である
こともわかる。

図1

正距方位図法で世界全図を描
けば，中心から最も遠い点が，
最も遠く示されるはずである。
従って，図1の外周は，東京から最も遠い点が示されていることになる。図1は半径
4 cmの円で世界全図を描いているので，この図の縮尺は（　④　）分の1である。

(1)　文章中の（　①　）に当てはまる諸島名を記せ。

(2)　文章中の（　②　）に当てはまる大陸名を記せ。

(3)　文章中の（　③　）に当てはまる都市名を，次のア～エのうちから一つ選び，記号で
　　答えよ。

　　ア　デリー　　イ　ブエノスアイレス　　ウ　マドリード　　エ　ヨハネスバーグ

(4)　文章中の（　④　）に当てはまる数値を記せ。

(5)　次の①，②は，東京から見てどの方向に位置するか。適当な方位を，あとのア～ク
　　のうちから一つずつ選び，記号で答えよ。

　　①　ニューギニア島　　②　黒海

　　ア　北　　イ　北東　　ウ　東　　エ　南東

　　オ　南　　カ　南西　　キ　西　　ク　北西

(6)　東京から西へまっすぐ進むコースを考える。そのコース上にある国のうちから三つ
　　を選び，東京から近い順にa国，b国，c国とする。次の文章を参考にして，それぞ
　　れの国名を記せ。

> 　a国は3か国中最も一人当たりの国内総生産が多く，アジアNIESの一つに数
> えられている。b国は3か国中最も人口が多く，また最も面積が大きく，人口の
> 大半は東部に集中している。c国は3か国中最も人口密度が高く，国土の大半が
> 大河の三角州上に位置し，しばしば洪水の被害を受ける。

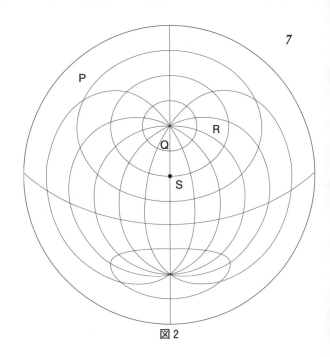

難►(7) 図1上では，赤道はどのように表現されるか。図に赤道を書き入れよ。

　図2は，正距方位図法を用いて，北緯30度，西経90度（●で示された地点）を中心とした世界全図を描いたものである。ただし，緯線，経線のみをそれぞれ30度ごとに示し，陸地は省略している。図2上には緯線や経線で分割された領域がいくつかあるが，すべて，緯度差30度，経度差30度の領域である。これらの領域のうちから四つを選んで，それぞれP，Q，R，Sとする。

図2

難►(8) 領域P～Sの実際の面積を比較したとき，正しく示されているものを，次のア～カのうちから一つ選び，記号で答えよ。

　ア　P＞R＞S＞Q　　イ　P＞S＞R＞Q　　ウ　S＞P＞R＞Q
　エ　P＝S＞R＞Q　　オ　P＝R＞S＞Q　　カ　P＞R＝S＞Q

難►(9) 領域P，Q，R，Sに国土の一部または全部が含まれる国を一つずつ選び，それぞれp国，q国，r国，s国とする。次の文章を参考にして，それぞれの国名を記せ。

> 　p国は4か国中最も人口が多く，また国民の大半がイスラム教徒の国である。q国は4か国中最も面積が大きく，人口の大半は南部に集中している。r国は4か国中最も貿易額が大きく，世界有数の工業国であるが，東西の経済格差の問題を抱えている。s国は，OPECに加盟している。

難►(10) 図2中の緯度差30度，経度差30度の領域のうち，東京を含むところを一つ選び，図中に斜線をほどこせ。

★3 ［正距方位図法とミラー図法の地図①］
　世界の地理について，(1)～(2)の問いに答えなさい。　　　　　　　　（鳥取県）

(1) まゆみさんは世界旅行の計画をたて，その大まかなルートを次ページのように考えた。この中で，ルートに入っていない海洋はどこか，地図1中のX～Zから一つ選び，

地図1

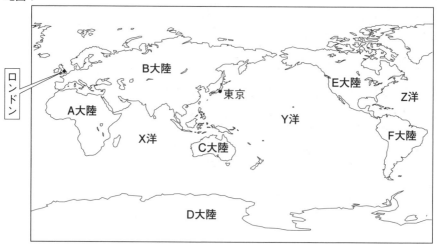

記号で答えよ。また，その名称も答えよ。

　　日本を出発して，オーストラリア大陸に行き，インド洋を横断してアフリカ大
　陸に渡る。さらにアフリカ大陸を北上し，地中海を経由してヨーロッパに渡り，
　ユーラシア大陸を東に進む。そして，北アメリカ大陸の西岸に渡り，そこから南
　アメリカ大陸に向かって進む。さらに，南アメリカ大陸の南端から，ニュージー
　ランドを経由して帰国する。

地図2

(2)　地図2は，東京からの距離と
　方位が正しく表された地図であ
　る。これを見ながら，次の各問
　いに答えよ。

　①　地図2中のアの大陸を，地
　　図1中のA～Fから一つ選び，
　　記号で答えよ。

（難）②　東京からロンドンまで，最
　　短距離を移動する場合，地図
　　1中ではどのようなコースに
　　なるか。地図2を参考にして，
　　地図中に記入せよ。

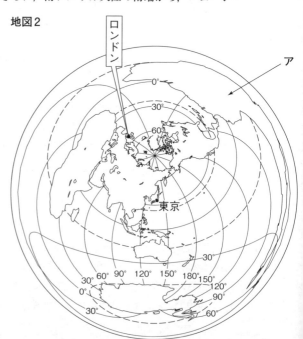

★4 ［正距方位図法とミラー図法の地図②］ ＜頻出

次の地図1，地図2を見て，下の問いに答えなさい。

(富山第一高)

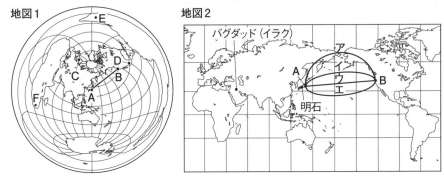

地図1　地図2

注：地図1は東京からの距離と方位が正しい地図である。
　　地図2は緯線と経線が直角に交わった地図である。

(1) 地図2のア〜エのうち，地図1の中のA—Bの間の最短距離を表しているものを一つ選び，記号で答えよ。

(2) 地図1に関する次のア〜オの説明文のうち，適切でないものを一つ選び，記号で答えよ。

　ア　この地図は航空図として利用される。

　イ　都市Aから都市Bに向かい最短距離を飛行機で飛び続け，日付変更線を越えたところで，日付を一日遅らせる。

　ウ　都市CとDでは，都市Cの方が冬至の日の日照時間は長い。

　エ　都市Eを通る経線は，西経で表される。

　オ　都市Fは大陸の南に位置する。

(3) 地図1の最も外側の線が表しているものは何と考えられるか，簡単に答えよ。

(4) 地図2を見て，イラクの首都であるバグダッドと，日本の明石との時差はおよそどれくらいか。次のア〜エより一つ選び，記号で答えよ。

　ア　2時間　　イ　4時間　　ウ　6時間　　エ　8時間

着眼

4 地図1は東京を中心とした正距方位図法の地図で，入試頻出の超重要ポイント。図の中心から見て，方位と距離が正しい。地図2はミラー図法といい，形が美しいという特色しかないので，覚える必要はない。次ページのメルカトル図法と同様に，緯線と経線が直交するが，グリーランドあたりの形を見ると，違いが分かる。メルカトル図法は，角が正しく，海図に利用される点を理解しておきたい。メルカトル図法では一般に，2点間の最短コースは曲線になるが，その様子はミラー図法でもほぼ同じように表される。

★**5**　［正距方位図法とメルカトル図法の地図］

　　次の文は，飛行機で東京から最短距離でブエノスアイレスとサンパウロへ移動する場
合の比較をした文章である。下の二つの地図を利用して，最も適切な文を一つ選び，記
号で答えなさい。
（大阪・東海大付仰星高）

　ア　ブエノスアイレスとサンパウロはほぼ同じ距離であるが，ブエノスアイレスは東
　　へ，サンパウロは北へ飛行せねばならない。

　イ　ブエノスアイレスとサンパウロはほぼ同じ距離であるが，ブエノスアイレスは東
　　へ，サンパウロは南へ飛行せねばならない。

　ウ　ブエノスアイレスとサンパウロのどちらも飛行する方角は南東であるが，ブエノ
　　スアイレスのほうがサンパウロより遠い。

　エ　ブエノスアイレスとサンパウロのどちらも飛行する方角は南東であるが，サンパ
　　ウロの方がブエノスアイレスより遠い。

　オ　ブエノスアイレスとサンパウロのどちらも飛行する方角は南東であり，距離も同
　　じくらいである。

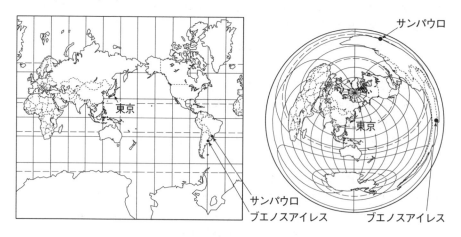

★**6**　［地球とおもな国々］　**＜頻出**

　　次ページの地図を見て，次の問いに答えなさい。
（三重・高田高）

(1)　地球は大きく六つの大陸にわかれている。そのうち，面積が二番目に大きいものは，
　何か。次のア〜カから選べ。

　ア　ユーラシア大陸　　　イ　アフリカ大陸　　　　ウ　南アメリカ大陸

　エ　南極大陸　　　　　　オ　オーストラリア大陸　カ　北アメリカ大陸

(2)　地球の海と陸の割合を示したものを，次のア〜オから選べ。

　ア　海3：7陸　　イ　海4：6陸　　ウ　海5：5陸

　エ　海6：4陸　　オ　海7：3陸

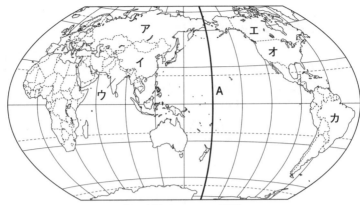

［上の図法はヴィンケル図法］

(3) 地図中のＡの線は，経度180度の線である。この線に最も関係のあるものは，何か。次のア～オから選べ。

ア 回帰線　イ 本初子午線　ウ 日付変更線

エ 赤道　オ 標準時子午線

(4) 北緯35度，東経137度の地点は，名古屋市付近にある。地球儀上でこの地点から最も遠くてちょうど反対側にある地点の緯度，経度は，何度になるか。次のア～カから選べ。

ア 南緯35度，西経43度　イ 南緯35度，西経137度　ウ 北緯35度，東経43度

エ 北緯55度，西経43度　オ 南緯55度，東経137度　カ 南緯55度，西経43度

(5) 次の緯度，経度に関する文のうち，誤っているものは，どれか。次のア～エから選べ。

ア 世界の各国は，標準時子午線の上に太陽が来た時を正午としている。

イ 世界各国の標準時は，だいたい経度15度ずつを目安にしている。

ウ 夏期に時計を実時間より１時間遅らせるサマータイムをとる国もある。

エ 世界の国々の中には，標準時をいくつももつ国がある。

(6) 右の表は，地図中のア～カの国々の人口と面積を表したものである。表中のＣの国は，どこか。地図中のア～カから選べ。

	面積 （万km²）	人口 （万人）
A	999	3,741
B	1,710	14,587
C	963	32,907
D	329	136,642
E	852	21,105
F	960	143,378

（「世界国勢図会2019/20」より作成）

2 日本の地域構成

解答 別冊 *p.5*

★**7** ［日本の領域の端］ ◀頻出

　右の地図中のA～Dは，日本が主張する領域の
東西南北の端を示している。日本の領土あるいは
領有を主張している島や島々を説明した次の1～
5の文章を読んで，あとの設問に答えなさい。

（千葉・渋谷教育学園幕張高）

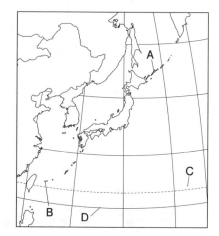

1　合わせて4畳半くらいの二つの岩が，満潮時
　に70cmだけ海面上に突起する状況で，島が消
　滅の危機にあった。そのため300億円以上の費
　用をつぎ込み，コンクリートなどで囲み，チタ
　ンの蓋で保護する工事が行われた。

2　全周6km，海抜7～8mの三角形のサンゴ
　礁の島で，熱帯性のモンパの木におおわれてい
る。別名マーカス島とよばれ，島には観測や警備のため日本の気象庁，自衛隊，海上
保安庁の人々が駐在している。

3　五つの島と三つの岩礁から構成されている。1969年以降，周辺海域に石油や天然ガ
　スが埋蔵されている可能性が出てきてから他国からの領有権の主張が激しくなった。
　最も大きい島は，飲料水を確保できるため以前は人が住んでいた。

4　東島と西島の小さな島と数十個の岩礁から構成されている。X国では独島とよばれ，
　現在，東島にはX国の警察が常駐し，灯台，見張り場，兵舎などが建っている。日本
　は1905年にこの島々の領有を宣言している。

5　三つの島と一つの群島で構成されている。第二次世界大戦前には日本人が居住して
　いたが，敗戦後，一方的にY国に占領されたままになっている。日本は固有の領土と
　して返還を求めているが，未だに実現していない。

⑴　地図中のA～Dについて，1～5の各文に説明のないものを一つ選び，地図の中の
　記号で答えよ。

⑵　XとYにあたる国名を答えるとともに，それぞれの国家の説明として正しいものを
　次より一つずつ選び，記号で答えよ。

　ア　親子三代にわたり世襲政治が行われ，日本とは国交が正常化されていない。

　イ　一国二制度や，市場経済の導入により人々の生活は向上した。

　ウ　1997年より主要国首脳会議（サミット）に正式参加している。

　エ　「ヒュンダイ」や「サムスン」などの企業により経済は急成長した。

　オ　日本へのバナナの輸出が多くて知られている。

(3) 下線部について，日本がここまでして領土を確保する理由を，次のわく内で説明せよ。

> [   ]

★**8** [日本の領域]

次の文を読んで，下の問いに答えなさい。 (東京学芸大附高)

日本は，経度でみるとおよそ東経（ ① ）度から（ ② ）度の間にある。日本の標準時は，東経（ ③ ）度の経線で定めていて，日本は東西に長いので，東の端と西の端では日の出・日の入の時刻が大きく違っている。また，緯度でみるとおよそ北緯（ ④ ）度から（ ⑤ ）度の間にあり，南北に長いことから，南部と北部では気候にかなりの違いがみられる。

日本の面積は約（ ⑥ ）万km²あり，北海道，本州，四国，九州の四つの大きな島と周辺の小さな島じまからなっている。日本列島は，北海道の宗谷岬から沖縄の与那国島まで直線距離で約（ ⑦ ）kmあり，弓のような形にのびている。

日本は領域の外側に経済水域を設定している。近年，多くの国ぐには，経済水域で得られる水産資源や鉱産資源は沿岸国のものであると互いに認めあっている。日本には，沖ノ鳥島などの離島が多数あるため，経済水域は国土面積の約（ ⑧ ）倍にもなる。沖ノ鳥島は小さな島であるが，この島がなくなってしまうと，日本は約40万km²もの経済水域を失ってしまうため，政府はこの島を波の侵食から守るために護岸工事を行った。

(1) （ ① ）・（ ② ）にあてはまる数値の組み合わせを次から選び，記号で答えよ。

	ア	イ	ウ	エ	オ	カ	キ	ク	ケ
（①）	102	102	102	112	112	112	122	122	122
（②）	144	154	164	144	154	164	144	154	164

(2) （ ③ ）にあてはまる数値を答えよ。

(3) 下線部について，イギリスのロンドンを通っている経度の基準となる経線を何とよんでいるか。**漢字5字**で答えよ。

(4) （ ④ ）・（ ⑤ ）にあてはまる数値の組み合わせを次から選び，記号で答えよ。

	ア	イ	ウ	エ	オ	カ	キ	ク	ケ
（④）	15	15	15	20	20	20	25	25	25
（⑤）	46	51	56	46	51	56	46	51	56

(5) （ ⑥ ）にあてはまる数値を答えよ。

(6) （ ⑦ ）にあてはまる数値として最も適切なものを次から選び，記号で答えよ。

ア 1,000 イ 3,000 ウ 5,000 エ 7,000

(7) （ ⑧ ）にあてはまる数値として最も適切なものを次から選び，記号で答えよ。

ア 2 イ 3 ウ 6 エ 12

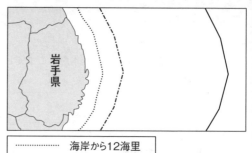

.... 海岸から12海里
—·—·—· 海岸から24海里
———— 海岸から200海里

★9　[経済水域]

　右の図は，岩手県を中心として，わが国の海岸から，12海里，24海里，200海里を三種類の線で示した模式図である。経済水域は図中のどの範囲になるか。その範囲を ⊘ で表しなさい。　　　　（岩手県）

★10　[日本の領域と周囲の国々] ◁頻出

　右の地図を見て，次の問いに答えなさい。

（熊本・真和高）

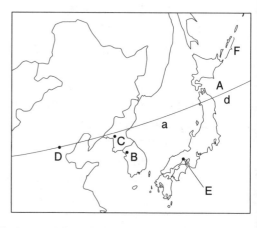

(1)　A線の緯度を次のア～エから一つ選び，その記号で答えよ。

　ア　北緯20度　　イ　北緯30度
　ウ　北緯40度　　エ　北緯50度

(2)　B～Dはそれぞれの国の首都を示している。それぞれの都市名を答えよ。

(3)　Eの都市の経度を次のア～エから一つ選び，その記号で答えよ。

　ア　東経115度　　イ　東経125度
　ウ　東経135度　　エ　東経145度

(4)　Aの緯線が通る国を次のア～エから一つ選び，その記号で答えよ。

　ア　イギリス　　イ　スペイン　　ウ　スウェーデン　　エ　メキシコ

(5)　Fの地域にある島は，日本固有の領土であるが外国に占領されている。占領している国の現在の国名を答え，さらに占領された時期を次のア～エから一つ選び，その記号で答えよ。

　ア　江戸時代　　イ　明治時代　　ウ　大正時代　　エ　昭和時代

(6)　BとCの都市のある国の国境線は，北緯何度の線に近いか。次のア～エから一つ選び，その記号で答えよ。

　ア　北緯35度　　イ　北緯36度　　ウ　北緯37度　　エ　北緯38度

(7)　Dの都市のある国は，人口抑制政策をとっていた。それを何というか，答えよ。

(8)　右の図は，上の地図中のA線にそった大まかな断面図である。これを見て次の問いに答えよ。

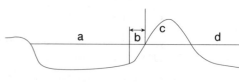

　①　aの海の名称を答えよ。

　②　bは海岸線から12海里の範囲に定められている。この範囲を何というか，答えよ。

③ cは陸地の部分を表している。
この領域を何というか，答えよ。
④ dの海の名称を答えよ。

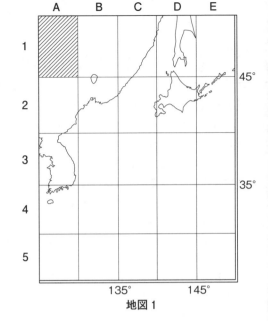

地図1

★**11** [日本列島と地域区分]
日本の地理について，(1)～(2)の問い
に答えなさい。　　　　　　（鳥取県）

(1) 日本列島の一部しか描かれていな
い**地図1**の中で，鳥取県はどこに位
置するのか。記号（**A～E**）と数字
（**1－5**）を用い，例えば**地図1**中の
 に位置する場合は「**A1**」と
いうように答えよ。

※地図中の直線は経線，緯線を
示している。

(2) 都道府県を七つの地方に区分した
地図2に関して，次の**表1**は各地方
の面積と人口密度を面積の広い順に
並べたものである。このうち，**C**に
該当するのはどの地方か，**地図2**中
の**ア～キ**から一つ選び，記号で答え
よ。

地図2

表1

	面積 (km²)	人口密度 (人/km²)
北海道地方	83,424	67.4
東北地方	66,947	130.8
中部地方	66,807	318.6
A	50,725	218.5
B	44,512	321.5
C	33,126	675.2
D	32,433	1,336.9

（「日本国勢図会2019/20」ほかより作成）

眼
11 (2) **C**と**D**は面積が同じくらいなのに，人口密度は2倍の差があることから考えていく。

3 | 世界の自然環境

解答 別冊 *p.7*

★12 ［世界の国々の自然と産業］ ◀頻出

世界の国々の中で，面積の大きい上位10か国を順不同であげると，A，B，C，D，
Eの5か国とアルゼンチン，オーストラリア，カザフスタン，カナダ，アルジェリアで
ある。同じように人口規模の大きい上位10か国をあげると，A〜Eの5か国はその中に
含まれる。A〜Eの5か国の自然環境や農業に関する次の文章を読み，A〜Eの各国を
判定した上で，あとの問いに答えなさい。
（東京・開成高）

A国の北方には高くけわしい山脈が連なり，国の南部には①雨季と乾季がはっきりし
ている広い高原があり，両者の間には帯状に平地が横たわる。南部の高原では②商品作
物の栽培，帯状の平地では③穀物の栽培がさかんである。

B国の西部には高い山脈や広い高原があり，そこは全体として乾燥しており，一般に
④家畜の飼育がさかんである。一方東部は全体として湿潤で，丘陵を含む低平な土地が
多く，⑤穀物や⑥商品作物の栽培がさかんである。

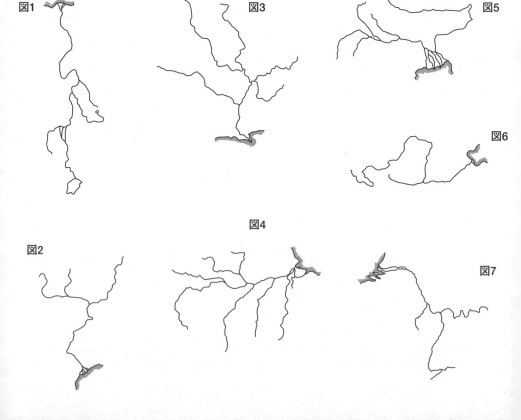

　　C国は，西部に走る低い山脈を境にその西側には丘陵を含む広大な平地が広がり，その山脈の東側には二つの大河にはさまれた広い湿地帯とさらに東方に続く高原状の土地が広がる。この国の国土の大半は⑦森林や荒地で農耕に適さず，作物栽培に適する土地は主に西部にあるが，国土の大きさに比してきわめて少ない。

　　D国の北部には⑧森林をともなう広大な盆地状の平地があり，南部には⑨雨季と乾季がはっきりしている高原が広がる。この国の農業は，かつては南部の高原でさかんな⑩商品作物の栽培にかたよっていたが，今日では多角化が進み，飼料作物の栽培や⑪家畜の飼育も増加した。

　　E国の西部には高くけわしい山脈が連なり，東部には低い山脈が走り，両者の間には広大な平地が広がる。この平地では⑫穀物の栽培や⑬家畜の飼育がきわめて大規模な形で行われ，生産された大量の農畜産物が世界各地に輸出される。

(1)　前ページの図1〜図7は世界の代表的な大河の流路を，いくつかの支流を含めて抜き出したものである。A〜Eに最もよくあてはまる図を一つずつ選び番号で答え，かつそれぞれの河川名を次のア〜シから選び記号で答えよ。ただし，すべての図は北を上にしてある。しかし縮尺は統一していない。なお，流路の途中に作られた人造湖は省略してある。

〈選択肢〉

ア　ナイル川	イ　ライン川	ウ　アマゾン川	エ　ドナウ川
オ　メコン川	カ　コロラド川	キ　ミシシッピ川	ク　黄河
ケ　インダス川	コ　ボルガ川	サ　ガンジス川	シ　長江

(2)　上の文章中の下線部①〜⑬について述べた次の各文の正誤を判定し，それぞれのグループから一つずつ正しい内容のものを選び，記号で答えよ。

　a　①・⑨について
　　ア　①の雨季は6月〜9月，⑨の乾季は11月〜3月である。
　　イ　①の乾季は6月〜9月，⑨の雨季は1月〜4月である。
　　ウ　①の雨季は6月〜9月，⑨の乾季は5月〜8月である。
　　エ　①の乾季は11月〜4月，⑨の雨季は5月〜8月である。

　b　②・⑥・⑩について
　　ア　ぶどうとバナナはいずれも②・⑥・⑩にあてはまる。
　　イ　綿花は②・⑥のいずれにもあてはまる。
　　ウ　カカオは⑥・⑩のいずれにもあてはまる。
　　エ　さとうきびとビート（てんさい）はいずれも②・⑩にあてはまる。

　c　③・⑤・⑫について
　　ア　小麦は③・⑤・⑫のいずれにもあてはまる。
　　イ　米は⑤・⑫のいずれにもあてはまるが，③にはあてはまらない。
　　ウ　とうもろこしは③・⑤のいずれにもあてはまるが，⑫にはあてはまらない。

エ　小麦，米，とうもろこしはすべて⑫にあてはまり，いずれの土地生産性（単位面積あたりの収穫量）も極めて高い。

d　④・⑪・⑬について

ア　④・⑪はいずれも草原で行われる羊の遊牧が中心である。

イ　④・⑬はいずれも牧草を栽培し乳牛を飼育する酪農が中心である。

ウ　⑪・⑬はいずれも肉牛飼育が中心であるが，⑪では森林を切り開き放牧する形態が見られる一方で，⑬では一定の囲いの中で集中的に肥育する形態が見られる。

エ　④・⑪・⑬のいずれもハムやソーセージの生産用の豚の飼育が中心である。

e　⑦・⑧について

ア　⑦は樹種が少ない単調な針葉樹林が中心であるが，⑧は樹種がきわめて多様で複雑な広葉樹林が中心である。

イ　⑦は2m以下の背丈の低い針葉樹の森林であるが，⑧は30m～40mの背丈の高い針葉樹の森林である。

ウ　⑦・⑧はいずれも日本の白神山地に見られるのと同質の森林である。

エ　⑦・⑧はいずれも有用材の供給という点では価値の乏しい森林ではあるが，地球環境問題の視点に立つとその価値は計り知れない。

★13　［地震とハリケーン］

以下の各問いに答えなさい。 （東京・お茶の水女子大附高）

(1)　2004年12月にはスマトラ沖の地震に伴う津波の災害が起き，2005年10月はパキスタンで大きな地震が起きた。日本でも，2004年10月の新潟県中越地震，2005年3月の福岡県西方沖地震，8月の宮城県沖の地震と大きな地震が続いた。また，2011年3月の東北地方太平洋沖地震による大災害で，地震に対する警戒感はより一層高まっている。一方，地球上にはほとんど地震の起こらない地域もある。地球上で地震が起きやすいのはどのような場所か，答えよ。

(2)　2005年10月にアメリカ合衆国南部は巨大なハリケーンに襲われた。ハリケーンと同種の熱帯低気圧は，日本付近では何と呼ばれるか，名称を答えよ。

★★14　［世界の気候区分］

次ページの枠内の文章は，植生の分布をもとにドイツの気候学者ケッペンが行った世界の気候区分の説明である。この説明を読み，後の設問(1)(2)に答えなさい。

（東京学芸大附高改）

　12　A～Eの国は面積が広く，人口も多いことから，候補となる国をあげる。そして，問題文と(1)の河川名，河川の図からA～Eの国名を確定するのが先決。

《ケッペンによる気候区分》

　　ケッペンによる乾燥帯と熱帯，温帯の気候区分のしかたは以下の通りである。

(a)　まず，乾燥帯と熱帯，温帯を区分する。乾燥帯である条件は次の通りである。

「乾燥帯の条件」─────────────────────────────

　　各地点において乾燥限界値を求める。乾燥限界値は次の式で表される。

　　　乾燥限界値＝20×（年平均気温＋a）……（あ）

　　（あ）の式のaは以下の（ⅰ）～（ⅲ）に示される定数である。

　　　（ⅰ）　年間で最も降水量の多い夏の月の降水量が，年間で最も降水量が少な
　　　　　い冬の月の降水量の10倍よりも多い場合，aは14とする。

　　　（ⅱ）　年間で最も降水量の多い冬の月の降水量が，年間で最も降水量が少な
　　　　　い夏の月の降水量の3倍よりも多い場合，aは0とする。

　　　（ⅲ）　上記の（ⅰ）および（ⅱ）のいずれにもあてはまらない場合，aは7
　　　　　とする。

　　各地点の年間降水量が，（あ）の式で求められた乾燥限界値より少ない場合が
　乾燥帯となる。

　〔注〕　単位は，降水量および乾燥限界値をmm，気温を℃とする。

(b)　乾燥帯でない地域について，熱帯と温帯を区分する。熱帯と温帯の条件は以下
　の通りである。

「熱帯，温帯の条件」────────────────────────────

　　最も寒い月の平均気温が18℃以上の地域が熱帯，－3℃以上18℃未満の地域を
　温帯とする。

(1)　次の表は，世界のある2都市の降水量と気温を示したものである。AとBの都市の
　乾燥限界値を求めよ。ちなみに，Aの都市は北半球，Bの都市は南半球にある。

	1月	2月	3月	4月	5月	6月	7月	8月	9月	10月	11月	12月	年
A	9.3	9.6	11.8	13.6	17.5	21.0	24.1	24.5	21.6	17.8	12.8	9.8	16.1
	40.5	37.2	34.6	39.7	46.0	30.6	20.4	59.0	84.5	91.5	61.8	43.9	589.7
B	29.7	29.4	29.5	28.2	24.8	22.2	21.3	22.7	25.1	27.6	29.2	29.9	26.6
	225.5	182.8	105.6	20.6	23.5	14.7	3.9	1.9	1.0	1.5	9.0	64.3	654.3

（上段：気温（℃），下段：降水量（mm））
（『理科年表2020年版』ほかより作成）

(2)　AとBの都市は，ケッペンの気候区分のうちの熱帯，乾燥帯，温帯のどれにあたる
　か。それぞれ答えよ。

着眼

14 (1)　乾燥限界値を求めるには，（あ）の式を使う。そのとき，aの値を（ⅰ）～（ⅲ）の条
　　件によって求める。Aは北半球なので，6～8月が夏，Bは南半球なので，6～8月が冬に
　　なる。

★★15 ［世界の国々と自然］ < 頻出

次の文章を読み，後の問いに答えなさい。

（東京学芸大附高）

　世界には約190の国がある。それらの国々の面積は約0.44km^{2}のバチカン市国から約1,709.8万km^{2}という広大な国土を持つロシアまでさまざまである。日本の国土面積はロシアの約45分の1だが，①日本より狭い国土の国は世界にはたくさんある。世界の国々の国境線の多くは，山の尾根や河川などに引かれているが，地形とは無関係に経線や緯線に沿って国境が引かれているところもある。アメリカ合衆国とカナダの国境のうち西の方は，②北緯49度の緯線であり，アメリカ合衆国のアラスカとカナダの国境の大部分は西経141度の経線である。③日本とほぼ同じ緯度帯に位置する国をみると，日本と似たような気候の国々がある一方，非常に異なる気候の国々もある。経線は，イギリスのロンドンを通る経線を0度として，その東側を東半球，西側を西半球とよび，それぞれ経度は180度ずつある。経度0度から経度　**A**　度ごとに，1時間ずつ東半球は時刻が進み，西半球は逆になるので，経度180度が日付変更線になるが，必ずしも経度180度の経線と日付変更線は一致していない。キリバスの国土は経度180度の両側に位置する島からなるが，この国では東方に位置するミレニアム島の東側に日付変更線をずらし，この国の西方の島々の日付けと統一している。その結果，この国の④ミレニアム島では，イギリスの標準時より14時間進んだ標準時を使っている。

(1)　空欄**A**に入れる数字を答えよ。

(2)　下線部①に関連して，日本より国土面積の広い国を次のア～エのうちから一つ選び，記号で答えよ。

　　ア　大韓民国　　イ　フィリピン　　ウ　マレーシア　　エ　タイ

(3)　下線部②に関連して，北緯49度の緯線が国土内を通る国を次のア～エのうちから一つ選び，記号で答えよ。

　　ア　大韓民国　　イ　トルコ　　ウ　ドイツ　　エ　スウェーデン

(4)　下線部③に関連して，下の雨温図は，日本とほぼ同じ緯度帯に位置する国である大韓民国，イラン，スペインの首都と東京のものである。このうち大韓民国の首都のものをア～エのうちから一つ選び，記号で答えよ。

(5)　下線部④に関連して，ミレニアム島が2月13日の午後3時の時，東京は何月何日の午前または午後何時か，答えよ。

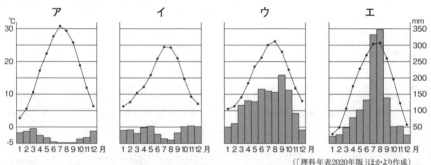

（「理科年表2020年版」ほかより作成）

4 アジア

解答 別冊 *p.9*

★16 ［東アジアのようす］ ◀頻出

中国とその周辺諸国について，下の地図を見て，後の各問いに答えなさい。

(熊本マリスト学園高)

(1) 次の文は，図中a
～cの河川をそれぞ
れ説明した文である。
これを読んで，後の
①～③に答えよ。

a この河川の下流
域では，気温が低
く降水量が少ない
ので，小麦などの
畑作がさかんであ
る。

b この河川の下流
に広がる平原では，
気温が高く水に恵
まれているので，米などの栽培がさかんである。

c この河川の下流には，外国企業が進出しやすいように規制が緩和されて，日本な
どの企業が多く進出している地域がある。

① 次の表Ⅰ，Ⅱは，米の生産量と輸出量の上位5か国の割合を示したものである。
表中のd，eにあてはまる国名を，後のア～オの中から選び，記号で答えよ。

表Ⅰ 米の生産量割合

国名	割合（％）
中国	27.6
インド	21.9
d	10.6
バングラデシュ	6.4
ベトナム	5.6

表Ⅱ 米の輸出量割合

国名	割合（％）
e	24.5
インド	24.5
ベトナム	12.9
パキスタン	9.8
アメリカ	8.2

(「世界国勢図会2019/20」より作成)

ア 日本　イ タイ　ウ マレーシア　エ インドネシア　オ フランス

② a，bの文にあてはまるそれぞれの河川名を答えよ。

③ cの下線部の地域を何というか。

(2)　図中 c の河川下流には，近年，中国に返還された地域がある。1997年にイギリスから，1999年にポルトガルから，それぞれ返還された地域の組み合わせとして正しいものを，次のア～カの中から選び，記号で答えよ。

	ア	イ	ウ	エ	オ	カ
イギリスから返還	マカオ	シャンハイ	ホンコン	マカオ	ホンコン	チンタオ
ポルトガルから返還	チンタオ	ホンコン	マカオ	シャンハイ	チンタオ	シャンハイ

(3)　図中 X の地域で進行している環境問題を答えよ。

(4)　図中 Y には，ネパール，インドと中国の国境をなす山脈がある。8,000m級の山が連なっているこの山脈名を答えよ。

(5)　中国の人口について，次の①，②に答えよ。

①　次の文中 f ， g にあてはまる数字の組合せとして正しいものを，後のア～カの中から選び，記号で答えよ。

『この国の人口は，増加を続けており2023年現在約 f 億人で世界第2位である。これは世界の人口の約 g ％にあたる。』

	ア	イ	ウ	エ	オ	カ
f	12	14	10	12	14	10
g	18	8	28	8	18	28

②　この国には，さまざまな民族が住んでいる。この中で人口に占める割合がもっとも多い民族は何か答えよ。

(6)　図中 Z 国についての説明として正しいものを，次のア～エの中から一つ選び，記号で答えよ。

ア　プランテーション農業がさかんで，天然ゴムや油やしなどが栽培されている。

イ　かつてイギリスの植民地であったが，現在は中国から移住してきた多くの人々が，商業や貿易などで活躍している。

ウ　ASEAN加盟国の中で，経済・政治面の中心的な役割を果たす国であり，石油や天然ガスの輸出がさかんである。

エ　1970年代，重工業の急速な発展により，農業中心から工業中心の国へ移行した，NIES（新興工業経済地域）を代表する国である。

★17 [中国の少数民族]

次の文を読み，あとの問いに答えなさい。　　　　　　（千葉・渋谷教育学園幕張高）

チベットは標高4,000mを超える高原に位置する地域である。谷間で小麦栽培を行ったり，高原で（ ① ）やヤギなどを飼育したりして暮らしている。a中華人民共和国（中国）には，少なくとも50を超える少数民族が存在する。その中でも特に人口の多い民族を中心に5つの自治区が設定されている。チベットは1965年に中国の自治区となった。

チベットまでの交通は不便だったが，2005年に青海省と西蔵（チベット）を結ぶb青蔵鉄道が完成し，人々の往来は以前より増加した。2008年3月，自治区内の人口の92.7%（2007年）を占めるチベット族が中国の支配に抗議して暴動を起こすなど政治的に不安定な地域となっている。

(1) 空欄（ ① ）にあてはまる，チベット族が荷役用および肉用や乳用として飼育するウシ科の家畜名を答えよ。

(2) 下線部aの少数民族や自治区について，**誤りのあるもの**を下記より一つ選び，記号で答えよ。

　　ア　新疆（シンチヤン）ウイグル自治区では，民族問題による暴動が2009年に発生した。

　　イ　チベット族とモンゴル族は，おもにラマ教を信仰している。

　　ウ　回（ホイ）族とウイグル族は，おもにキリスト教を信仰している。

　　エ　少数民族で最大の人口を有するのは，チョワン族である。

難(3) 下線部bは中国政府がある目的のために建設したと考えられている。観光や開発以外の理由を説明せよ。

★*18* ［東南アジアのようす］ **＜頻出**

東南アジアの地図について，次の各問いに答えなさい。

（熊本マリスト学園高）

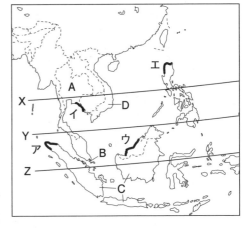

(1) 地図中のX～Zのうち赤道はどれか，記号で答えよ。

(2) 2004年12月のスマトラ沖地震は，津波によって多くの犠牲者が出た。津波の被害が最も大きかった地域を地図中のア～エから一つ選び，記号で答えよ。

(3) 地図中のA～Dの国と，かつてそこを植民地として支配していた国の正しい組合せをア～エから一つ選び，記号で答えよ。

　　ア　A・スペイン　　イ　B・オランダ
　　ウ　C・アメリカ　　エ　D・フランス

(4) 地図中のB国は日本の淡路島ほどの面積の島国である。工業が発達し，貿易でも大きな利益をあげているこの国名を答えよ。

(5) 地図中のC国で多くの人々が信じている宗教について①，②に答えよ。

　　① この国で多くの人々に信仰されている宗教は何か。

　　② この宗教に関係しない文をア～オから一つ選び，記号で答えよ。

　　　ア　酒を飲まない　　イ　メッカへの巡礼　　ウ　きびしい身分制度

　　　エ　断食を行う　　　オ　豚肉を食べない

★★19 ［東南アジアの宗教と産業］

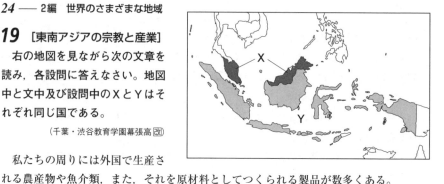

右の地図を見ながら次の文章を
読み，各設問に答えなさい。地図
中と文中及び設問中のＸとＹはそ
れぞれ同じ国である。

（千葉・渋谷教育学園幕張高 改）

私たちの周りには外国で生産さ
れる農産物や魚介類，また，それを原材料としてつくられる製品が数多くある。

最近，インスタント食品やスナック菓子，石鹸や洗剤などに利用されている（　①　）
は，Ｘ国の重要な輸出品になった。Ｘ国では，a 以前この国を植民地としていたある
ヨーロッパの国によって開発された（　②　）の大農園が広がっていたが，合成製品にお
されて需要が落ち込んだ。そこで生産を（　①　）に切り替える農家が増加した。その後，
（　①　）の需要はますます高まりb さらに農園は拡大した。

（　③　）の世界最大の消費国は日本で，日本国内では c 栽培漁業がおこなわれている。
Ｙ国でとれる（　③　）は，日本と種類は異なる。もともと海岸付近の（　④　）といわれ
る林で産卵し生息していたが，近年，需要の高まりとともに乱獲され天然ものは減少し
た。そのため養殖がさかんになり，次々に（　④　）の林は伐採されて養殖場に変わって
しまった。d Ｙ国では，高収入になることもあり，さらに内陸に養殖場が拡大したため，
ある農産物への影響が問題になっている。現在，日本への輸出が多いのはベトナムやＹ
国である。

⑴　ＸとＹの国名を答えよ。また，次の文章は両国で最も広く信仰されている共通の宗
　教についてのものである。下線部の誤りのあるものを一つ選び記号で答えよ。

　　もともと砂漠で生まれた宗教である。a ムハンマドがアッラーの神の教えを伝えて
　始まった。その後，後継争いから多数派のスンナ派と b イランやイラク南部で信仰さ
　れているシーア派に分裂した。現在でも民族紛争の火種になることも多い。地域によ
　って厳しさの違いこそあるが，c 飲酒や牛肉を食べることの禁止，d ラマダン月の断
　食，e 礼拝やメッカへの巡礼などの習慣をもつ宗教である。

⑵　文中の空欄（　①　）～（　④　）にあてはまる語句を答えよ。

⑶　文中の空欄（　②　）の農産物や，その原産地の説明として正しいものをア〜オより
　一つ選び記号で答えよ。

　ア　セルバとよばれる熱帯雨林で自生していた。
　イ　古くから南太平洋のマオリ族が薬として利用していた。
　ウ　古代文明の栄えた世界最長の河川の流域で自生していた。

エ　ヒンドゥー教を信仰する人々がデカン高原で儀式に利用していた。

オ　もともとX国やY国付近で自生していた。

(4)　文中の下線部aについて，このヨーロッパの国名を答えよ。

(5)　文中の下線部bについて，この農産物の農園が拡大することで現地ではどのような問題が起こっているか，答えよ。

(6)　文中の下線部cについて，養殖と栽培漁業の目的の違いが明らかになるように答えよ。

(7)　文中の下線部dについて，右の表は，Y国で養殖場に変わって影響を受けたある農作物の世界輸入量（2016年，千トン）の上位5か国を表している。この農産物名を答えよ。

中国	3,523
ベナン	1,464
コートジボワール	1,283
Y国	1,282
サウジアラビア	1,236
世界計	38,225

（「世界国勢図会2019/20」より作成）

(8)　右の表は，X国とY国から日本に輸出される上位5品目（2018年，百万円）である。表中Aにあたる品目は両国で産出されるものだが，ある工夫をして日本に運ばれている。どのような工夫をしているか，答えよ。

X国
機械類	638,676
A	610,577
合板	70,064
プラスチック	58,681
衣類	47,358

Y国
石炭	349,411
A	294,873
機械類	263,403
銅鉱	167,795
衣類	121,573

（「日本国勢図会2019/20」より作成）

★20　[インドシナ半島のようす]

知子さんは，インドシナ半島の国々に興味をもち，次の地図にあるラオスとベトナムについて調べた。あとの(1)～(4)の問いに答えなさい。

（宮城県 國）

(1)　地図をみて，次の①，②の問いに答えよ。

①　ラオスについて述べた文として，正しいものを，次のア～エから一つ選び，記号で答えよ。

ア　ラオスは，アジア州のうち，南アジアの国である。

イ　ラオスは，西側でベトナムに接している。

ウ　ラオスでは，メコン川が，河口のある中国に向かい流れている。

エ　ラオスでは，タイとの国境の一部にメコン川を利用している。

②　日本のようにまわりを海で囲まれた国を海洋国（島国）という。それに対し，ラオスのような国を何というか書け。

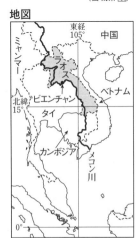

地図

(2) 次の**写真**は，ラオスの伝統的な住居である。このような住居の造りは，ラオスのどのような気候に適したものか，**資料A**を参考にして，簡潔に述べよ。

(3) ラオスの主要な産業が農業であ
ることを示すために必要な資料を，
次の**a〜d**から二つ選ぶとき，そ
の組み合わせとして，最も適切な
ものを，あとの**ア〜エ**から一つ選
び，記号で答えよ。

写真　**資料A**　ビエンチャンの気候と降水量

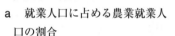

（「理科年表2020年版」より作成）

a　就業人口に占める農業就業人
口の割合

b　農地面積に占める水田の割合

c　全産業の生産額の合計に占める農業の割合

d　農業生産量に占める穀物の割合

　ア　aとc　　イ　aとd　　ウ　bとc　　エ　bとd

(4) 知子さんは，ベトナムの経済発展が進んでいることを知り，通信機器の普及度を調べるために，**資料B**を作成した。**資料B**は，2000年と2016年における，ベトナム，フィリピン，オランダのそれぞれの国の，人口100人当たりの固定電話契約数と人口100人当たりの携帯電話契約数を表したものである。a，bは，それぞれ，人口100人当たりの固定電話契約数，人口100人当たりの携帯電話契約数のいずれかに当たり，c，dは，それぞれベトナム，オランダのいずれかに当たる。人口100人当たりの携帯電話契約数に当たる記号と，ベトナムに当たる記号の組み合わせとして適当なものを，ア〜エから一つ選び，その記号を書け。

（愛媛県）

資料B

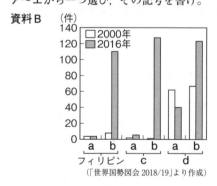

（「世界国勢図会 2018/19」より作成）

　ア　aとc　　イ　aとd　　ウ　bとc　　エ　bとd

着眼
20 (4)　固定電話は古くから使われている通信機器，携帯電話は近年急速に発展した通信機器だが，その普及については先進工業国と発展途上国で事情が異なっていることに注意する。

*21 [タイのようす]

さおりさんは，タイについて詳しく調べてレポートにまとめた。レポートや図表を見て，(1)～(6)の各問いに答えなさい。

(日本大山形高)

レポート

○　タ　イ　○「データブック オブ・ザ・ワールド2020」
＊首　都：バンコク
＊人　口：約6,962.6万人
＊面　積：約51.3万km²
＊言　語：タイ語（公用語）
＊民　族：タイ族系，中国系，ミャンマー族など
＊宗　教：仏教（83％），その他
＊その他：ASEAN（東南アジア諸国連合）に加盟

図Ⅰ

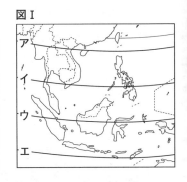

(1) 図Ⅰにおいて，赤道を示す緯線として正しいものを，ア～エから一つ選び，記号で答えよ。

(2) タイの人口密度として正しいものを，次のア～エから一つ選び，記号で答えよ。

ア　約13.6人／km²　　イ　約80.5人／km²
ウ　約135.7人／km²　　エ　約804.5人／km²

(3) タイ（バンコク）の雨温図として正しいものを，次のア～エから一つ選び，記号で答えよ。

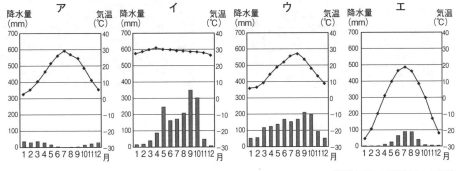

（「理科年表2020年版」ほかより作成）

(4) 日本が2月1日・午後6時のとき，タイは2月1日・午後4時であった。タイが標準時子午線に定めている経度として正しいものを，次のア～エから一つ選び，記号で答えよ。

ア　西経105度　　イ　西経150度　　ウ　東経105度　　エ　東経150度

(5) ASEANに加盟している国の組合せとして，誤っているものを，次のア～エから一つ選び，記号で答えよ。

　　ア　フィリピン・インドネシア　　イ　ミャンマー・ブルネイ
　　ウ　インド・カンボジア　　　　　エ　マレーシア・ベトナム

(6) タイの人々の生活を表している写真として正しいものを，次のア～エから一つ選び，記号で答えよ。

ア

イ

ウ

エ

★22　［インドの気候と農業］ 頻出

　よしこさんがインドの降水量と農業の関係について調べて作成した図とまとめた内容について，(1)，(2)の問いに答えなさい。

（千葉県）

(1) よしこさんは，インドの降水量について調べたことを次の文章のようにまとめた。文章中の□□□に共通してあてはまる最も適当な語を書け。

> 　インドで降水量が多い地域は，西の海岸沿いやヒマラヤ山脈の南東である。その理由を調べてみると，夏と冬で向きが変わる□□□によることがわかった。
> 　この地域の□□□は，夏の間，インド洋から陸地に湿った空気を運んでいる。

(2) よしこさんは，インドの農業分布と降水量の関係についてわかったことを次の文章
のようにまとめた。文章中のX，Yにあて
はまる語の組み合わせはどれか。下のア〜
エのうちから最も適当なものを一つ選び，
その記号を書け。

> インドの農業分布は，降水量と密接
> な関係があるようだ。米は年降水量
> 1,000mm以上の地域で多く生産されて
> いる。年降水量2,000mm以上の地域で
> は　X　の生産も見られる。
> 　また，比較的降水量の少ないインド
> の中央部では　Y　が栽培されている。

図　インドの年降水量と農業分布図

（注）国境に一部未確定部分がある。
（「ATLAS 2000」より作成）

ア　X：小麦，Y：綿花　　　イ　X：茶，Y：綿花
ウ　X：小麦，Y：ジュート　　エ　X：茶，Y：ジュート

★23 ［アジアの国々のようす］

次ページの略図は，東アジアから南アジアにかけてのものである。この図を見てそれ
ぞれの問いに答えなさい。

（静岡学園高 改）

(1) アジアの多くの国々は，かつて欧米諸国の植民地として支配されてきた歴史がある。
図中のC国をかつて支配した国を一つ選び，記号で答えよ。
　ア　イギリス　　イ　フランス　　ウ　オランダ

(2) 図中のA国からE国の国々では，それぞれ異なった宗教が多くの人々によって信仰
されている。B国では，国民の約95％の人々がある宗教を信じている。その宗教の名
を答えよ。

(3) 次の短文は，図中に示したア〜エのいずれかの河川について述べたものである。こ
れに当てはまる河川を図中から選び，その河川名を具体的に答えよ。

> この国最大の平野を東に流れ，その流域にはきわめて肥沃な土壌が分布してい
> る。この河川の上流では小麦や綿花が，下流では稲やジュート（黄麻）の栽培が
> 目立っている。この国の人口も，この河川の流域に集中している。全長2,500km
> に及ぶ大河である。

(4) 米は，全世界のおよそ90％がアジアで生産されている。次ページの表は，世界の米
の輸出量割合を国別に上位5か国を示したものである。表中のXとYに該当する図中
の国の組合せで，正しいものを一つ選び，記号で答えよ。

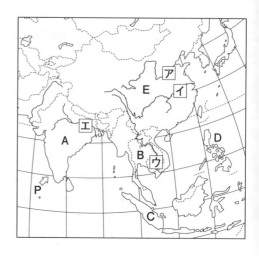

	X	Y	ベトナム	パキスタン
	24.5%	24.5%	12.9%	9.8%
アメリカ				
8.2%				

(2016年)

「世界国勢図会 2019/20」より作成

	ア	イ	ウ
X	A国	B国	C国
Y	C国	A国	D国

難 (5)　次に示した人口構成図（人口ピラミッ
ド）は，図中A国，イギリスおよびブラジ
ル3か国のものである。A国に該当するも
のを一つ選んで記号で答えよ。

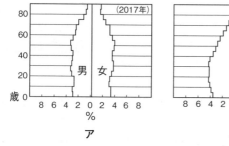

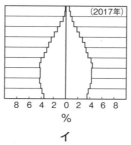

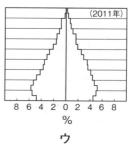

（「データブック オブ・ザ・ワールド2020」より作成）

(6)　図中E国では，近年経済の飛躍的発展がみられる。その背景には，1980年にこの国
が，外国の資本と技術を導入して就業人口を増加させ，外貨の獲得を目指す目的で，
国内に五つの地域を指定したことがある。このような地域を何というか，答えよ。

(7)　図中A国では，6月から9月にかけて，図に示した方向にPの風が吹く。この風の
影響を強く受けて，この海岸一帯で栽培されている代表的な農作物を一つ答えよ。

(8)　次の表は，わが国が図中のC国，D国およびE国から輸入している品目とその割合
の上位五つを示したものである。C国に該当するものを一つ選んで，記号で答えよ。

(%)

ア	機械類 46.3	衣類 10.1	金属製品 3.5	家具 2.4	がん具 2.2
イ	石炭 14.7	液化天然ガス 12.4	機械類 11.1	銅鉱 7.1	衣類 5.1
ウ	機械類 47.1	果実・バナナ 9.1	銅鉱 3.1	科学光学機器 2.1	プラスチック製品 2.1

（「日本国勢図会2019/20」より作成）

★24 [西アジアのようす] ◀頻出

西アジアに関する地図を見て，次の各問いに答えなさい。 (國學院大栃木高)

(1) この地域は世界有数の石油生産の多いところであるが，その中で最も開発が早かっ
たのはイラン（1908年）である。次の地図中の①～④からイランを選び，次のア～エ
より記号で答えよ。

ア ① イ ② ウ ③ エ ④

(2) 地図中のペルシア湾の出入り口にあり，タンカー
の往来が非常に多い国際海峡名を次のア～エより一
つ選び，記号で答えよ。

ア マラッカ海峡 イ ドーバー海峡
ウ ホルムズ海峡 エ ジブラルタル海峡

(3) 地図中の③は，世界最大の石油埋蔵量と生産量を
ほこっているが，この国の首都名を次のア～エより
一つ選び，記号で答えよ。

ア リヤド イ メッカ
ウ メディナ エ バグダッド

(4) この地域は宗教的にはイスラム教信者が圧倒的に
多いが，大きく分けて二つの派がある。スンナ（ス
ンニ）派ともう一つは何派か。派名を答えよ。

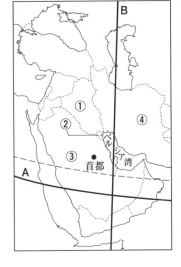

(5) 右の写真は，イスラム教の代表
的な寺院であるが，イスラム教の
寺院を総称して何というか。カタ
カナで答えよ。

(6) 地図中のＡ，Ｂ線は緯線，経線
を表すが，それぞれ何度線か。組
み合わせとして正しいものを次の
ア～エより一つ選び，記号で答え
よ。なお，－－－は北回帰線を表す。

ア Ａ：北緯20度線
Ｂ：東経80度線
イ Ａ：北緯30度線
Ｂ：西経50度線
ウ Ａ：北緯20度線 Ｂ：東経50度線
エ Ａ：北緯30度線 Ｂ：西経80度線

★25 ［サウジアラビアのようす］

　次の文は，友子さんと，サウジアラビアで仕事をしていたおじさんとの会話である。
これを読んで，あとの(1)～(4)の問いに答えなさい。 (宮城県)

友子：おじさん，サウジアラビアの首都のaリヤドはどんな所でしたか。

おじ：砂漠の真ん中にある大都市で，夏はとても暑く，一年を通して雨はほとんど
　　　降らなかったよ。

友子：サウジアラビアは，産油国として有名ですよね。

おじ：そうだね。bラスタヌーラという原油の積み出し港には，たくさんのタン
　　　カーが集まっていたよ。サウジアラビアでは，国が経営する会社で原油と石
　　　油製品の生産や輸出を行うから，その利益の大部分が国の歳入になっていて，
　　　歳入全体の約8割を占めていると聞いたよ。

---

(1)　地図を参考にして，サウジアラ
　　ビアについて述べた文として，正
　　しいものを，次のア～エから一つ
　　選び，記号で答えよ。

　　ア　サウジアラビアは，アジア州
　　　に属している。

　　イ　サウジアラビアは，大西洋の
　　　沿岸にある。

　　ウ　首都のリヤドは，仙台市より
　　　高い緯度にある。

　　エ　首都のリヤドは，西経45度の
　　　付近にある。

(2)　下線部aのリヤドが属している
　　気候帯の名称を，会話を参考にし
　　て書け。

地図 （縮尺1：60,000,000）

(注)これはリヤドからの距離と方位が正しくあらわされている
地図の一部である。

(3)　下線部bのラスタヌーラとリヤドとの間の直線距離は，地図上で6.8mmある。これ
　　を計算すると，ラスタヌーラはリヤドから何km離れていることになるか，書け。

(4)　おじさんの話に興味をもった友子さんは，サウジアラビアの貿易と財政について調
　　べ，次のページの資料A，Bを見つけた。あとの①～③の問いに答えよ。

　　①　サウジアラビアの貿易について，資料Aから読み取れることを述べた文として，
　　　正しいものを，次のア～エから一つ選び，記号で答えよ。

　　　ア　原油の輸出額は76億ドルになっている。

　　　イ　有機化合物の輸出額は，航空機の輸入額と等しい。

ウ 工業製品の輸入額は，輸入の総額の25％に満たない。

エ 輸出の総額は，輸入の総額の1.5倍以上になっている。

② 友子さんは，**資料A**を円グラフであらわそうと思っている。**資料A**を，円グラフであらわすのが適切な理由を，簡潔に述べよ。

③ 友子さんは，**資料B**を見て，サウジアラビアの財政に課題があることに気づいた。それはどのような課題か，会話と**資料B**をもとに，簡潔に述べよ。

資料A サウジアラビアの貿易 (2016年)

輸 出		輸 入	
品 目	割合(%)	品 目	割合(%)
原 油	66	機械類	25
石油製品	11	自動車	14
プラスチック	7	鉄鋼	4
その他	16	その他	57
合 計	100	合 計	100
総額 (億ドル)	2,076	総額 (億ドル)	1,298

「世界国勢図会2019/20」より作成

資料B 原油価格とサウジアラビアの財政収支の推移

(注)「バレル」は原油の量の単位である。
（「公益財団法人国際通貨研究所資料2019年」ほかより作成）

★26 ［アジアの紛争や対立］

次の文を読んで，下の問いに答えなさい。 (愛知・滝高[改])

これまで世界のさまざまな地域で紛争や対立がおこってきた。そのおもな要因には，次のようなものがあげられる。第1に民族問題である。世界には約7,000の民族があるといわれているが，国家の数は200に満たない。多くの民族が独立を志向しており，a多民族国家の悩みの種となっている。第2に宗教問題であり，これは，bユダヤ教，キリスト教，イスラム教などの一神教の信者が混在する地域に多く発生する。第3に資源・領土問題であり，c石油などの利権獲得を目的とした争いやd領土（国土）紛争があげられる。その他には，e独裁政権や弾圧策への抵抗としての反政府運動がある。

(1) 下線部aについて，中華人民共和国を構成する少数民族の中で，ダライ・ラマ14世が指導する運動のもと，より高度な自治を要求している民族を何というか，記せ。

(2) 下線部bについて，ユダヤ教，キリスト教，イスラム教の三つの聖地が存在する都市はどこか，記せ。

(3) 下線部cについて，1991年に始まった湾岸戦争の原因は，A国がB国の石油資源をねらって侵攻し，併合を宣言したことにある。AとBの国名をそれぞれ答えよ。

(4) 下線部dについて，カシミール地方の帰属をめぐって対立している南アジアの核保有国の2国を記せ。

(5) 下線部eについて，長年軍事政権への反政府運動や民主化運動が行われ，2016年に54年ぶりに文民大統領が誕生した東南アジアの国を記せ。

5 ヨーロッパ

解答 別冊 *p.13*

★*27* ［ヨーロッパとEUのようす］ ◁頻出

次の地図と文章を読み，あとの設問に答えなさい。　　　　　　　　（高知・土佐高）

ヨーロッパは，ユーラシア大陸西部につき出た半島状の地域である。その面積はアメリカ合衆国の半分程度でしかないが，40以上もの国々があり，全般にA緯度の高い地域であるがB温暖な気候が分布する。ヨーロッパは，C自然のようすや言葉，文化，歴史などの違いによって，北部と南部，西部と東部などの地域にまとめることができる。例えば，ドイツ語など（　a　）系の言語を使う人々はヨーロッパの北部，イタリア語など（　b　）系の言語は南部，ロシア語など（　c　）系の言語は東部にかたよっている。しかし，（　ア　）教が主な宗教であるという点で共通性があり，都市や村のつくりにも，反映されている。

第二次世界大戦後，ヨーロッパの国々は戦争による被害を受けたうえ，広い植民地を失い，世界での政治的，経済的な地位は大きく低下した。大戦直後から，ヨーロッパの国々には一体になるべきだという考えがあり，1958年，社会的，文化的な共通点の多い西ヨーロッパのD6か国はdヨーロッパ経済共同体を結成した。これは，国境をこえて商品や人や資本の移動をできるようにしようというものであった。このつながりをさらに深めるために，1967年，ヨーロッパ経済共同体は，原子力の共同開発を進めていた原子力共同体などをあわせてeヨーロッパ共同体に発展した。その後ヨーロッパ共同体のE経済的な成功にひかれて加盟国は増え，西ヨーロッパの大部分を含む大きな組織となった。ヨーロッパ共同体はF通貨の統一や将来の政治統合を進めるために1993年にfヨーロッパ連合を作り新しい段階に入っている。さらに2004年以降政治的に大きく変化した東ヨーロッパの国々も加盟し，Gその影響力はヨーロッパ全域に及びつつある。

(1) 文中の（　ア　）にはいる適語を答えよ。

(2) 文中のa～cにはいる語句の組み合わせとして正しいものを，ア～カのうちから一つ選べ。

	ア	イ	ウ	エ	オ	カ
a	ラテン	ラテン	ゲルマン	ゲルマン	スラブ	スラブ
b	ゲルマン	スラブ	スラブ	ラテン	ゲルマン	ラテン
c	スラブ	ゲルマン	ラテン	スラブ	ラテン	ゲルマン

(3) 下線部Aについて，地図中のXの緯線は何度か，ア～エのうちから一つ選べ。また，その緯線の位置にほぼ等しい日本の地名を，オ～クのうちから一つ選べ。

【緯線】ア　北緯30度　　イ　北緯40度　　ウ　北緯50度　　エ　北緯60度

【日本の地名】オ　潮岬　　カ　能登半島　　キ　八郎潟　　ク　宗谷岬

(4) 下線部Bについて，地図中のYの都市の雨温図に該当するものをア～ウより一つ選べ。

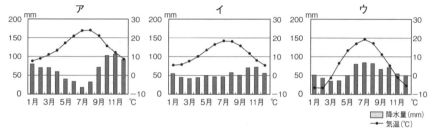

（「理科年表2020年版」ほかより作成）

(5) 下線部Cについて，地図中の①～③の各山脈や海洋，河川名を答えよ。

(6) 下線部Dについて，次の各文章は下線の国のいずれかについての説明である。それぞれに該当する国を地図中のア～クから選び，その記号で答えよ。

　① 国土の4分の1が海面下にある低地国である。砂丘地帯での園芸農業と，ポルダーと呼ばれる干拓地での酪農に特色のみられる国である。

　② ヨーロッパ連合最大の農業国で，小麦，ワイン，牛乳などを他の国々に輸出している。

　③ 1990年，この国は念願であった隣国との統一を実現した。しかし，統一後の東部地域の経済の停滞や失業問題は深刻で，特に外国人労働者の問題は大きな社会問題となっている。

　④ 2006年に冬季オリンピックが開催されたこの国は，北部と南部の経済格差が大きく，その格差を縮める努力を戦後一貫して行っている。

(7) 下線部d，e，fのアルファベットの略称の組み合わせとして正しいものを次ページのア～カのうちから一つ選べ。

	ア	イ	ウ	エ	オ	カ
d	EC	EC	EEC	EEC	EU	EU
e	EEC	EU	EC	EU	EC	EEC
f	EU	EEC	EU	EC	EEC	EC

(8) 下線部Eについて，右の図は
ヨーロッパ連合，アメリカ合衆
国，日本の輸出入の関係（2017
年）を表したものである。図中
のg，h，iにあてはまる地域
名，国名の組み合わせとして正
しいものをア〜カのうちから選
べ。

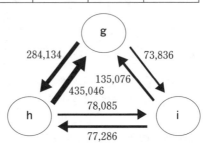

（単位：百万ドル）　（「世界国勢図会2019/20」より作成）

	ア	イ	ウ	エ	オ	カ
g	アメリカ合衆国	アメリカ合衆国	ヨーロッパ連合	ヨーロッパ連合	日　本	日　本
h	ヨーロッパ連合	日　本	アメリカ合衆国	日　本	アメリカ合衆国	ヨーロッパ連合
i	日　本	ヨーロッパ連合	日　本	アメリカ合衆国	ヨーロッパ連合	アメリカ合衆国

(9) 下線部Fについて，この通貨名を答えよ。

(10) 下線部Gについて，現在（2020年10月現在）のヨーロッパ連合加盟国数を，次のア〜
オのうちから一つ選べ。【編集部注：現在の時点と，選択肢を更新しています】
ア　12か国　　イ　15か国　　ウ　25か国　　エ　27か国　　オ　30か国

★28 ［ヨーロッパの国々のようす①］

次ページの地図を見て問いに答えなさい。　　　　　　　　　　（京都・立命館宇治高 改）

(1) 地図中の緯線ア〜ウのうち，日本の札幌に最も近いところを通るものを記号で答え
よ。

(2) 次の文章は，ヨーロッパを旅行して訪問した国を説明したものである。地図中の矢
印A〜Dのうち，この文章の示す行程と関係のないものを記号で答えよ。また下線部
ア，イについては適する名称を答えよ。

① 「音楽の都」と呼ばれるこの国の首都を出発し，アルプスの中にある精密機械で
有名な国を通過し，我々は「花の都」と呼ばれるこの国の首都に着いた。この国は
農業国でもあり，田園地帯が広がっていた。この国を出発し，ア高い山脈に隔てら
れた国境を越えると，情景は乾燥地帯のものとなった。この国は，かつてイスラム
世界であったことをしのばせる建造物もある。

② 江戸時代唯一日本に開かれていたこの国の首都を出発し，ヨーロッパ随一の大河
をさかのぼり，隣国に入った。河岸にはブドウ畑が広がるが，同時に，EU最大の

重工業地帯が広がっている。その後平坦な田園地帯を抜け我々は，イその国の首都に到達した。かつて分断された歴史を持つこの都市は，今再び整備されている。

③ ヨーロッパ文明の発祥の地を起点に，移動した我々は，1990年代民族対立の結果分裂してしまった国々を通過し，ルネサンス発祥の地へと足を踏み入れた。さらに我々は「ヨーロッパの屋根」と呼ばれる山脈を越

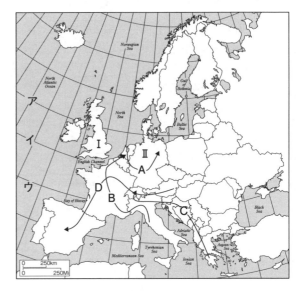

え，金融業で世界的にも有名でありながら，EU未加盟である国に到達した。

(3) 次の説明文のうち，ヨーロッパの国々について正しく説明した文をすべて選び記号で答えよ。

ア ヨーロッパの国々は宗教，言語，民族において共通しており，歴史的に対立が少ない。

イ EUの加盟国は，すべて通貨を統一し，交易の活性化に力を入れている。

ウ EU全体の経済力はGDPで比較すると日本よりは小さい。

エ ロシアを含めないとすると，ヨーロッパには，約4億人以上が暮らすが，日本以上の人口を持つ国は一つもない。

(4) 地図中のⅠの国について述べた説明文から，誤っているものを一つ選び，記号で答えよ。

ア この国はかつて，ブラジル，アルゼンチンなどの南米に植民地を展開し，その土地に商品作物を作る農業を広げ，自国の工業製品を輸出した。

イ この国は「産業革命」発祥の地であり，19世紀には「太陽の沈むことのない国」と評されるほど栄えた。

ウ この国は伝統ある繊維産業に加え，1970年代以降は沖合の油田開発によって原油自給率100％を達成したが，その後の生産量の減少により純輸入国にもどっている。

エ この国の正式名称はグレートブリテンおよび北部アイルランド連合王国であり，いくつかの国が統合されて成り立っている。

オ この国の首都では無秩序な広がりを防ぐために，住宅と職場を近接させた町を建設した。

(5) 右のグラフは対日貿易の輸出品目と金額の割合（2018年）を示している。地図中Ⅱの国に当てはまるグラフを選び記号で答えよ。

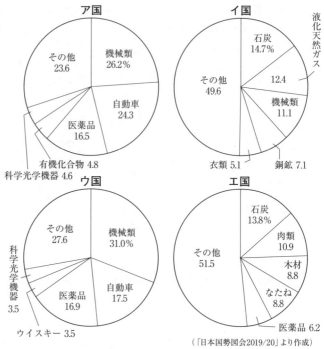

ア国

その他 23.6
機械類 26.2%
自動車 24.3
医薬品 16.5
有機化合物 4.8
科学光学機器 4.6

イ国

液化天然ガス
石炭 14.7%
12.4
機械類 11.1
その他 49.6
衣類 5.1
銅鉱 7.1

ウ国

その他 27.6
機械類 31.0%
科学光学機器 3.5
自動車 17.5
医薬品 16.9
ウイスキー 3.5

エ国

石炭 13.8%
肉類 10.9
木材 8.8
なたね 8.8
その他 51.5
医薬品 6.2

（「日本国勢図会2019/20」より作成）

★★29 ［ヨーロッパの国々のようす②］ ◀頻出

ヨーロッパの国々について説明したA～Eの文章を読み，次ページからの問いに答えなさい。

（大阪・明星高改）

A この国の国土の4分の1はポルダーと呼ばれる干拓地が占め，酪農や園芸農業がさかんである。ライン川の河口にはユーロポートがあり，石油化学をはじめとする臨海工業地域の形成がみられる。

B この国は第二次世界大戦後，東西の2か国に分断されたが，1990年に統一された。EU最大の工業国で，ルール工業地帯がその中心である。農業は混合農業が広く行われ，豚の飼育頭数が多い。

C この国は，18世紀半ばに世界で最初の産業革命を達成し，a 世界の工場と呼ばれた。沖合いを流れる暖流の北大西洋海流と偏西風の影響を受けるため，高緯度に位置していながらも温暖な気候にめぐまれる。

D この国は国土の半分以上が農地で，ヨーロッパでも特に農業が発達している国として知られる。なかでも，ぶどう栽培がさかんで，ワインはこの国にとって重要な輸出品となっている。一方，南部の都市b トゥールーズなどで工業がさかんである。

E この国の首都の中には，国土面積が世界最小の独立国がある。古代の遺跡も数多く残り，外国からの観光客が多い。

(1)　A，Bの文章が説明している国の首都名を，次のア～キから一つずつ選び，記号で
答えよ。
ア　ストックホルム　　イ　ブリュッセル　　ウ　ローマ　　エ　ベルリン
オ　オスロ　　　　　　カ　マドリード　　　キ　アムステルダム

(2)　文中の下線部aについて，次の①，②の説明文にあてはまる都市を，あとの都市群
ア～カから一つずつ選び，記号で答えよ。
　①　スコットランドに位置する工業都市で，かつては世界一の造船業都市として繁栄
していた。
　②　近代的な工業の発祥地として知られるランカシャー地方の中心都市で，綿工業が
発達していた。
《都市群》ア　ハンブルク　　イ　ニューカッスル　　ウ　グラスゴー
　　　　　エ　マルセイユ　　オ　マンチェスター　　カ　リヨン

(3)　文中の下線部bについて，トゥールーズでさかんな工業の説明として正しいものを，
次のア～エから1つ選び，記号で答えよ。　　　　　　　　　　　　（奈良・西大和学園高）
ア　豊富な石炭資源とライン川の水運を利用した鉄鋼業がさかんである。
イ　低い賃金で雇うことができる労働力を求め，外国の企業が多く進出している。
ウ　優れた技術を持つ職人による皮革や家具などの伝統工業がさかんである。
エ　航空機工業の中心地として発達し，各地から集められた部品を組み立てている。

(4)　次のア～オのうち，A～Eの国の民族分布について正しく述べてあるものを一つ選
び，記号で答えよ。
ア　AとBの国民の多くはラテン民族である。
イ　BとCの国民の多くはラテン民族である。
ウ　DとEの国民の多くはラテン民族である。
エ　AとDの国民の多くはゲルマン民族である。
オ　BとEの国民の多くはゲルマン民族である。

(5)　次の表は，A～Eの国の統計をまとめたものである。表中の①，③，⑤の国にあて
はまるものを，A～Eから一つずつ選び，記号で答えよ。

表

	人口 （万人）	面積 （千km²）	おもな品目の食料自給率（%）			
			穀物	野菜類	肉類	果実類
①	1,710	42	16	284	176	22
②	6,753	242	86	38	69	5
③	6,735	641	189	73	98	57
④	8,352	357	113	40	114	25
⑤	6,055	302	69	141	79	106

（「データブック　オブ・ザ・ワールド2020」より作成）

(6)　A～Eの国のうち，原子力発電の占める割合が最も高い国を一つ選び，記号で答えよ。

(7)　次のグラフは，B～Eの国の宗教別人口割合をそれぞれ順に示したものである。グラフのc，dにあてはまる宗教・宗派の正しい組み合わせを，あとのア～カから一つ選び，記号で答えよ。 (愛知県A)

グラフ

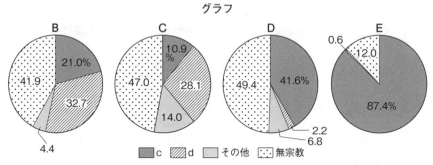

(「World Valur Survey 2005-2009」より作成)

ア　c　イスラム教，　　d　カトリック

イ　c　イスラム教，　　d　プロテスタント

ウ　c　カトリック，　　d　イスラム教

エ　c　カトリック，　　d　プロテスタント

オ　c　プロテスタント，d　イスラム教

カ　c　プロテスタント，d　カトリック

★★30　[フランスとヨーロッパのようす]　◀頻出

　次の文章はアツシ君が夏休みを利用してフランスに家族旅行をしたときの日記の一部である。この文章を読んで，あとの問いに答えなさい。　(広島・近畿大附東広島高図)

8月1日　　成田空港を12時に出発。機内にあった地図でA飛行ルートを確認したり，フランスでの予定を考えながらうとうとしていると，フランスのシャルル・ド・ゴール空港にB現地時間17時15分に到着した。長時間の飛行時間がとてもしんどかったが，明日からがすごく楽しみ！！

8月2日　　今日はパリ市内を観光した。エッフェル塔，がいせん門，オペラ座，バスティーユ広場，ノートルダム寺院などに行った。どの場所もたくさんの観光客がいたけど，テレビや本でしか見たことがなかったところに行けてうれしかった。パリはヨーロッパでも大都市だし，フランス自体もCEU加盟国だから国内外からたくさんの観光客が来ているようだ。

8月3日　あいにくの雨であったが，両親が一番楽しみにしていたシャンパーニュ地方へバスツアーを利用して行った。まず，D世界遺産にも登録されているノートルダム大聖堂へ。おごそかな雰囲気の中で，細かい彫刻や色とりどりのステンドグラスに感動した。新しい法王が決まってから間もないから，Eローマ法王の写真がいたるところに見られた。その後，シャンパン工場へ。フランスはFぶどうの生産が多いらしく，あちこちにシャンパンやワインなどのぶどう酒の工場が見えた。日本のぶどう畑と違い，1房ごとにしっかり日が当たるように，また人の手による収穫がしやすいように工夫されたぶどう畑に驚いた。

8月4日　昨日の疲れもあったので，シャンゼリゼ通りやセーヌ川沿いをゆっくり散歩した。時間も風もゆったりと流れていてとても気持が良かった。シャンゼリゼ通りには，おしゃれなカフェやG高級ブランド店，ファーストフード店などがあり，とてもにぎやかだった。

8月5日　今日は美術館めぐり。ルーブル美術館とオルセー美術館に行った。美術や歴史の教科書で見た作品がたくさん展示してあり，感動の連続だった。とうとう明日は帰国。もっとたくさん見て回りたかったなぁ。

8月6日　H帰りの飛行時間は，行きよりも短いらしい。Iフランスは日本と比べて涼しい気候だったし，食べ物もおいしかったので，とても名残おしいけれど，すごくいい体験ができた。

(1)　下線部Aについて，右の地図は東京からパリへの飛行ルートを示した地図である。

　①　この地図の図法名を漢字で答えよ。

　②　この地図から読み取れるものとして正しいものを次より一つ選び，記号で答えよ。

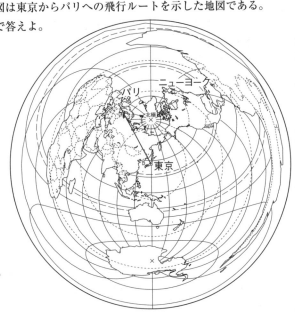

　ア　東京から見たパリの方位はほぼ北西である。

　イ　東京から見たパリの方位はほぼ北東である。

　ウ　パリから見た東京の方位はほぼ南東である。

　エ　東京・パリ間の最短距離は，パリ・ニューヨーク間の最短距離と等しい。

⑵　下線部Bについて，フランスの標準時子午線は東経15度である。

　①　日本とフランスの時差は何時間になるか，答えよ。

　②　フランスなどの緯度の高い先進国では，昼の長い夏の期間，時間を有効に利用するため，時計を1時間進めている。このことを何というか，カタカナで答えよ。

難　③　②の影響で，アッシ君の予想より1時間早く現地に到着した。この航空機の飛行時間として正しいものを次より一つ選び，記号で答えよ。

　　ア　10時間15分　　イ　11時間15分
　　ウ　12時間15分　　エ　15時間15分

⑶　下線部Cについて，次の問いに答えよ。

　①　現在EUに加盟していない国を次より一つ選び，記号で答えよ。

　　ア　スイス　　イ　ポーランド　　ウ　ギリシャ　　エ　チェコ

　②　EUの前身であるEC設立時の基本政策として誤っているものを次より一つ選び，記号で答えよ。

　　ア　域内関税の撤廃　　　イ　商品，資本，人の移動の自由
　　ウ　域内集団安全保障　　エ　農産物の統一市場設立のための共通政策

　③　EUの単一通貨の名称を答えよ。

⑷　下線部Dについて，世界遺産を選定している組織として正しいものを次より一つ選び，記号で答えよ。

　　ア　UNICEF　　イ　UNCTAD　　ウ　UNESCO　　エ　ILO

難⑸　下線部Eについて，フランスで多くの人々に信仰されているのはカトリックである。カトリックにおいて，新しく法王を決める儀式のことを何というか，次より一つ選び，記号で答えよ。

　　ア　オシャマンベ　　イ　カタコンベ　　ウ　コンコルド　　エ　コンクラーベ

⑹　下線部Fについて，フランスは「ヨーロッパ最大の農業国」といわれている。次のア〜オの各文章はヨーロッパ各国の農牧業の特色を述べている。

　ア　小麦，ライ麦などの穀物や，てんさい，じゃがいもなどを栽培し，それらを飼料として，牛や豚などを飼育している。

　イ　乳牛や羊を，夏はアルプスの斜面へ移動させ，冬にはふもとの牧舎に戻すという形の酪農が行われている。

　ウ　浅い海を干拓し，干拓地が国土の約4分の1に達している。この干拓地では，酪農が行われるとともに，野菜や草花などの園芸農業もさかんである。

　エ　小麦などの穀物が広く栽培されるほか，ぶどうの生産も多く，良質のぶどう酒がつくられる。小麦など，食料品の自給率が高い。

　オ　オリーブ，オレンジ，ぶどうなどの作物と小麦，とうもろこし，米などが栽培されているが，南部は経営規模が零細で，遅れた農業地域となっている。

　①　フランスの農牧業の特色を説明している文章を一つ選び，記号で答えよ。

②　アとオの文章が説明している農業の様式をそれぞれ何というか，答えよ。

(7)　下線部Gについて，これらは世界各国に展開している企業の店舗である。このような複数の国に展開している企業のことを何というか，漢字で答えよ。

難▶(8)　下線部Hについて，航空機の飛行時間が行きと帰りで異なっていた原因を説明せよ。

(9)　下線部Iについて，ヨーロッパは，緯度のわりに気候が温和であるが，この原因となっている主な気候上の要素である①海流名と，②風の名前をそれぞれ答えよ。

★*31*　［北ヨーロッパのようす］

次の図を見て，あとの(1)〜(3)の問いに答えなさい。　　　　　（奈良・西大和学園高）

図Ⅰ

図Ⅱ　東京を中心とした正距方位図法

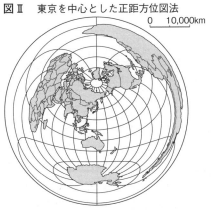

(1)　図Ⅰ中のA国の海岸線は，出入りのはげしい湾や入り江が連続している。このような地形を何というか，答えよ。

(2)　図Ⅰ中のB国の首都ヘルシンキの近郊にあるヘルシンキ・ヴァンター国際空港は，ハブ空港として機能しており，毎年多くの日本人観光客も利用している。日本人観光客にとって，この空港が他のヨーロッパの空港に比べて利用しやすい理由を，図Ⅱを参考に，簡単に説明せよ。

(3)　右の図Ⅲは，図Ⅰ中のA国・C国・D国・E国における発電量の供給割合を表している。C国を表しているものを，図Ⅲ中のア〜エから一つ選び，記号で答えよ。

図Ⅲ　発電量の内訳

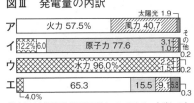

構成比は小数第2位を四捨五入しているため，合計しても必ずしも100とはならない。

（「世界国勢図会2017/18」ほかより作成）

6 ｜ アフリカ

解答 別冊 p.15

★32 ［アフリカ大陸の位置］

右の図は，世界の略地図をえがこうと
したものである。アフリカ大陸と本初子
午線，赤道の位置関係から，アフリカ大
陸をえがいたものとして最も適当なもの
は，次のア～エのうちのどれか。一つ選
んで，その記号を書きなさい。　（香川県）

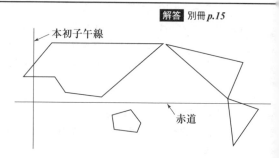

　　　　ア

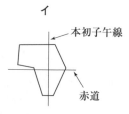
　　　　イ

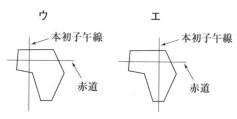
　　ウ　　　　　　　　エ

★33 ［アフリカの国境と人口］

次の(1)，(2)の問いに答えなさい。　（島根県）

(1) 図Ⅰを見ると，エジプトとリビア，エジ
プトとスーダンの国境線は直線になってい
る。これは何と何を国境としているか，答
えよ。

(2) 図Ⅱは大陸別（アジア，
北アメリカ，南アメリカ・
オセアニア，ヨーロッパ，
アフリカ）の将来人口を予
測したものである。このう
ちアフリカ大陸に該当する
ものをア～エから一つ選ん
で記号で答えよ。

図Ⅰ　アフリカ北部の国境線

図Ⅱ　大陸別の人口と将来人口の予測

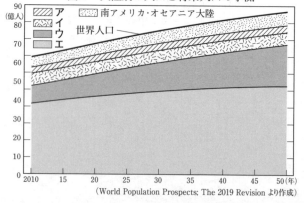

(World Population Prospects: The 2019 Revision より作成)

★**34** [コートジボワールのようす]

めぐみさんは，お父さんがコートジボワールに旅行することになったので，どんな国なのか調べた。右は，この国を含む略地図の一部と，めぐみさんが外務省のホームページや統計資料から書き出したノートの一部である。また，資料1は世界地図であり，次ページの資料2〜3はカカオ豆に関連のある資料である。次の(1)〜(5)に答えなさい。　　(青森県図)

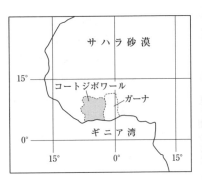

(1) 資料1は，東京からの距離と方位が正しく示される世界地図である。資料1で示したA〜Fの大陸の中で，コートジボワールが属する大陸を一つ選び，その記号を書け。また，大陸名も書け。

(2) コートジボワールの位置を適切に説明しているものを，次のア〜エの中から一つ選び，その記号を書け。

ア　サハラ砂漠の南側にあり，赤道が通る国である。

イ　ガーナの東側にあり，ギニア湾に面した国である。

ウ　本初子午線より西側にあり，ギニア湾に面した国である。

エ　サハラ砂漠の北側にあり，日本との時差は9時間である。

(3) めぐみさんが書き出したノートには，統計資料として重要なことがらが欠けている。欠けていることがらを，次のア〜エの中から一つ選び，その記号を書け。

ア　統計の年次　　　イ　調べた資料名
ウ　主題（テーマ）　エ　数値の単位

(4) 次ページの資料2は，カカオ豆の生産量と輸出量の上位6か国を示している。資料2と，めぐみさんが書き出したノートをみて，次の①〜③に答えよ。

① コートジボワールの農業と貿易の特色について正しく述べているものを，次ページのア〜エの中から一つ選び，その記号を書け。

コートジボワールについて

面　　積：約32.2万km²（日本の約0.9倍）
人　　口：2,572万人（日本の約0.2倍）
言　　語：フランス語（公用語），各部族語
略　　史：14世紀以前　グリシャボ，ベチェ等の王国混在
　　　　　1958年9月　フランス共同体加盟
　　　　　1960年8月　コートジボワール共和国として独立
主な輸出品：カカオ豆〔1〕，バナナ〔13〕，コーヒー豆〔14〕，綿花〔11〕
主な輸入品：米〔3〕
貿易総額：輸出 1,180,700万ドル　輸入 1,094,200万ドル
穀物自給率：71%（日本は28%）
　　　　　「データブック オブ・ザ・ワールド2020」
　　　　　「世界国勢図会2019/20」より作成
注　主な輸出入品の〔 〕は輸出入量の世界順位を示している

資料1

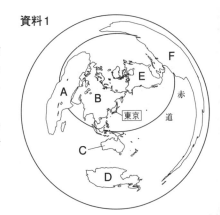

ア　輸入総額よりも輸出総額が少なく，輸入超過となっている。

イ　世界一のカカオ豆の生産国であり，世界有数の米の輸入国である。

ウ　穀物自給率が日本より高く，特に米は重要な輸出品となっている。

エ　生産したカカオ豆のほとんどを国内で消費し，残りを輸出している。

② 　資料2のベルギーは，カカオ豆の生産国ではないが，輸出国となっている。その理由として考えられることを書け。

③ 　コートジボワールの主な輸出品であるカカオ豆は，大農園で栽培されている。このような，特定の輸出用作物を生産する大農園のことを何というか，書け。

資料2

(2017年)　　　(2016年)

生産量		輸出量	
国名	千トン	国名	千トン
コートジボワール	2,034	コートジボワール	1,174
ガーナ	884	ガーナ	581
インドネシア	660	ナイジェリア	227
ナイジェリア	328	エクアドル	227
カメルーン	295	ベルギー	187
ブラジル	236	カメルーン	176

(「世界国勢図会2019/20」より作成)

資料3

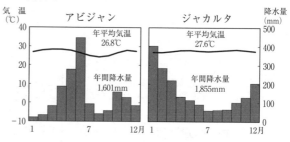

(「理科年表2020年版」ほかより作成)

(5)　**資料3**は，コートジボワール最大の都市であるアビジャンと，カカオ豆の生産量第3位のインドネシアの首都ジャカルタでの気候を示したものである。二つの都市に共通する気候帯名を書け。また，この気候帯の説明として最も適切なものを，次のア～エの中から一つ選び，その記号を書け。

ア　一年中気温が高く，また，年間降水量も多く，密林や草原が広がっている。

イ　冬は寒さが厳しく，降水量が豊富なところでは，針葉樹の森林が広がっている。

ウ　気温が高い地域と低い地域があり，乾燥しているため，樹木がほとんど育たない。

エ　四季の変化があり，季節によって風向きが変化する地域と年中風向きが一定の地域がある。

★*35* [ケニアの自然と貿易]

自由研究で，Sさんはケニアについて調べる活動を行った。地図や資料を見て，(1)～(4)に答えなさい。

(埼玉県 改)

(1)　次ページの**地図1**のXの大陸名とYの海洋名を書け。

(2)　次ページの**資料1**は，地図1に示した，ブラジルのマナオス，ケニアの首都ナイロビ，東京の気温と降水量を表したものである。資料1から読みとれる内容を述べた文として正しいものを，ア～エの中から一つ選び，その記号を書け。

地図1

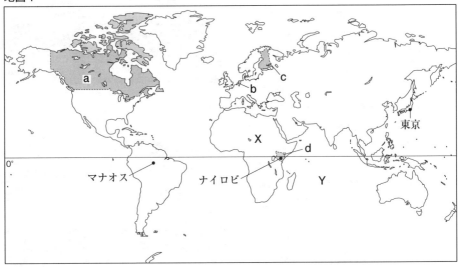

資料1

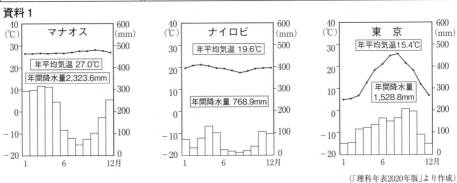

（「理科年表2020年版」より作成）

- ア　ナイロビの年間降水量は，マナオスや東京に比べおよそ半分以下と少なく，一年の中で7〜9月が最も雨の少ない時期である。
- イ　ナイロビの月別降水量は，4月が一年の中で最も多く，同じ月のマナオスや東京よりも多い。
- ウ　ナイロビの年間平均気温は，マナオスや東京の年間平均気温よりも高く，一年間を通じて，変化が少ない。
- エ　ナイロビの月別平均気温の最高の月と最低の月の差は，マナオスよりも小さく，東京よりも大きい。

(3)　次ページのア〜エの写真は，地図1に ▨ で示したa〜dの国の代表的な景観を示したものである。ケニアを表している写真をア〜エの中から一つ選び，その記号を書け。

(4) 右下の**資料2**は，Sさんがケニア
の貿易について調べ，まとめたもの
である。Sさんは2013年の輸出入の
上位品目に着目し，これらが1985年，
2000年にどのような割合をしめてい
たのかをグラフに表した。**資料2**か
ら読みとれる内容を述べた文として
誤っているものを，次のア〜エの中
から一つ選び，その記号を書け。

ア　ケニアの輸出総額と輸入総額は，
　　1985年，2000年，2013年と増加し
　　てきており，輸出総額が輸入総額
　　を上回る貿易黒字の状態である。

イ　ケニアの2000年の輸入品上位を
　　しめるのは，機械類，原油，石油
　　製品，自動車，鉄鋼で
　　あり，原油以外は工場
　　で加工された製品であ
　　る。

ウ　ケニアの輸出品のう
　　ち，コーヒー豆は1985
　　年に25％をこえていた
　　が，2000年，2013年と
　　その割合が減少し，
　　2000年には茶がコー
　　ヒー豆の割合を上回っ
　　た。

エ　ケニアの2013年の輸
　　出入の上位4品目につ
　　いて，2000年と比べて
　　割合が伸びているのは，

資料2　ケニアの輸出総額・輸入総額とおもな輸出入品の割合

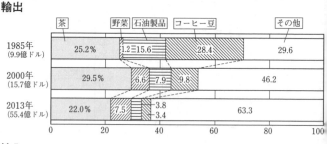

輸出

	茶	野菜	石油製品	コーヒー豆	その他
1985年 (9.9億ドル)	25.2%	1.2	15.6	28.4	29.6
2000年 (15.7億ドル)	29.5%	6.6	7.9	9.8	46.2
2013年 (55.4億ドル)	22.0%	7.5	3.8 / 3.4	63.3	

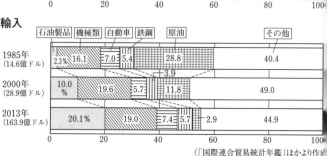

輸入

	石油製品	機械類	自動車	鉄鋼	原油	その他
1985年 (14.6億ドル)	2.3%	16.1	7.0	5.4	28.8	40.4
2000年 (28.9億ドル)	10.0%	19.6	5.7	3.9	11.8	49.0
2013年 (163.9億ドル)	20.1%	19.0	7.4	5.7	2.9	44.9

（「国際連合貿易統計年鑑」ほかより作成）

輸出品では野菜であり，輸入品では石油製品と自動車と鉄鋼である。

着眼

35 (3)　写真のアは排水用の風車，イは針葉樹林とけわしい山脈，ウはトナカイの牧畜，エはま
　　　ばらな樹木とキリンに注目して考える。
　　(4)　ア…産油国以外の発展途上国が貿易黒字になることは少ないので，数字をよく比べる。

7 南北アメリカ

解答 別冊 *p.16*

★36 ［北アメリカの自然と農業］ ◀頻出

右の北アメリカの地図（図1）を見て，
次の問いに答えなさい。 （熊本・真和高）

(1) 図2は図1中のA－B線に沿っての断
面図である。図2中のa，bに該当する
数字の正しい組み合わせを，次のア～エ
より選び，その記号で答えよ。

	ア	イ	ウ	エ
a	500	1,000	2,000	4,000
b	250	500	1,000	2,000

（単位：m）

(2) 図2中のc，dの山脈名を答えよ。

(3) 図2中のeでは大牧場がみられる。何
と呼ばれる地域か，次のア～エから選び，
その記号で答えよ。
　ア　グレートベースン
　イ　プレーリー
　ウ　グレートプレーンズ
　エ　ローレンシア台地

(4) この国の中央平原では南流
してメキシコ湾に注ぐ大河川
が流れている。
　① この河川名を答えよ。
　② この河川の河口では，2005年ハリケーンの襲来で大変な災害に見舞われた。その
　　被害のあった人口約130
　　万人（郊外人口含む）の
　　都市名を答えよ。

🔺(5) 右の図3のf～hの雨温
図は，図1の四つの都市
（ア～エ）のいずれかの都
市を示している。f～hは
それぞれどの都市か，ア～
エの記号で答えよ。

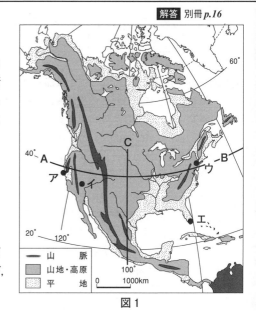

図1

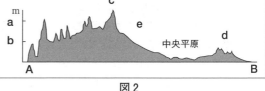

図2

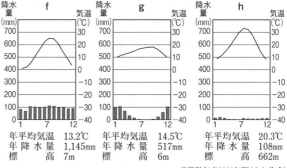

	f		g		h	
年平均気温	13.2℃		14.5℃		20.3℃	
年降水量	1,145mm		517mm		108mm	
標高	7m		6m		662m	

（「理科年表2020年版」より作成）

図3

(6)　図3中の f ～ h の都市名として正しい組み合わせを次のア～エから選び，その記号で答えよ。

	ア	イ	ウ	エ
f	ワシントン（D.C.）	ワシントン（D.C.）	ニューヨーク	ニューヨーク
g	サンフランシスコ	シカゴ	シカゴ	サンフランシスコ
h	マイアミ	マイアミ	ラスベガス	ラスベガス

難(7)　図1中のC線は，この国を東部の湿潤地域，西部の乾燥地域に2分する大きな境界線を意味している。この線はおおよそ年降水量何mmの線と一致するか，降水量を次のア～オから選び，その記号で答えよ。

　　ア　250　　イ　500　　ウ　750　　エ　1,000　　オ　1,500

(8)　次のア～オの文は，アメリカの農牧業地域の特徴について述べたものである。このうち図4中の①～④の農牧業地域の特徴をのべたものはどれか。ア～オから選び，その記号で答えよ。

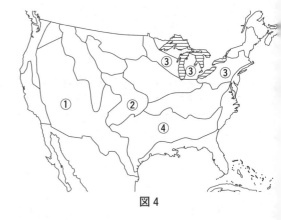

図4

　　ア　かつてアフリカ人を酷使しての綿花栽培がさかんだった地域で，今では綿花栽培のほか，混合農業などいろいろな農牧業が行われている。

　　イ　とうもろこしと大豆の生産がさかんであるのに加え，牛，豚など家畜の飼育も多いことでも有名である。

　　ウ　肉牛の大規模飼育がみられる農牧業地である。最近では，フィードロット形式の集約的な大量飼育が広まっている。

　　エ　この国最大の小麦生産地帯で，おもに外国への輸出を目的にした大規模経営が特徴である。

　　オ　この国最大の酪農地帯である。大陸氷河末端のやせ地がひろがり，冷涼であること，そして大消費市場に近いことも大きな発達した要因といえる。

★*37*　［アメリカのようす①］　◀頻出

次ページの地図とグラフを見て，次の問いに答えなさい。　　　　　　　（大阪・清風南海高）

(1)　地図［図1］中の■印は，ある地下資源の産出地を表している。この地下資源名を，次のア～エのうちから一つ選び，記号で答えよ。

　　ア　石炭　　イ　石油　　ウ　鉄鉱石　　エ　銅

(2)　次の各文は，地図［図1］中，　　　でぬられた地域の農業について説明したものである。正しいものを，次ページのア～エのうちから一つ選び，記号で答えよ。

ア　この地域は，広大な平原地帯で肥沃(ひよく)な土に恵まれ，小麦の大規模栽培が行われている。

イ　この地域は，飼料作物を栽培して乳牛を飼育する酪農が盛んで，牛乳やチーズの生産が多い。

ウ　この地域は，牛を肥育するための飼料として，大豆やとうもろこしの栽培が盛んである。

エ　この地域は，温暖な気候を利用して，大規模な綿花の栽培が行われている。

[図1]

(3)　次の各文は，地図［図1］中，A～Dの都市について，それぞれ説明したものである。都市Cについて説明したものはどれか。ア～エのうちから一つ選び，記号で答えよ。

ア　この都市は，アメリカを代表する工業都市である。自動車産業が盛んであることから，「自動車の街」と呼ばれる。

イ　この都市と隣の都市との間に，国内最大級の空港がある。この地方の金融・保険の中心都市であり，石油化学工業，航空機産業が盛んである。

ウ　この都市は，交通の要衝として発達し，多数の企業の本社が置かれ，穀物取引は世界最大級と言われる。

エ　この都市は，坂の多い街で急坂を行き来するケーブルカーは市の名物となっている。近郊には電子工業の研究所や工場が集まっている地域がある。

(4)　次の各文は，地図［図1］中，▨の州について説明したものである。誤っているものを，ア～エのうちから一つ選び，記号で答えよ。

ア　州の中央部にセントラルヴァレーとよばれる盆地があり，野菜や果樹の栽培が盛んである。

イ　州の面積は日本の国土面積より大きい。

ウ　この州の気候は年中季節風の影響を受け，夏は温暖で降水量が多く，冬は冷涼で降水量が少ない。

エ　この州は，日本の本州とほぼ同じ緯度帯に位置する。

(5)　二つのグラフ［図2］のA，B，Cは，それぞれアメリカ合衆国の重要な貿易相手国である。A，B，Cの国名の組み合わせとして適当なものを，次ページのア～カのうちから一つ選び，記号で答えよ。

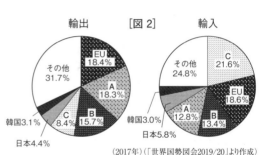

輸出　[図2]　輸入

輸出
その他 31.7%
EU 18.4%
A 18.3%
B 15.7%
C 8.4%
韓国 3.1%
日本 4.4%

輸入
その他 24.8%
C 21.6%
EU 18.6%
A 12.8%
B 13.4%
韓国 3.0%
日本 5.8%

(2017年)(「世界国勢図会2019/20」より作成)

	ア	イ	ウ	エ	オ	カ
A	メキシコ	カナダ	中　国	メキシコ	カナダ	中　国
B	中　国	メキシコ	カナダ	ロシア	インド	カナダ
C	インド	中　国	ロシア	カナダ	メキシコ	メキシコ

★38 ［アメリカのようす②］

　千葉に住んでいる優子さんと福岡に住んでいる洋子さんは大学生のいとこどうしである。二人は夏休みを利用して，優子さんの父が単身赴任しているアメリカ合衆国西海岸のロサンゼルスへそれぞれ違う航路で向かった。下の日程表と地図をもとに，あとの問いに答えなさい。

（大阪桐蔭高）

1日目　移動　出国　入国
2日目　ロサンゼルス市内観光
3日目　アナハイム・ディズニーランド観光
4日目　グランドキャニオン観光
5日目　ラスベガス市内観光
6日目　サンフランシスコ市内観光
7日目　移動　出国　翌日帰国

(1) 優子さんが乗った飛行機は，成田国際空港を日本時間の8月8日午後5時に出発し，ロサンゼルス国際空港に現地時間の8月8日午前11時に到着した。時差を16時間として飛行時間を求めよ。なお，この時差はサマータイムを考慮したものである。

(2) 洋子さんは福岡空港から韓国のインチョン国際空港に行き，乗り継ぎでロサンゼルスまで行った。この空港のように多くの国から航空機が乗り入れ，乗り継ぎが便利な空港を，自転車の車輪軸にたとえて何とよぶか答えよ。

(3) 優子さん達が最初に訪れたロサンゼルスは地中海性気候で，湿度が低く日差しの強い日が続いた。地中海性気候を示した雨温図をA～Cから一つ選び，記号で答えよ。

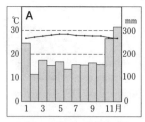 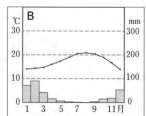 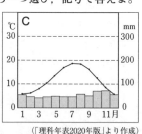

（「理科年表2020年版」より作成）

⑷　3日目，優子さん，洋子さん，優子さんの父親の3人は自動車に乗り，フリーウェイと呼ばれる自動車専用道路を使ってアナハイムにあるディズニーランドに向かった。自家用車が普及したアメリカにおいて，フリーウェイは都市間を結ぶ重要な幹線道路となっている。交通手段として自動車が必要不可欠な社会となってゆく現象を何というか，カタカナ9字で答えよ。

⑸　4日目，優子さん達3人はロサンゼルスからラスベガスまで飛行機で移動し，そこからツアーでグランドキャニオン国立公園に向かった。この国立公園のあるアリゾナ州はある金属鉱の鉱山が多い。次のグラフはその金属鉱の主要生産国（2015年）を示したものである。この金属鉱名として正しいものを，次のア〜エから一つ選び，記号で答えよ。

		アメリカ合衆国		コンゴ共和国	
世界計 1,910万t	チリ 30.2%	中国 9.0	ペルー 8.9	7.2	5.3	その他 39.4

（「世界国勢図会 2019/20」より作成）

　　ア　金鉱　　イ　銀鉱　　ウ　銅鉱　　エ　鉄鉱石

⑹　アリゾナ州を含むアメリカ合衆国南部の15州はサンベルトとよばれる。サンベルトの説明文として，誤っているものを，次のア〜エから一つ選び，記号で答えよ。
　　ア　かつては綿花栽培など農業が中心であった。
　　イ　およそ北緯37度以南の地域をさす。
　　ウ　内陸部を中心に石油化学工業が発達している。
　　エ　航空機産業や宇宙産業が発達している。

⑺　6日目，ラスベガスからサンフランシスコまで飛行機で移動した。眼下には砂漠が続いていたが，所々に巨大なコインを並べたような風景が見えた。下の写真はその風景を写したものであり，アメリカ合衆国西部ではよく見られる。この風景の説明として正しいものを，次のア〜エから一つ選び，記号で答えよ。

　　ア　地下水をスプリンクラーでまく灌漑農地
　　イ　鉄鉱石の露天掘りをしている採掘場
　　ウ　肉牛の肥育を行う広大な放牧場
　　エ　ヘリコプターやセスナ機の離着陸場

⑻　サンフランシスコ近郊のサンノゼという都市には，コンピューターや半導体などの先端技術産業が集まっている。この一帯を何とよぶか答えよ。

⑼　サンフランシスコで優子さん達3人は，名物のケーブルカーに乗り市内観光を楽しんだ。大きなチャイナタウンがあるこの都市は，中国系が人口のおよそ2割を占めている。アメリカは多くの移民を受け入れている多民族国家であるが，これをたとえて何というか，カタカナ6字で答えよ。

(10) 優子さんと洋子さんは，この国でヒスパニックと呼ばれる移住者が増加していることも知った。次の図はアメリカ合衆国におけるアジア系（5％以上），アフリカ系（20％以上），ヒスパニック（20％以上）の人口割合が高い州（2015年）をそれぞれ示したものである。ヒスパニックを示したものを下のア～ウから一つ選び，記号で答えよ。ただし，アラスカ州とハワイ州は除く。

ア　　　　　　　　　　イ　　　　　　　　　　ウ

★*39*　［カナダの都市と貿易］

ひろみさんがカナダについて調べた内容について，あとの各問いに答えなさい。（千葉県）

(1) ひろみさんは，図Ⅰを見て，調べたいことを次の文章のように書いた。文章中の＿＿＿にあてはまる語はどれか。下のア～エのうちから最も適当なものを一つ選び，その記号を書け。

図Ⅰ
カナダの人口50万人以上の都市の分布

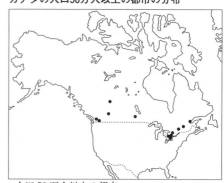

> カナダの人口50万人以上の都市の多くは＿＿＿に沿って分布している。その理由は，地形や気候等の自然条件や，アメリカ合衆国との経済的な結びつきにあると考え，調べたいと思った。

ア　海岸　　イ　国境
ウ　山脈　　エ　湖

・人口50万人以上の都市
（「データブック オブ ザ・ワールド 2020」より作成）

(2) ひろみさんは，カナダとアメリカ合衆国の経済的な結びつきについて，表Ⅰを使って次ページの文章のようにまとめた。文章中のX，

表Ⅰ　カナダ，イギリスの貿易　（2017年）

	輸出入総額	主要相手国とその国との輸出入総額
カナダ	850,419	①アメリカ 542,389　②中国 72,552
イギリス	1,084,943	①ドイツ 134,671　②アメリカ 119,388

単位：百万ドル　　　　　　　　　　（「世界国勢図会2019/20」より作成）
※輸出入総額は，輸出総額と輸入総額をあわせたものである。

Yにあてはまる語句の組み合わせはどれか。文章下のア～エのうちから最も適当なものを一つ選び，その記号を書け。

　　カナダの「アメリカ合衆国との輸出入総額」は，「輸出入総額」の約　X　である。この割合は，イギリスの場合と比べてみても　Y　なっていて，経済的な結びつきが強いことがわかる。

ア　X：46%，Y：高く　　イ　X：46%，Y：低く
ウ　X：64%，Y：高く　　エ　X：64%，Y：低く

★40　［ブラジルのようす］

　洋介君は，社会科の調べ学習でブラジルを取り上げた。あとの(1)～(3)の問いに答えなさい。　　　　　　　　　　　　　　　　　　　　　　　　　　　　　　　（宮城県 改）

(1)　洋介君は，日本とブラジルの位置関係を調べるために，次の地図を用意した。次の①，②の問いに答えよ。

　①　地図は東京を中心として描いたもので，中心からの距離と方位が正しくあらわされている。東京からブラジルの首都のブラジリアまで，最短距離を飛行するときの経路を述べた文として，正しいものを，次のア～エから一つ選び，記号で答えよ。

　　ア　飛行機は，アフリカ大陸の上空を通過する。
　　イ　飛行機は，南極大陸の上空を通過する。
　　ウ　飛行機は，大西洋の上空を通過する。
　　エ　飛行機は，インド洋の上空を通過する。

　②　ブラジリアと日本の時差は12時間ある。ブラジリアの標準時の基準となる経線の経度は何度か書け。ただし，サマータイムは考えないこととする。

(2)　洋介君は，ブラジルの気候について調べるうちに，ブラジルのアマゾン川流域の**写真**や，そのようすを示した**模式図**を見つけた。このような，木が何層にも重なる密林がみられる気候の特徴を，簡潔に述べよ。

(3)　次ページの**資料**は，洋介君がブラジルの貿易の特徴をまとめるために作成したものの一部である。ブラジルの貿易相手国と輸出入額の割合について，**資料**から読み取れることを正しく述べたものはどれか，次ページのア～エから一つ選び，記号で答えよ。　　　　　　（三重県）

写真

模式図

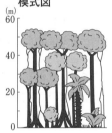

ア　1970年には，日本向けの輸出額がアルゼンチン向けの輸出額を上まわっていた。

イ　2015年には，中国が最大の貿易相手国であり，中国に対して赤字になっている。

ウ　1970年と比べて2015年は，輸出入総額は50倍以上になり，貿易黒字になっている。

エ　1970年と比べて2015年は，貿易相手上位2か国の輸出入総額に占める割合は増えている。

資料　ブラジルの貿易相手上位4か国の輸出入額割合

1970年　輸出総額27億ドル

輸出相手国	割合
アメリカ合衆国	24.7%
西ドイツ	8.6%
イタリア	7.2%
アルゼンチン	6.8%

1970年　輸入総額28億ドル

輸入相手国	割合
アメリカ合衆国	32.3%
西ドイツ	12.6%
日本	6.3%
アルゼンチン	6.0%

2015年　輸出総額1,911億ドル

輸出相手国	割合
中国	18.6%
アメリカ合衆国	12.7%
アルゼンチン	6.7%
オランダ	5.3%

2015年　輸入総額1,714億ドル

輸入相手国	割合
中国	17.9%
アメリカ合衆国	15.6%
ドイツ	6.1%
アルゼンチン	6.0%

(UN Comtrade ほかより作成)

★41 ［南アメリカのようす］

　右の地図1，地図2は南アメリカ大陸を表している。これに関して，次の問いに答えなさい。

(高知学芸高)

地図1

地図2

(1)　①〜⑤の国名を答えよ。

(2)　②，③国の主な輸出品を次からそれぞれ一つ選び，記号で答えよ。

ア　茶　　　　　イ　バナナ

ウ　コーヒー

エ　じゃがいも

オ　小麦　　　　カ　米

(3)　赤道の位置に該当するのはX，Y，Zのどれか。

(4)　図中のP地点は東京の対蹠点（地球の反対側にあたる点）である。その位置を求めよ。ただし，東京の位置を，北緯36度，東経140度とする。

(5)　a山脈，b川の名称を答えよ。

(6)　A国は南アメリカで人口最大の国である。2019年の人口として最も近いものを次から選び，記号で答えなさい。

ア　2億8千万人　　イ　2億1千万人　　ウ　1億2千万人　　エ　8千万人

(7)　B国の首都名を答えよ。

(8)　南アメリカの国々ではキリスト教を信仰する人々が多い。その理由を説明せよ。

8 オセアニア

解答 別冊 *p.18*

★42 ［オーストラリアのようす①］ ＜頻出

オーストラリアは，南太平洋に位置するオース
トラリア大陸とタスマニア島からなっている。右
のオーストラリア大陸の略図をみて，それぞれの
問いに答えなさい。 （静岡学園高）

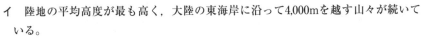

(1) 次に示した三つの説明文は，オーストラリア
大陸について，世界のほかの大陸と比較して述
べたものである。間違っているものを一つ選ん
で記号で答えよ。

ア　オーストラリア大陸は，面積が最も小さい大陸である。

イ　陸地の平均高度が最も高く，大陸の東海岸に沿って4,000mを越す山々が続いて
いる。

ウ　ほかの大陸に比べて最も乾燥している大陸である。

(2) オーストラリアには，1770年イギリスが領有する以前から，狩猟・採集民族である
先住民が生活している。この先住民を何というか，答えよ。

(3) 図中に示してある曲線R～Rに当てはまるものを，一つ選んで記号で答えよ。

ア　年降水量250mmの等雨線である。　　イ　年降水量1,000mmの等雨線である。

ウ　7月の平均気温20℃の等温線である。

(4) 図中に示した緯線と経線について，①～②の問いに答えよ。

① 図中に示した経線は，東経140度の子午線である。この子午線上には，アデレー
ド（南緯約35度）と東京（北緯約35度）がある。この二つの都市の最短距離につい
て，次の中から最も近いものを選んで記号で答えよ。

ア　5,800km　　イ　7,800km　　ウ　9,800km

② 図中に示した緯線X～Xに当てはまるものを，一つ選んで記号で答えよ。

ア　南緯20度　　イ　南回帰線　　ウ　南緯30度

(5) 日本とオーストラリアとの貿易について，①～②の問いに答えよ。

① 次の表は，わが国がオーストラリアから輸入した輸入額上位五つを示したもので
ある。表中のYに当たるものを下より選んで記号で答えよ。

(2018年)

	第1位	第2位	第3位	第4位	第5位
輸入品	Y	液化天然ガス	鉄鉱石	肉　類	銅　鉱
輸入額割合	34.3%	33.2%	10.1%	4.4%	2.9%

（「日本国勢図会2019/20」より作成）

ア　羊毛　　イ　小麦　　ウ　石炭

② 次の三つの文章は，日本とオーストラリアとの貿易について述べたものである。
間違っているものを一つ選んで記号で答えよ。(2017年の資料)

　ア　日本からみてオーストラリアへの輸出額より，オーストラリアからの輸入額の
　　方がはるかに多い。

　イ　日本の輸出相手国の中で，オーストラリアへの輸出額が最も多い。

　ウ　オーストラリアの輸出相手国の中で，中国への輸出額が最も多い。

(6) オーストラリアは，世界で牧畜業が発達している有数の国である。図中に示したZ
地域で，最も多く飼育されている家畜を答えよ。

★43 ［オーストラリアの気候と農業］ ＜頻出

　よしこさんがオーストラリアの降水量と農業の関係について調べて作成した図とまと
めた内容について，(1)，(2)の問いに答えなさい。 (千葉県)

(1) よしこさんは，オーストラリアの降水量について調べたことを次の文章のようにま
とめた。文章中の ☐ に共通してあてはまる最も適当な語を書け。

> 　オーストラリアの降水量は，北部や東部の海岸沿いで多い。一方，内陸部は，雨が少なく乾燥した ☐ 地帯が広がっているようだ。
> 　また，近年この地域でも ☐ 化の進行が深刻な問題となっている。

オーストラリアの年降水量と農業分布図

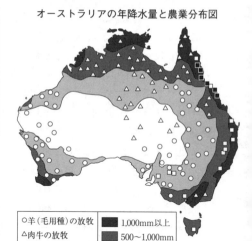

○羊(毛用種)の放牧　■1,000mm以上
△肉牛の放牧　■500〜1,000mm
■さとうきびの栽培　250〜500mm
□果物・野菜の栽培　□250mm未満

(「CERTIFICATE ATLAS」より作成)

(2) よしこさんは，オーストラリアの農業分布と降水量の関係についてわかったことを次の文章のようにまとめた。文章中のX，Yにあてはまる語の組み合わせはどれか。次ページのア〜エのうちから最も適当なものを一つ選び，その記号を書け。

> 　オーストラリアの農業分布と降水量との関係を見ると， X は，おもに大陸東部と西部の年降水量250mmから500mmの地域で行われている。一方， Y は，おもに大陸北部の年降水量500mmから1,000mmの地域で行われており，中央部の年降水量が500mmに満たない地域でも地下水を利用して行われている。

ア　X：羊（毛用種）の放牧，　Y：果物，野菜の栽培

イ　X：羊（毛用種）の放牧，　Y：肉牛の放牧

ウ　X：肉牛の放牧，　　　　　Y：羊（毛用種）の放牧

エ　X：肉牛の放牧，　　　　　Y：さとうきびの栽培

★*44*　[オーストラリアのようす②]

次の地図をみて，あとの問いに答えなさい。　　　　　　　　（大阪・明星高）

(1)　地図中の点線Aは，南半球が夏至のときに太陽が真ん中にくるところを結んだ線である。この線について，

①　この線の名前を答えよ。

②　この線の通っている国を，次のア〜エから一つ選べ。

ア　ケニア　　イ　ナイジェリア

ウ　チリ　　　エ　コロンビア

(2)　地図中Bの山脈について，

①　この山脈の名前を答えよ。

②　この山脈について正しく述べているものを，次のア〜エから一つ選べ。

ア　この山脈にそって火山が多く分布し，また周辺の地域では地震も多い。

イ　この山脈より東側は降水量が少なく，海沿いに砂漠が広がっている。

ウ　この山脈の標高はあまり高くなく，ウラル山脈と同じく古期造山帯に属している。

エ　この山脈の周辺では石油の産出が豊富で，おもにアメリカ合衆国や日本に輸出されている。

(3)　地図中の①〜⑤の都市のうち，オーストラリアの首都を一つ選ぶとともに，首都名も答えよ。

(4)　オーストラリアは，さまざまな資源が豊富に産出される国である。これに関して，

①　地図中の▲・◇は，オーストラリアで産出の多い資源の分布を示したものである。それぞれに該当する資源の組み合わせとして正しいものを，次のア〜エから一つ選べ。

ア　▲：金　◇：ボーキサイト　　イ　▲：金　◇：鉄鉱石

ウ　▲：石油　◇：ボーキサイト　　エ　▲：石油　◇：鉄鉱石

(着眼)

43 (2)　年降水量と農業分布の地図をよく見れば答えが導ける。一般的に，羊は年降水量が250mm以上の地域で，また牛は500mm以上の地域で飼育が可能。羊は牛よりも乾燥に強い家畜である。

②　次の統計は，金，ボーキサイト，鉄鉱石の産出量上位の国を示したものである（統計年次は2016年）。ボーキサイトと鉄鉱石の産出量を示した組み合わせとして正しいものを，次のア〜カから一つ選べ。

	第1位	第2位	第3位	第4位	第5位
a	オーストラリア	ブラジル	中　国	インド	ロシア
b	中　国	オーストラリア	ロシア	アメリカ合衆国	カナダ
c	オーストラリア	中　国	ブラジル	ギニア	インド

ア　ボーキサイト：a　鉄鉱石：b　　イ　ボーキサイト：a　鉄鉱石：c

ウ　ボーキサイト：b　鉄鉱石：a　　エ　ボーキサイト：b　鉄鉱石：c

オ　ボーキサイト：c　鉄鉱石：a　　カ　ボーキサイト：c　鉄鉱石：b

(5)　オーストラリアでは，かつて白豪主義政策が行われていたが，現在は多くの移民を受け入れるなど多文化社会を目指しており，それにともなって先住民の復権も進んでいる。その先住民の名前を答えよ。

(6)　地図中のXの国について正しく述べているものを，次のア〜オから二つ選べ。

　ア　南西部には，氷河が侵食した谷に海水が入り込んでできたフィヨルドが発達している。

　イ　年間を通して偏西風の影響を受けるため，年降水量は西部よりも東部のほうが多い。

　ウ　オーストラリアとともに羊の飼育がさかんで，その飼育頭数はオーストラリアに次いで世界第2位である。

　エ　高くて険しい山脈が分布し，また火山も見られ，地熱発電が行われている。

　オ　かつてはイギリスの植民地だったこともあり，現在も最大の貿易相手国はイギリスである。

★*45*　[オセアニアの貿易]

オセアニアの貿易の特色について，次の問いに答えなさい。

(香川県 改)

さとるさんは，オセアニアと他の地域との貿易の特色を調べるため，図書館で右の資料の統計を見つけ，次ページのような主題図を作成することにした。その際，主

資料 オセアニアの地域別貿易額

(単位：億ドル)

	アジア	アフリカ・中東	ヨーロッパ	北アメリカ	南アメリカ
オセアニアからの輸出額	1,070	65	133	78	16
オセアニアの輸入額	395	82	47	36	19

(「RESOURCETRADE・EARTH」より作成)

題図中に示したように矢印の太さによって，オセアニアと他の地域との輸出入額の違いを示そうとした。主題図中の[＿＿＿＿]にあてはまる最も適当な矢印の組み合わせはどれか。ア〜エから一つ選んで，その記号を書け。

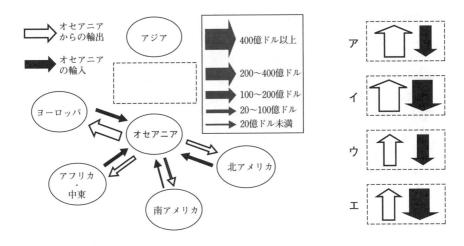

★*46* ［ニュージーランドのようす］

　雪絵さんは，ニュージーランドについて調べたことをまとめ，発表した。次の資料Ⅰ
～Ⅵは，そのときに使用したものの一部である。後の(1)～(5)の問いに答えなさい。

（群馬県）

(1)　**資料Ⅰ**の（　Ａ　）に当てはまるおよその面積を，次のア～エから選べ。

　資料Ⅰ

国土	・オセアニア州に属している。 ・面積は（　Ａ　）で，日本の約70％である。 ・南島を高くてけわしいサザンアルプス山脈が縦断している。
人口 と 宗教	・人口は約480万人で，日本の約４％である。 ・イギリスの植民地であった歴史があり，（　Ｂ　）を信仰する人が，人口の約51％を占める。
気候	・国土のほとんどが温帯に属している。 ・a同じ風向きの風が一年を通して吹くため，b気温や降水量の変化が日本より少ない。
産業 と 貿易	・酪農や牧畜（畜産）が盛んで，牛や羊の飼育頭数が多い。 ・人口の約６倍の羊を飼育している。 ・c輸出において農産物の占める割合が高い。

　ア　約22万km² 　イ　約27万km² 　ウ　約32万km² 　エ　約37万km²

(2) 資料Ⅰの（ **B** ）に当てはまる宗教
名を，資料Ⅱを参考にして書け。

(3) 下線部**a**について，風向きとして最も
適切なものを，資料Ⅲのア〜エから選べ。

🔴(4) 下線部**b**について，資料Ⅳのア〜エは，
資料ⅢのA〜Cの都市とウェリントンの
いずれかのものである。ウェリントンの
ものはどれか，ア〜エから選べ。また，
選んだ理由を簡潔に書け。

(5) 下線部**c**に関して，ニュージーランド
の農業の特色を，資料Ⅴ，資料Ⅵから読
み取り，簡潔に書け。

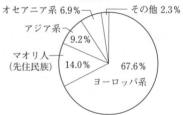

資料Ⅱ　民族の構成

オセアニア系 6.9%　その他 2.3%
アジア系 9.2%
マオリ人（先住民族）14.0%
ヨーロッパ系 67.6%

（「データブック オブ・ザ・ワールド 2020」より作成）

資料Ⅲ

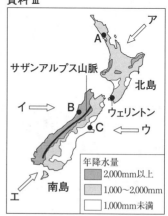

サザンアルプス山脈
北島
ウェリントン
南島
ア
イ
ウ
エ
A
B
C

年降水量
　2,000mm以上
　1,000〜2,000mm
　1,000mm未満

資料Ⅳ　気温と降水量

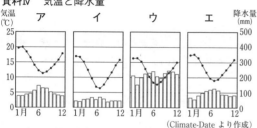

気温（℃）　ア　イ　ウ　エ　降水量（mm）

（Climate-Date より作成）

資料Ⅴ　農業生産に関する資料（2016年）

農業生産額　123億ドル

牛乳 42.9%	牛肉 15.3	羊肉 10.6	羊毛 4.6	その他 26.6

0　20　40　60　80　100%

※牛乳の国内生産量（年間）…21,671,520トン
※牛乳の国内消費量（年間）…1,061,000トン

（国連食糧農業機関資料ほかより作成）

資料Ⅵ　輸出に関する資料（2016年）

輸出総額　337億ドル

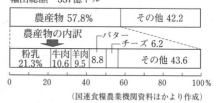

農産物 57.8%	その他 42.2

農産物の内訳

粉乳 21.3%	牛肉 10.6	羊肉 9.5	バター 8.8	チーズ 6.2	その他 43.6

0　20　40　60　80　100%

（国連食糧農業機関資料ほかより作成）

着眼

46 (4) まず資料Ⅲから，A〜Cの都市とウェリントンの年降水量を読み取る。そして資料Ⅳか
ら，ア〜エのグラフのおよその年降水量を簡単に計算して，ウェリントンに明らかに当ては
まらないグラフを見つける。あとは，各都市の緯度の関係も考慮する。

(5) 資料Ⅴから，生産した牛乳の国内消費はごくわずかであり，また資料Ⅵから，その牛乳
でつくられる乳製品を多く輸出していることがわかる。牛肉などの肉類に関しても，同じよ
うな生産と輸出の傾向が見られると考えられる。

9 身近な地域の調査

★**47** ［特色のある地形の地形図］ ＜頻出

次の地形図をよく見て，あとの問いに答えなさい。

解答 別冊 *p.19*

（京都聖母学院高）

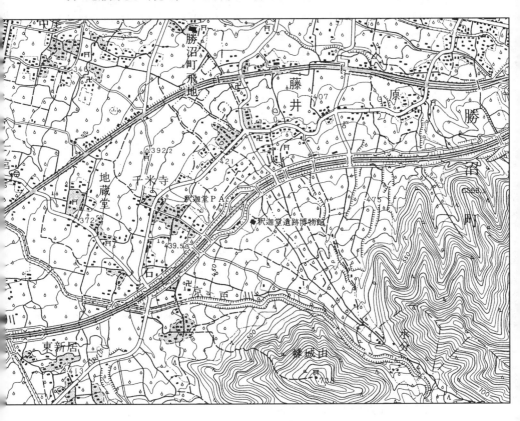

(1) この地形図の南東部にある「水分」から北西に広がるゆるやかな地形がある。このような地形を何というか。次のア～エから一つ選んで記号で書け。

　　ア　三角州　　イ　盆地　　ウ　扇状地　　エ　河岸段丘

(2)「水分」から，「千米寺」と「藤井」を結ぶところまで広がっている主な土地利用は何か。次のア～エから一つ選んで記号で答えよ。

　　ア　果樹園　　イ　桑畑　　ウ　田　　エ　畑

(3) 上記の問い(2)で作られている作物は，何か。次のア～エから一つ選んで記号で答えよ。

　　ア　茶　　イ　稲　　ウ　ぶどう　　エ　みかん

(4)　この地形図の縮尺はいくらか。次のア〜エから一つ選んで記号で答えよ。

　　ア　1万分の1　　イ　2万5千分の1　　ウ　5万分の1　　エ　20万分の1

(5)　この地形図上で2cmの距離は，実際には何mになるか。次のア〜エから一つ選んで記号で答えよ。

　　ア　100m　　イ　250m　　ウ　500m　　エ　1,000m

(6)　地形図中の「蜂城山」の山頂から眺めたとき，「千米寺」の集落はどの方位に見えるか。次のア〜エから一つ選んで記号で答えよ。

　　ア　北東　　イ　北西　　ウ　南西　　エ　南東

(7)　ほぼ420mの等高線に沿って，「千米寺」や「藤井」の集落が立地しているのは何があるためか。次のア〜エから一つ選んで記号で答えよ。

　　ア　流水　　イ　地下水　　ウ　湧水　　エ　宙水

(8)　「藤井」集落内の神社と「蜂城山」のおよその標高差はどれくらいか。最も近い値を，次のア〜エから一つ選んで記号で答えよ。

　　ア　70m　　イ　300m　　ウ　550m　　エ　730m

(9)　この地形図について正しく述べている文を，次のア〜エから一つ選んで記号で答えよ。

　　ア　「地蔵堂」には大きな工場がある。

　　イ　「蜂城山」の山腹をぬって，北から南へ「京戸川」が流れている。

　　ウ　「蜂城山」の山頂には神社がある。

　　エ　水田地帯の間を鉄道が2本通っている。

(10)　この地形図は何県のものか。次のア〜エから一つ選んで記号で答えよ。

　　ア　福井県　　イ　長野県　　ウ　山梨県　　エ　静岡県

(11)　「千米寺」の集落の北の神社に△392.2という表示がある。この記号及び数値の意味するものを次から選び，記号で答えよ。　　　　　　　　　　（大阪・帝塚山学院高）

　　ア　この記号は水準点で井戸の位置を示しており，横の数値は井戸の水量である。

　　イ　この記号は頂上点で山や丘などの頂上に置かれ，横の数値は平均地面からの高さを表している。

　　ウ　この記号は基準点で横の数値は市町村役場からの距離を表している。

　　エ　この記号は三角点で横の数値は平均海面からの高さを表している。

(12)　この地形図の発行機関名を答えよ。　　　　　　　　　　（広島・近畿大附東広島高）

着眼

47 この問題の地形図は，入試頻出。地形図上に見える釈迦堂遺跡博物館は，日本全国で出土した土偶の10％にあたる1,000点以上の土偶が出土したことで有名な釈迦堂遺跡（日本有数の縄文遺跡）に建てられた博物館。

★*48* [地形図と写真] <頻出

次の図Ⅰ，1：25,000の地形図（平成8年発行，原寸）を見て，後の(1)〜(4)の問いに答えなさい。

（群馬・前橋育英高）

図Ⅰ

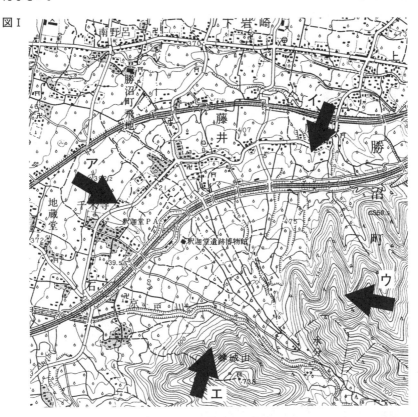

(1) 写真は図Ⅰ中のどの方向から撮影したものか。正しい方向を示す矢印をア〜エから一つ選び，記号で答えよ。

(2) 図Ⅰから読みとれる地形は何か，答えよ。

(3) 図Ⅰ中の釈迦堂遺跡博物館から下岩崎地区の郵便局まで，図上では6cmある。実際の距離は何kmか，求めよ。ただし，地形による傾斜は考えないものとする。

(4)　図Ⅰから読み取れる内容として当てはまらないものを次のア～エから一つ選び，記号で答えよ。

　ア　この地域ではぶどうやももなどの果樹栽培がさかんである。

　イ　釈迦堂遺跡博物館の標高はおよそ460mである。

　ウ　釈迦堂遺跡博物館から見て，南西方向に蜂城山山頂の神社がある。

　エ　この地形図には町役場は掲載されていない。

★★49　［地形図と立体図］

　道夫さんは，夏休みを利用して，新潟県にある親戚の家を訪ね，そこで地域調査を行おうと考えた。次の図を見て，後の(1)，(2)の問いに答えなさい。
　　　　　　　　　　　　　　　　　　　　　　　　　　　　　　　　　　（群馬県）

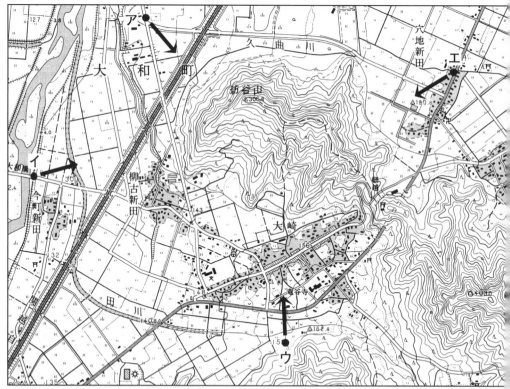

（国土地理院　２万５千分の１地形図「五日町」の一部　2003年発行）

(1)　道夫さんは，図のア～エの地点から矢印の方向に見える坊谷山を，立体的に表すことができる地図ソフトを用いて描いた。次ページの資料は，そのうちの一つである。資料の画像のように見える地点を，ア～エから選べ。

資料

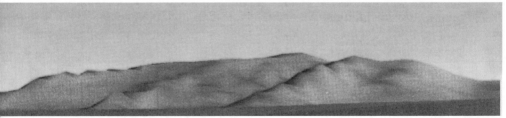

（地図ソフト「カシミール 3 D」を用いて作成）

(2) 道夫さんは，図から読み取れる地域的特色に着目して，あるテーマを設定し調査したいと考えた。

あなたならば，どのようなことに着目し，どのようなテーマで調査したいと考えるか，具体的に書け。

（着眼点）

（テーマ）

★★50 ［地形図と景観，断面図など］

長野県には高く険しい山地が発達している。次ページの図は，長野県西部の県境付近の山地の 1：25,000地形図である。これを見て，(1)～(4)の問いに答えなさい。

（東京学芸大附高）

(1) 「大喰岳」から「槍ヶ岳」を撮影した写真を，69ページのア～エのうちから一つ選び，記号で答えよ。

(2) 図の実線で示した「槍平小屋」から「槍ヶ岳」までの道の断面図として正しいものを，69ページのア～エのうちから一つ選び，記号で答えよ。

(難)(3) 図のA地点とB地点を結んだ直線の平均勾配として最も近いものを，次のア～エのうちから一つ選び，記号で答えよ。勾配とは傾斜の程度を示す値で，勾配＝標高差÷距離で求められる。

ア $\dfrac{3}{10}$ 　イ $\dfrac{3}{20}$ 　ウ $\dfrac{3}{50}$ 　エ $\dfrac{3}{100}$

(着)(眼)

49 (1) 地形図を見て，立体的な形をつかむのは，やや難しい。この問題では，立体図のほうに，右から左へ低くなる三つの尾根とその間の二つの谷があることを読み取る。

(2) 地形図からまず地域的特色を読み取る。水田が広いこと，「新田」という地名が三つもあることは，すぐにわかるだろう。テーマは自由に考えればよい。

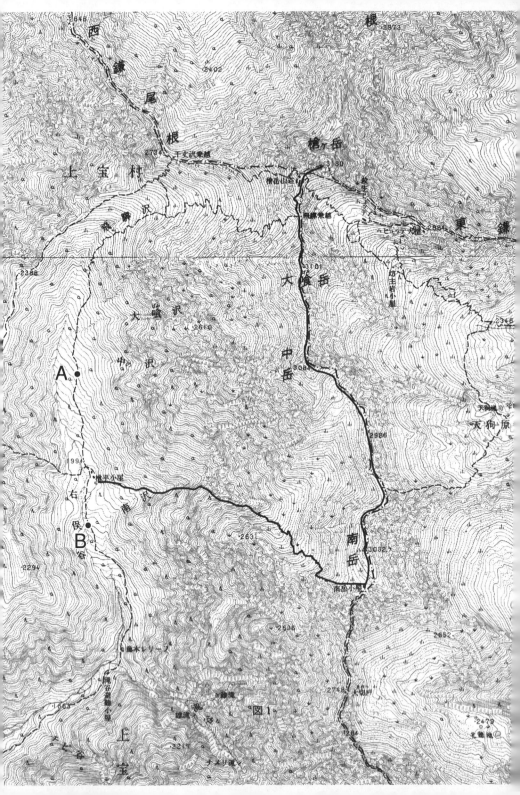

図1

【(1)の選択肢】

ア

イ

ウ

エ
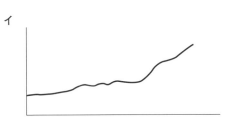

【(2)の選択肢】

ア

イ

ウ

エ

(4) 「檜平小屋」付近の様子を述べた文として最も適切なものを，次のア〜エのうちから一つ選び，記号で答えよ。

　ア　檜平小屋の周囲の斜面には果樹園が広がっており，その一部は桑畑となっている。

　イ　檜平小屋の周囲の斜面には果樹園が広がっており，そのところどころに針葉樹が見られる。

　ウ　檜平小屋の周囲の斜面には広葉樹が広がっており，その中に桑畑が点在している。

　エ　檜平小屋は，針葉樹や広葉樹の混在した森林の広がる谷間の中にある。

★51 ［新旧の地図の比較］

次ページの図1，2を見て，問いに答えなさい。　　　　　（北海道・函館ラ・サール高）

(1) 図1の地図上にはない地図記号をア〜エから一つ選び，記号で答えよ。

　ア　消防署　　イ　警察署　　ウ　発電所　　エ　税務署

(2) 図1の「松前温泉」から「松前町役場」までは地図上の直線距離で，7cmであった。実際の距離を，km（キロメートル）で答えよ。

(3) 図1の「御髪（おぐし）山」山頂から，「大磯」「博多」付近の道路上にある水準点までの標高差に最も近い数値をア〜エから一つ選び，記号で答えよ。

　ア　170m　　イ　220m　　ウ　270m　　エ　320m

(4) 図1の海岸線の様子の説明として正しいものをア〜エから一つ選び，記号で答えよ。

　ア　全体的になだらかな広い砂浜が広がっている。

　イ　全体的にごつごつした岩が見えかくれする磯浜が広がっている。

　ウ　全体的に津波を防ぐための防波堤が整備され，整然としている。

　エ　全体的に水深が浅いため，港をつくる場所が限られている。

(5) 図1と図2をくらべてわかることを説明した文として誤っているものをア〜エから一つ選び，記号で答えよ。

　ア　神社や寺院の多くは，現在の位置とほとんど変わっていない。

　イ　海岸線にほぼ平行にはしる国道は，市街地付近では海側に橋をかけるなどして新たに建設されたものである。

　ウ　「伝治沢（川）」の河口はその後の自然災害による大量の土砂流入によって，現在は地下を流れるようになっている。

　エ　図2の「沖ノ口役所」は，現在の郵便局付近にあった。

(6) 図2をみると，武士の住む侍屋敷は，町人の住む町屋より標高の高いところにあることが分かる。これはこの町がつくられた当時の時代背景を反映して町割がなされたからである。なぜこのようになったのか，その理由を説明せよ。

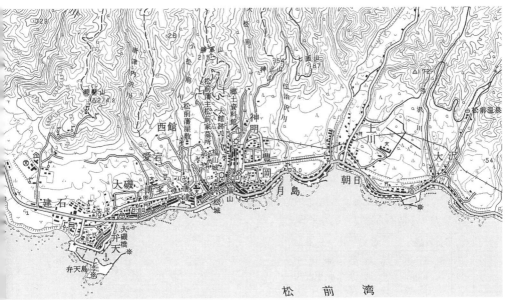

図1　現在の松前町（5万分の1地形図「松前」，平成20年修正，原寸）

図2　19世紀はじめの松前の絵図（藤本利治・矢守一彦編「城と城下町　生きている近世」淡交社より）

10 日本の自然環境

解答 別冊 *p.21*

★52 ［日本の島］ ◀頻出

右の図（A〜E）は，沖縄島，対馬，屋久島，淡路島，佐渡島のいずれかを示したものである。図をみて，次の問いに答えなさい。
（広島・崇徳高）

(1) A〜Eのうち，もっとも高緯度に位置する島はどれか。記号で答えよ。

(2) A〜Eのうち，もっとも東に位置する島はどれか。記号で答えよ。

(3) A，C，Eの各島が属する都道府県の正しい組み合わせを次から選び，記号で答えよ。

(同縮尺)

	A島	C島	E島
ア	新潟県	兵庫県	沖縄県
イ	長崎県	沖縄県	鹿児島県
ウ	新潟県	長崎県	兵庫県
エ	長崎県	鹿児島県	兵庫県

(4) 次の文は，ある都道府県についてのべたものである。この都道府県に属する島を，B，C，Dの中から選び，記号で答えよ。

> 広い範囲にわたって，「シラス」とよばれる火山の噴出物からなる台地が広がっている。このような台地では干ばつの被害を受けやすく，収穫は不安定であるが，用水をひくことによって野菜や茶などの畑作物が計画的に作られるようになった。また，肉牛や，豚，鶏の飼育がさかんにおこなわれ，全国有数の生産地となっている。

(5) 上の5島のうちで，「杉の原始林，世界遺産の指定」で有名な島はどれか。記号で答えよ。

★53 ［日本の河川と気候］ ◀頻出

次ページの略地図をみて，各問いに答えなさい。
（東京都）

(1) 次ページのⅠのグラフは，略地図D中に●で示した④の河川の観測所におけるある年の各月の平均流量を示したものである。Ⅱのア〜エのグラフは，略地図A〜D中に▲で示したいずれかの地点における同じ年の年降水量と各月の降水量を示したものである。略地図D中に▲で示した地点における年降水量と各月の降水量を示しているのは，Ⅱのア〜エのうちのどれか。

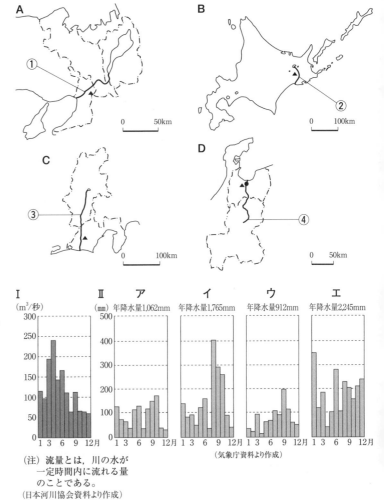

(2) 次の文章は，略地図A〜D中に①〜④で示したいずれかの河川の流域の様子などについて述べたものである。略地図C中に③で示した河川の流域の様子などについて述べているのは，次のア〜エのうちではどれか。

I (m³/秒)

II (mm)

ア　年降水量1,062mm

イ　年降水量1,765mm

ウ　年降水量912mm

エ　年降水量2,245mm

(注) 流量とは，川の水が一定時間内に流れる量のことである。
(日本河川協会資料より作成)

(気象庁資料より作成)

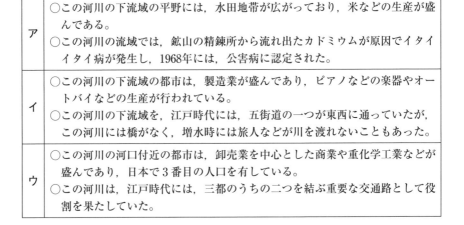

ア	○この河川の下流域の平野には，水田地帯が広がっており，米などの生産が盛んである。 ○この河川の流域では，鉱山の精錬所から流れ出たカドミウムが原因でイタイイタイ病が発生し，1968年には，公害病に認定された。
イ	○この河川の下流域の都市は，製造業が盛んであり，ピアノなどの楽器やオートバイなどの生産が行われている。 ○この河川の下流域を，江戸時代には，五街道の一つが東西に通っていたが，この河川には橋がなく，増水時には旅人などが川を渡れないこともあった。
ウ	○この河川の河口付近の都市は，卸売業を中心とした商業や重化学工業などが盛んであり，日本で3番目の人口を有している。 ○この河川は，江戸時代には，三都のうちの二つを結ぶ重要な交通路として役割を果たしていた。

エ	○この河川の河口付近の港は，すけとうだらなどの水あげ量が多く，日本の代表的な漁港の一つである。 ○この河川の下流域に広がる湿原は，1980年に「特に水鳥の生息地として国際的に重要な湿地に関する条約」（ラムサール条約）の登録湿地となった。

(3)　次の図は，略地図 A ～ D 中に①～④で示した河川と，日本の代表的な河川及び世界の大陸を流れるおもな河川について，河口からの距離と標高との関係を示したものである。日本の河川は，世界の大陸を流れる河川と比べて流れが急である理由を，日本の地形の特色や次の図の河口からの距離と標高との関係に着目して簡単に述べよ。

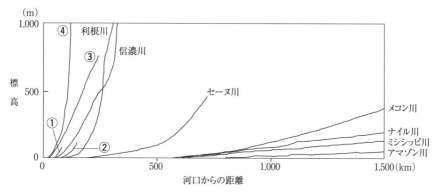

(注)　長さが1,500kmを超える河川は河口から1,500km，標高が1,000m以上を流れている河川は標高1,000mまでの範囲で作成した。

（「日本の水資源」平成13年版などより作成）

★**54**　[日本の自然と産業]　<頻出>

右の地図は日本の気候区分図である。図を見て，あとの問いに答えなさい。

（福岡大附大濠高）

(1)　次のア～エのうち正しいものを一つ選び，記号で答えよ。

ア　1の地域は，冬の寒さは厳しく，夏は涼しい。

イ　3の地域は，冬は寒く雪が多く，夏は雨も多い。

ウ　5の地域は，冬は寒く，夏は高温で雨が多い。

エ　7の地域は，冬は温暖で，夏は高温で乾燥する。

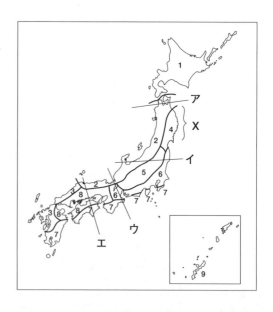

(2)　図中の**2地域**と**8地域**の雨温図として最も適するものを次の**ア～カ**から一つずつ選び、それぞれ記号で答えよ。

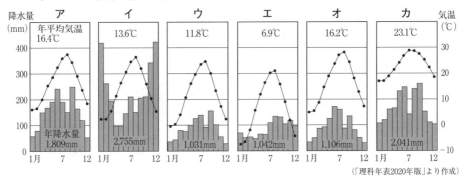

（「理科年表2020年版」より作成）

(3)　図中の**X**で示した地域の特徴を説明した文を次の**ア～エ**から一つ選び、記号で答えよ。

ア　冬のはじめに「やませ」と呼ぶ冷たく乾燥した北西の風が吹き、大雪の原因となる。

イ　秋のはじめに「からっ風」と呼ぶ暖かく乾燥した風が吹き、フェーン現象が起こる。

ウ　夏のはじめに「やませ」と呼ぶ冷たく湿った北東の風が吹き、冷害の原因となる。

エ　春のはじめに「からっ風」と呼ぶ暖かく湿った風が吹き、大雨の原因となる。

(4)　次の地形断面図は図中の**ア～エ**のどの線の断面図か。**ア～エ**から一つ選び、記号で答えよ。

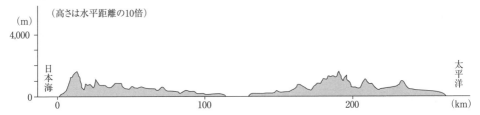

(5)　次の①、②の各文に該当する県は、図中の**1～9**のどの地域に属するか。県名と地域の組み合わせで正しいものを下の**ア～ク**から一つずつ選び、記号で答えよ。

①　この県では、畜産物の生産が盛んで、ニワトリや豚の飼育頭数は日本有数である。

②　この県にある八戸港は、魚の水揚げ高の多い港で、いわしやさばなど多くの魚が水揚げされている。

ア　青森県―2　　イ　岩手県―4　　ウ　静岡県―6　　エ　北海道―1

オ　三重県―6　　カ　宮崎県―7　　キ　鹿児島県―7　　ク　宮城県―3

(着眼)

54 (2)　日本の気候区分と雨温図は、①まず冬の気温を見る→エは北海道、カは沖縄とわかる。
②次に降水量の多少を見る→ア、イ、カが多雨、その他は少雨（瀬戸内、中央高地、北海道）。③さらに、降水量の季節的配分を見る→イは冬に多い（冬に多雪の日本海側）。

(6)　図中の9地域に多く見られる住居を次のア〜エから一つ選び，記号で答えよ。

ア

イ

ウ

エ

【編集部注：出題はカラー写真です】

★**55**　［桜前線］

右の略地図中の線は，気象庁の観測による桜の開花日の平均が同じ地点を結んだものである。あとの(1)〜(3)に答えなさい。　(徳島県 改)

(1)　次のア〜エには，桜の開花日の平均が4月11日である都市が含まれている。その都市はどれであると考えられるか，ア〜エから一つ選べ。

ア　青森市　　イ　福井市
ウ　山形市　　エ　福岡市

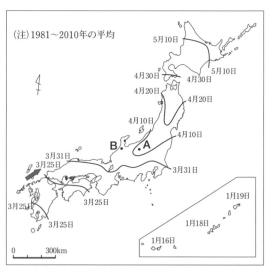

(注) 1981〜2010年の平均

5月10日
5月10日
4月30日
4月30日
4月20日
4月20日
4月10日
4月10日
B・A
3月31日
3月31日
3月25日
3月25日
3月25日
3月25日
1月19日
1月18日
1月16日

0　　　300km

(気象庁「サクラの開花日の等期日線図」より作成)

(2) 略地図中のＡ，Ｂは，ある都市を示している。Ａの桜の開花日は，ほぼ同緯度のＢより遅い。その理由を，地形と関連させて書け。

(3) 略地図の ➡ は，日本海側の気候に影響を与える暖流が流れる方向を示している。この暖流の名前を何というか，ア〜エから一つ選べ。

　ア　対馬海流　　イ　千島海流　　ウ　日本海流　　エ　リマン海流

★★56 ［日本の降水量と植生］

次の問いに答えなさい。　　　　　　　　　　　　　　　　　　（京都教育大附高）

(1) 日本の年降水量分布を示した図として正しいものを，次の図のア〜エのうちから一つ選び，記号で答えよ。なお，降水量分布は，いずれも三つの段階に区分して表現してある。

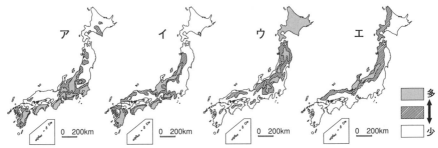

(2) 南北に長い日本では，次の四つの植生が見られる（順不同）。日本の植生分布を示した図として正しいものを，下の図のア〜エのうちから一つ選び，記号で答えよ。なお，図は細部を省略してある。

亜熱帯林（そてつ，へご）	温帯林（ぶな，かえで，みずなら）
冷帯林（えぞまつ，とどまつ）	暖帯林（かし，しい，つばき，くす）

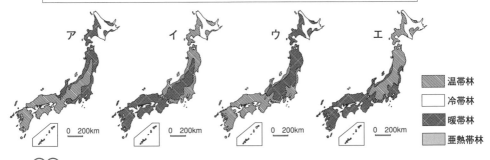

着眼　56 (1) 年降水量を示した図なので，夏に雨が多い太平洋側と，冬に雨が多い日本海側の両方で考えること。瀬戸内，中央高地，北海道は少雨。
(2) 温帯林（落葉広葉樹が中心）と暖帯林（常緑広葉樹が中心）の区別がわからないと難問。

11 日本の産業・エネルギー

解答 別冊 p.22

*57 [日本の産業と人口]

　次の二つの三角グラフは，日本の産業別人口比率の推移とさまざまな国の産業別人口比率を示したものである。私たちのくらしと産業の関係について，あとの問いに答えなさい。

(三重・高田高)

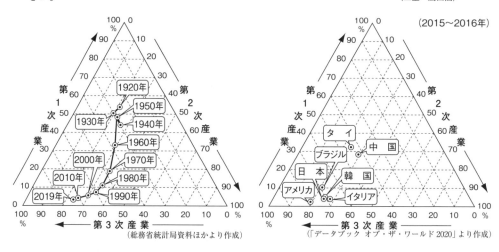

(総務省統計局資料ほかより作成)
(「データブック オブ・ザ・ワールド 2020」より作成)

(1)　1950年の日本の第2次産業人口比率として最も近い数字を，次のア〜エから選べ。
　ア　約20%　　イ　約30%　　ウ　約50%　　エ　約80%

(2)　グラフに関する文として，誤っているものを次のア〜エから選べ。
　ア　日本では，1970年頃までは第1次産業人口の割合は減少し，かわって第2次・第3次産業人口の割合が増加した。
　イ　1970年代以降に日本の経済がさらに発展すると，第3次産業人口の割合が増加した。
　ウ　第3次産業人口の割合が高い先進国は，三角グラフの左下に集まる傾向がある。
　エ　三角グラフの国の中で，第2次産業人口の割合が最も高い国はアメリカ合衆国である。

(3)　右の表は，三重県，東京都，千葉県，沖縄県について産業別人口比率と昼夜間人口比率（夜間人口に対する昼間人口の比率）を示したものである。沖縄県にあたるものを，表内のア〜エから選べ。

	産業別人口比率			昼夜間人口比率
	第1次産業	第2次産業	第3次産業	
ア	3.0%	32.3%	64.7%	98.3%
イ	0.5	15.8	83.7	117.8
ウ	2.8	19.6	77.6	89.7
エ	4.0	15.4	80.7	100.0

(「データでみる県勢2020」ほかより作成)

★*58* ［日本の農業］ ◀頻出

　次のグラフは日本の地域別の農業産出額の割合を，畜産，米，野菜，その他の耕種作物に分けて示したものである。米の割合を示すものを，下のアからエの中から一つ選び，記号で答えなさい。
（東京・お茶の水女子大附高）

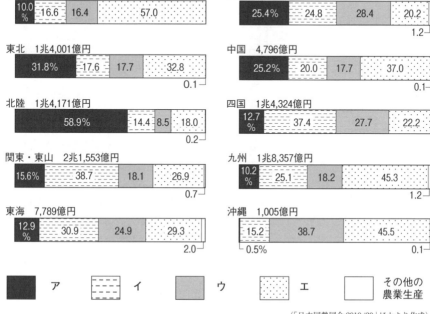

北海道　1兆2,762億円
| 10.0% | 16.6 | 16.4 | 57.0 |

近畿　5,030億円
| 25.4% | 24.8 | 28.4 | 20.2 |
1.2

東北　1兆4,001億円
| 31.8% | 17.6 | 17.7 | 32.8 |
0.1

中国　4,796億円
| 25.2% | 20.0 | 17.7 | 37.0 |
0.1

北陸　1兆4,171億円
| 58.9% | 14.4 | 8.5 | 18.0 |
0.2

四国　1兆4,324億円
| 12.7% | 37.4 | 27.7 | 22.2 |

関東・東山　2兆1,553億円
| 15.6% | 38.7 | 18.1 | 26.9 |
0.7

九州　1兆8,357億円
| 10.2% | 25.1 | 18.2 | 45.3 |
1.2

東海　7,789億円
| 12.9% | 30.9 | 24.9 | 29.3 |
2.0

沖縄　1,005億円
| 15.2 | 38.7 | 45.5 |
0.5%　　　　　　　　　0.1

ア　　　イ　　　ウ　　　エ　　　その他の農業生産

（「日本国勢図会 2019/20」ほかより作成）

★*59* ［日本の畜産業と水産業］

　あとの各問いに答えなさい。
（奈良・東大寺学園高）

⑴　日本の畜産業の現状について述べた次の文中の下線部ア〜エから誤っているものを選び，その記号を書け。

> 　食生活の洋風化で，肉類や乳製品の消費は毎年伸び，畜産物の産出額は農業全体のア4分の1を超えている。しかし，1991年の牛肉の輸入自由化以降，乳製品なども次々と自由化され，イアメリカ合衆国やオーストラリアからの安い牛肉やウインドやフランスからの安い乳製品が出回るようになり，畜産農家は大きな打撃を受けている。経営形態にも変化が現れ，エ他産業から資本などが投入されて大規模経営が行われている地域もある一方，小規模畜産農家においては高齢化と後継者不足で経営の維持が困難になっている。

(2)　右の図は，日本の遠洋漁業，沖合漁業，沿岸漁業，海面養殖業の漁業別生産量の推移を示したものである。遠洋漁業と海面養殖業にあてはまるものの組み合わせとして正しいものを次のア〜エから選び，その記号を書け。

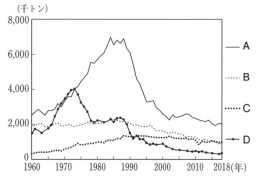

（「日本国勢図会 2019/20」ほかより作成）

	ア	イ	ウ	エ
遠 洋 漁 業	A	A	D	D
海面養殖業	B	C	B	C

★**60** ［日本のエネルギー］ **＜頻出**

次の文章を読み，あとの問いに答えなさい。　　　　　　（神奈川・法政大二高）

　日本の発電源は，2019年において8割を火力に依存している。火力発電を支えているエネルギー源は，①石油や石炭である。

　石炭は明治時代より1960年頃までエネルギーの中心であった。一方，石油は安価で多用途な流体エネルギーとして，②1950年代半ばから輸入量が急速に増え，1960年代には，エネルギーの中心は石炭から石油に完全に移行した。③しかし，1970年代には二度にわたって，原油価格が高騰したため，日本の電力業界は，火力発電の見直しを迫られた。この結果，④原子力発電を始めさまざまなエネルギーを利用した発電施設が建設されてきているが，8割という数字にみられるように，火力に依存している状況は大きく変わっていない。

　こうした事態を受けて，石油に代わるエネルギーの一つとして，石炭が再び注目されている。しかし，石炭利用を増大させていけば，⑤二酸化炭素の排出量を1990年と同水準にするという目標が達成できなくなることも指摘されている。目標達成のためには，石炭や石油への依存率を減らし，環境に優しいエネルギー利用への転換が求められている。

(1)　下線①について，石油や石炭などの燃料を総称して何というか，答えよ。

(2)　下線②について，日本に石油を輸出しているアラブ産油国の中で，最大の埋蔵量を誇り，最大の石油生産を行っている国はどこか，国名を答えよ。

(3)　下線③について，1973年の石油危機は，アラブ産油国が<u>ある国</u>を支援する国々に対して石油の禁輸や制限を実施したことが背景にある。<u>ある国</u>を次のア〜エから一つ選び記号で答えよ。

　　ア　エジプト　　イ　トルコ　　ウ　イスラエル　　エ　旧ソ連

(4)　下線④について，日本の原子力発電所について説明した次のア〜エの文の中で，<u>誤っているもの</u>を一つ選び，記号で答えよ。

　　ア　高熱を発する原子炉を冷却するため，大量の海水が必要となり，沿岸部に建設されている。

イ　原料のウランを海外から輸入するため，輸送の便を考えて，沿岸部に建設されている。

ウ　広大な施設を建設するため，土地を確保しやすい沿岸部に建設されている。

エ　電力を供給しやすいように，大都市の沿岸部に建設されている。

(5)　下線⑤について，1997年に日本のある都市を会場に，先進国ごとに二酸化炭素の削減目標を定めた国際会議が開催された。この国際会議が開かれた都市名を答えよ。

★*61* ［日本の工業］ ＜頻出

下の地図中の●，○，■，□は，それぞれある工業のおもな分布を示している。これを見て，あとの問いに答えなさい。 （熊本・真和高改）

(1)　地図中の●，○，■，□の記号は，それぞれどんな工業の工場の分布を示しているか。次のア～オからそれぞれ選び，その記号で答えよ。

　　ア　紙・パルプ　　イ　自動車（二輪車も含む）　　ウ　石油化学

　　エ　陶磁器　　　オ　半導体

(2)　地図中の①～③は，中京工業地帯にある，それぞれの工業の代表的な都市である。①の都市名を答えよ。また，②，③の都市名を次のア～クから選び，その記号で答えよ。

　　ア　有田　　イ　富士　　ウ　瀬戸　　エ　倉敷

　　オ　君津　　カ　鹿嶋　　キ　四日市　　ク　浜松

（「日本国勢図会 2019/20」ほかより作成）

12 日本の貿易・交通・通信

解答 別冊 p.23

★62 ［日本の貿易相手国とその変化］ ◁頻出

日本は多くの国々と貿易を行っているが，貿易相手国は時代とともに変化してきている。このことに関する次の問いに答えなさい。

（東京学芸大附高）

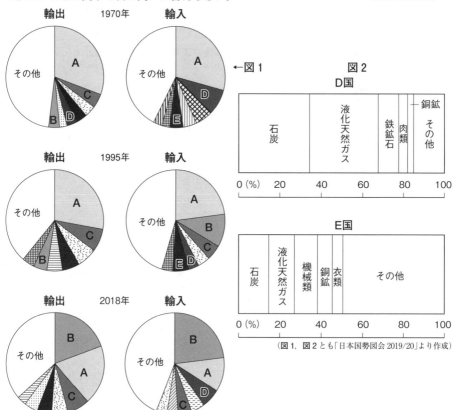

（図1，図2とも「日本国勢図会 2019/20」より作成）

問 図1は，1970年，1995年，2018年において，日本が行った輸出入の金額の割合を，相手国別に示したグラフである。さらに図2は，2018年にD国，E国から日本が輸入している主要な品目を示したグラフである。また，グラフの中のA，B，C，D，Eはアメリカ合衆国，インドネシア，オーストラリア，大韓民国，中華人民共和国のいずれかを示している。A，B，C，D，Eの国名をア～オのうちから一つずつ選び，記号で答えよ。

ア　アメリカ合衆国　　イ　インドネシア　　ウ　オーストラリア

エ　大韓民国　　　　　オ　中華人民共和国

★★*63* ［日本の貿易港］ ◁ 頻出

次の「港別の主要貿易品目」の表と「輸入品目の比較」のグラフおよび地図を見て(1)
～(4)の問いに答えなさい。

（京都・立命館高 改）

「港別の主要貿易品目」

港	〈輸出〉上位3品目と割合（%）						〈輸入〉上位3品目と割合（%）					
①	自動車部品	6.9	コンピューター部品	5.5	内燃機関	5.3	A	8.7	コンピューター	4.9	魚介類	4.6
②	プラスチック	6.4	建設・鉱山用機械	6.1	内燃機関	3.1	A	6.5	たばこ	6.4	有機化合物	4.0
③	科学光学機器	6.2	金（非貨幣用）	5.2	集積回路	4.4	通信機	14.0	医薬品	11.6	集積回路	9.5
④	自動車	25.0	自動車部品	17.5	金属加工機械	4.4	液化ガス	8.5	A	7.1	石油	6.7
⑤	自動車	22.1	自動車部品	4.9	内燃機関	4.3	石油	9.1	液化ガス	5.2	アルミニウム	4.5

「輸入品目の比較」

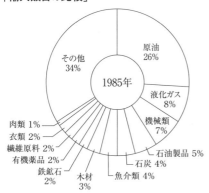

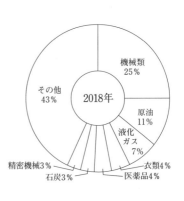

（「日本国勢図会1986/87」，「日本国勢図会2019/20」より作成）

- ●難(1) 「港別の主要貿易品目」の表は，わが国の貿易総
額上位5港における，輸出・輸入品目の上位3品目
ずつを示したものである。この上位5港のうち3港
は関東地方にある。この表中①の港はどこにあるか，
地図中の**A～D**から一つ選び，記号で答えよ。
- ●難(2) 「港別の主要貿易品目」の表の〈輸入〉の欄の中
にある**A**には，同じ品目が入る。「輸入品目の比較」
のグラフを参考にしながら，品目名を答えよ。

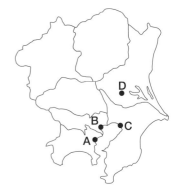

(3) 「輸入品目の比較」のグラフを見ると，1985年から約30年の間に，機械類の輸入比率が大幅に増えて，第1位になっていることが分かる。このように機械類の輸入が増加した理由を，海外の産業の変化から説明せよ。

(4) 2018年のわが国の貿易相手国について，輸出入ともに第1位になっているのはどこか，次のア～エから一つ選び，記号で答えよ。

ア　アメリカ合衆国　　イ　中国
ウ　サウジアラビア　　エ　オーストラリア

★**64** ［日本の貿易相手国］ ◀ 頻出

次の表は日本のおもな貿易相手国の国別貿易額，主要輸入品を表したものである。AからIの国名を，次ページの国名群から選んでその記号を答えなさい。

なお，文AからIは，それぞれの国の特徴が書いてある。表中のAからIと，文のAからIのそれぞれ同じ記号は，同じ国を表している。

(大阪・羽衣学園高 改)

〈表〉　日本のおもな相手国別貿易額，主要輸入品 (2018年)　　　　(単位：百万円)

相手国	輸出額	輸入額	主要輸入品と輸入に占める割合 （%）
A	15,470,237	9,014,902	機械類28.1　航空機類5.3　医薬品5.1 科学光学機器5.1　液化石油ガス4.8
B	15,897,740	19,193,653	機械類46.3　衣類10.1　金属製品3.5　家具2.4　がん具2.2
C	3,562,499	2,770,728	機械類38.0　肉類7.9　プラスチック5.0 魚介類4.0　自動車部品3.7
D	1,886,230	5,052,790	石炭34.3　液化天然ガス33.2　鉄鉱石10.1 肉類4.4　銅鉱2.9
E	454,138	3,732,948	原油92.4　石油製品2.5　有機化合物1.6 液化石油ガス1.5　アルミニウム0.7
F	1,029,417	1,294,987	石炭13.8　肉類10.9　木材8.8　なたね8.8 医薬品6.2
G	778,801	1,219,821	機械類15.4　医薬品14.8　ぶどう酒8.4 航空機類6.0　バッグ類5.5
H	518,558	1,260,310	たばこ16.6　機械類15.6　バッグ類9.8 医薬品8.8　衣類8.3
I	441,523	761,201	鉄鉱石42.1　肉類11.5　コーヒー5.9 有機化合物5.1　鉄鋼4.6

(「世界国勢図会2019/20」より作成)

〈文〉

A　この国は世界最大の農産物輸出国でもある。

B　この国では沿岸部と内陸部との経済格差が，問題となっている。

C　この国の国民は仏教徒がほとんどである。

D　この国は，かつてはイギリスをはじめヨーロッパからの移民が多かったが，40年ぐらい前からアジアからの移民がふえている。

E　この国はイスラム教発祥の国で，国土の大部分は砂漠である。

F　針葉樹林の広がるこの国では，英語とフランス語が公用語である。

G　この国は世界有数のワインの生産量を誇っている。

H　この国にはローマ時代の遺跡などが数多くあり，世界中から観光客をひきよせている。

I　この国の北部の熱帯林は，地球環境の視点から重要である。

〈国名群〉

ア　タイ　　イ　中国　　ウ　サウジアラビア　　エ　アメリカ　　オ　カナダ
カ　ブラジル　　キ　フランス　　ク　イタリア　　ケ　オーストラリア

★*65*　[日本の輸入]

表Ⅰ，Ⅱをみて，あとの問いに答えなさい。　　　　　　　　　　　　（愛知高改）

(1)　表Ⅰは，日本が輸入する農作物の相手国を示している。表中ア〜オにあてはまる国を，次のa〜eから一つずつ選び，記号で答えよ。

a　オーストラリア　　b　中国　　c　南アフリカ共和国　　d　ブラジル
e　アメリカ合衆国

表Ⅰ

米			小麦			大豆		
第1位	ア	44.1%	第1位	ア	50.8%	第1位	ア	71.7%
第2位	タイ	36.7%	第2位	カナダ	31.7%	第2位	エ	17.3%
第3位	ウ	9.6%	第3位	ウ	15.5%	第3位	カナダ	10.2%
第4位	イ	9.2%						
オレンジ			生鮮・冷蔵野菜					
第1位	ア	52%	第1位	イ	67%			
第2位	ウ	41%	第2位	ア	8%			
第3位	オ	5%	第3位	ニュージーランド	7%			

（「日本国勢図会2019/20」より作成）

表Ⅱ

a国からの輸入品			b国からの輸入品			c国からの輸入品		
第1位	石炭	34.3%	第1位	機械類	46.3%	第1位	白金	20.3%
第2位	液化天然ガス	33.2%	第2位	ク	10.1%	第2位	パラジウム	15.8%
第3位	カ	10.1%	第3位	金属製品	3.5%	第3位	ケ	11.2%
第4位	キ	4.4%	第4位	家具	2.4%	第4位	鉄鋼	8.2%
d国からの輸入品			e国からの輸入品					
第1位	カ	42.1%	第1位	機械類	28.1%			
第2位	キ	11.5%	第2位	コ	5.3%			
第3位	コーヒー	5.9%	第3位	医薬品	5.1%			
第4位	有機化合物	5.1%	第4位	科学光学機器	5.1%			

（「日本国勢図会2019/20」より作成）

(2) 前ページの**表Ⅱ**は，a～eそれぞれの国から，日本が輸入する品目の多いものから
順にならべたものである。表中カ～コの品目にあてはまるものを，次の①～⑤から一
つずつ選び，記号で答えよ。

① 鉄鉱石　　② 自動車　　③ 航空機類　　④ 衣類　　⑤ 肉類

★★66 [交通，通信，貿易による結びつき]

次の文を読んで，(1)～(3)の各問いに答えなさい。

（日本大山形高改）

近年，私たちは気軽に**A海外旅行に出かけたり**，
世界中の商品を自宅に取り寄せることができる。そ
の背景にあるのは交通手段や**B情報手段の発達**であ
り，そのため日本各地だけではなく，日本と世界各
国との結びつきがより一層深まってきた。特に，飛
行機，新幹線や高速道路といった大量高速輸送手段
の発達は，人や**Cモノの移動**に掛かる時間を大幅に
短縮し，私たちの生活を大きく変化させた。しかし
一方で，交通手段の発達に伴う問題も発生している。

図　那覇空港の模式図

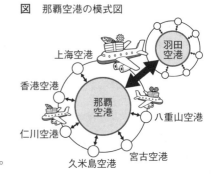

(1) 下線部Aについて，**図**は沖縄県の那覇空
港の模式図である。図からわかるようにこ
の空港には国内やアジア諸国の各都市から
の航空機が発着している。航空路が放射状
にのびる拠点の空港を何と呼んでいるか。
カタカナ2文字で答えよ。　　（沖縄県）

(2) 下線部Bについて，**表Ⅰ**は日本における
情報通信機器（携帯電話，PHS，パソコン，
ファクシミリ）を持つ世帯の割合の変化を
表している。パソコンを表しているものを，
表中のア～エから一つ選べ。

表Ⅰ　情報通信機器を持つ世帯の割合の変化

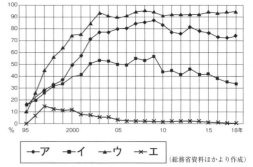

（総務省資料ほかより作成）

(3) 下線部Cについて，**表Ⅱ**は日本のおもな貿易港（横浜港，名古屋港，神戸港，成田
国際空港）の輸出額，主要輸出品目を表している。成田国際空港を表しているものを，
表Ⅱのア～エから一つ選べ。

表Ⅱ

貿易港	輸出総額（億円）	主な輸出品目
ア	58,198	プラスチック，建設・鉱山用機械，内燃機関
イ	77,187	自動車，自動車部品，内燃機関，プラスチック
ウ	124,845	自動車，自動車部品，金属加工機械，内燃機関
エ	114,588	科学光学機器，金（非貨幣用），集積回路

（「日本国勢図会2019/20」より作成）

13 環境問題

解答 別冊 *p.25*

★67 [1970年代の社会の転換と環境問題]

次の文を読んで,あとの問いに答えなさい。　　　　　　　　　（愛知・東海高）

　1970年代は,日本にとっても国際社会にとっても,一つの転換点となった時期である。1973年の a 石油危機は,1955年頃から始まった（ ① ）成長を終わらせ,以後日本経済は安定成長の時代にはいった。石油価格の高騰は, b 代替エネルギーの開発促進や c 遠洋漁業衰退のきっかけともなった。産業の中心も, d 鉄鋼業などから e エレクトロニクス産業などに移り,産業構造そのものも質的な変化を遂げた。また,都市への人口集中が緩み,地方に還流する（ ② ）現象や産業の地方分散のきざしも見られた。

　（ ① ）成長期の日本でとられた工業化優先の施策は, f 公害という社会的災害をもたらすことにもなった。政府が内閣公害対策本部などを母体として,環境庁（現環境省）を新設したのは1971年のことであった。公害とは,国やその一部地域内で発生し,完結する局地的環境問題であるが,1970年代初頭,国際社会では地球規模での環境問題が取りざたされるようになった。

　1972年, X ストックホルムで開催された国連人間環境会議は,「かけがえのない地球」をスローガンに揚げた。1992年, Y リオデジャネイロで開催された国連環境開発会議（地球サミット）は,「持続可能な開発・発展」をテーマとした。地球サミットを受けて,1997年の地球温暖化防止 Z 京都会議では,初めて国ごとの（ ③ ）排出量削減枠が決められた。国際社会において環境問題に対する認識は高まりつつある。しかし, g 酸性雨,h 砂漠化,オゾン層の破壊, i 熱帯林の破壊など,国際社会で取り組むべき課題は多い。

(1)　空欄①〜③に適語を入れよ。ただし,③は漢字5文字で記せ。

(2)　下線部 X〜Z の都市は,右の図中 A〜H のどのブロックに位置するか,一つずつ選び,記号で答えよ。なお,同じブロックを選んでもよい。

	180°	90°W	0°	90°E	180°	
60°N	A	B	C	D		
0°	E	F	G	H		60°S

(3)　下線部 a〜i に関するそれぞれの問いに答えよ。

　a　次のア〜エで示す西アジアの産油国のうち,国民の多数を占める民族が他の3国と異なる国を一つ選べ。

　　　ア　サウジアラビア　　イ　クウェート　　ウ　イラン　　エ　イラク

　b　代替エネルギーを用いた発電のうち,2011年3月の東日本大震災の前まで,日本の総発電量の2割をこえていた発電方式を答えよ。

c　石油価格の高騰以外の原因を答えよ。

d　次の表は粗鋼生産の推移を示したもので，ア〜エは，アメリカ合衆国，日本，韓国，中国のいずれかである。このうち中国に該当するものはどれか。

（単位　千t）

	1980年	1990年	2000年	2010年	2018年
ア	37,121	66,350	128,500	638,743	928,264
イ	111,395	110,339	106,444	109,599	104,328
ウ	101,455	89,726	101,824	80,495	86,698
エ	8,558	23,125	43,107	58,914	72,463

（「世界国勢図会2019/20」より作成）

e　この産業が集中しているアメリカ合衆国カリフォルニア州サンフランシスコ南方の一帯を何と呼ぶか，答えよ。

f　日本の公害のはじまりとされるのは足尾銅山鉱毒事件である。足尾銅山が位置する県に該当するものを，次のア〜エのうちから一つ選べ。

ア　福島県　　イ　群馬県　　ウ　栃木県　　エ　茨城県

g　酸性雨の被害例として適当でないものを，次のア〜エのうちから一つ選べ。

ア　森林の枯死　　　イ　湖沼の魚類の死滅
ウ　建造物の溶解　　エ　海水面の上昇

h　砂漠化が著しいサハラ砂漠南縁一帯を何と呼ぶか，答えよ。

i　熱帯林の破壊とともに冷帯林の破壊も問題視されている。ユーラシア大陸，北アメリカ大陸北部に発達する針葉樹林を何と呼ぶか，答えよ。

★68　［地球環境をめぐる問題①］　◀頻出

次の略地図は，地球環境問題の広がりを示したものである。これを見て，あとの問いに答えなさい。

（宮城・東北学院高）

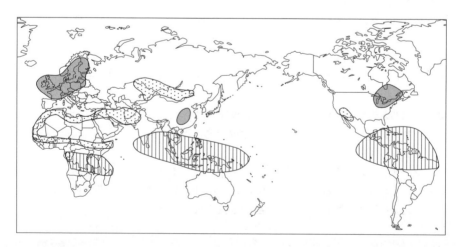

(1)　略地図中の　　　　で示し
　　た地域に関連して，次の①，
　　②の問いに答えよ。

　　①　右の写真は，これらの地
　　　　域の森林被害の様子である。
　　　　このような被害のおもな原
　　　　因である，大気中の汚染物
　　　　質を含む雨を何というか，答えよ。

　　②　次の文は，①の被害の発生と拡大について述べたものである。（　　　　）に共通
　　　　してあてはまる語句を，**漢字3文字**で答えよ。

> 　　　　1950年代，この被害は工業が盛んなイギリスやドイツの（　　　　）の風下に
> 　　あたる，スカンディナビア半島諸国において顕著になった。さらに汚染物質は
> 　　（　　　　）にのって運ばれ，国境を越えて東側に拡大していった。

(2)　略地図中の||||||||で示した地域に関連して，次の①，②の問いに答えよ。

　　①　近年，これらの地域では森林の減少が著しく，地球温暖化の問題が心配される。
　　　　地球温暖化の影響として誤っているものを，次のア～エから一つ選び，記号で答え
　　　　よ。
　　　　ア　動物や植物の分布に変化が起こり，暑さに弱い生物種の絶滅が危惧される。
　　　　イ　マラリアなどの熱帯性感染症の蔓延が懸念される。
　　　　ウ　永久凍土が溶けることで，メタンガスが放出され，温暖化がいっそう加速され
　　　　　　る。
　　　　エ　人体に与える影響として，白内障や皮膚がんがあげられる。

　　②　地球温暖化のおもな原因は，人類が排出する温室効果ガスである。次の表は，1
　　　　人当たりの二酸化炭素排出量と1人当たりのエネルギー消費量（石油換算）を国別
　　　　に示したものである。表のa～dにあてはまる国を，あとのア～エから一つずつ選
　　　　び，記号で答えよ。

	ブラジル	a	b	c	d
1人当たりの二酸化炭素排出量（t）	2.0	6.6	1.6	15.0	8.9
1人当たりのエネルギー消費量（t）	1.4	2.2	0.5	7.0	3.9

（「データブック オブ・ザ・ワールド2020」ほかより作成）

　　　　ア　アメリカ合衆国　　イ　中国　　ウ　ドイツ　　エ　インド

着眼
68　(2)　②1人当たりの二酸化炭素排出量や1人当たりのエネルギー消費量は，生活水準が高い
　　　　先進国の方が発展途上国よりも多くなる。他には，エネルギー問題の取り組み状況や経済の
　　　　発展状況もそれぞれの数値を左右することを考慮して，該当する国を選ぶ。

(3) 略地図中の [::::::] で示した地域では，近年，不毛な地域が拡大している。そのおもな原因として適切でないものを，次のア～エから一つ選び，記号で答えよ。

ア　人口の減少　　　　イ　長期間の干ばつ
ウ　牧草地での過放牧　エ　土地の生産力を超えた耕作

★69　［地球環境をめぐる問題②］　＜頻出

次の文を読み，あとの問いに答えなさい。　　　　　　　　　　（大阪府改）

　1992（平成4）年，国連環境開発会議（環境と開発に関する国連会議）が行われた。この会議では，地球温暖化を防止するため，大気中の温室効果ガスの濃度を安定化させることを究極の目標とする気候変動枠組条約が採択された。

　気候変動枠組条約にもとづき，1995（平成7）年から毎年，気候変動枠組条約の締約国会議（COP）が行われている。

　気候変動枠組条約の締約国会議（COP）の第1回締約国会議が1995年にドイツのベルリンで行われた。第1回締約国会議では，先進国における2000（平成12）年以降の目標や具体的な取り組みについての新たな国際的な枠組みを第3回締約国会議でとりまとめることが決定された。

(1)　1997年，気候変動枠組条約の第3回締約国会議が行われ，先進国に温室効果ガスの排出削減を義務づけるなどの内容の議定書が採択された。第3回締約国会議において採択されたこの議定書は一般に何と呼ばれているか，答えよ。

(2)　第3回締約国会議において排出削減が義務づけられた温室効果ガスには，二酸化炭素やメタン，一酸化二窒素などがある。次ページの表は，工業化以前の1750年ごろ，2013（平成25）年，2014（平成26）年，2015（平成27）年における，二酸化炭素，メタン，一酸化二窒素の大気中濃度をそれぞれ示したものである。次のA，Bの文は，次ページの表から読み取れる内容についてまとめたものである。A，Bの内容について正誤を判定し，下のア～エから適しているものを一つ選び，記号で答えよ。

> A　二酸化炭素，メタン，一酸化二窒素の大気中濃度の値はいずれも，2013年より2014年が大きく，2014年より2015年が大きい。
> B　二酸化炭素，メタン，一酸化二窒素のうち，2015年における大気中濃度の値が工業化以前の1750年ごろにおける大気中濃度の値の2倍を上回っているものは1種類である。

ア　A，Bともに正しい。　　　　イ　Aは正しいが，Bは誤っている。
ウ　Aは誤っているが，Bは正しい。　エ　A，Bともに誤っている。

表　温室効果ガスの大気中濃度

温室効果ガスの種類	大気中濃度			
	工業化以前の1750年ごろ	2013年	2014年	2015年
二酸化炭素	約278ppm	396.0ppm	397.7ppm	400.0ppm
メタン	約722ppb	1,824ppb	1,833ppb	1,845ppb
一酸化二窒素	約270ppb	325.9ppb	327.1ppb	328.0ppb

(1ppmは0.0001%，1ppbは0.0000001%)
(気象庁資料より作成)

★*70*　[地球環境をめぐる問題③]

　次の4枚は地球環境問題に関連する写真である。そのうち3枚は共通の問題を示したものであるが，それらと関連のないものを1枚選び，記号で答えなさい。

(北海道・立命館慶祥高)

A

C

B

D

14 ｜ 九州地方

解答 別冊 p.26

★71 ［九州地方の産業と都市］ ◁ 頻出

　右の地図を見て，あとの問いに答えなさい。

(大阪・明星高)

(1) 鉄道の路線名称は，廃藩置県以前におかれて
　　いた「国」の名称に基づくものが多い。地図中
　　のAの路線名を次のア～エから選び，記号で記
　　せ。
　　ア　肥薩線　　　　イ　豊肥本線
　　ウ　日豊本線　　　エ　筑肥線

(2) 次の①，②の説明文にあたる県を，それぞれ
　　地図中のア～クから選び，記号で記せ。また，
　　文中の空らんにあてはまる語句を，それぞれ漢
　　字で記せ。
　　① ⬚⬚市は，第二次世界大戦以前から軍港
　　　として栄え，造船業が発達するようになった。
　　　また，大規模なテーマパークがあり，県内で
　　　も多くの観光客を集めている。
　　② 直方市や飯塚市を中心とした⬚⬚炭田で
　　　は，以前はさかんに石炭が産出されていたが，
　　　1960年代のエネルギー革命後，炭鉱の閉山が相次いだ。

(3) 東シナ海には，西海漁業とよばれる漁業が発達している。
　　① この海域で水揚げが多い魚の種類を，次のア～エから選び，記号で記せ。
　　　ア　あじ，さば　　イ　まぐろ，かつお　　ウ　さけ・ます　　エ　たら，にしん
　　② この漁場に広がる，水深およそ200m以内の浅い海底のことを何というか。

	人口増加	年間商品販売額 （十億円）	海面漁獲量 （千 t ）	耕地面積にしめ る水田率（%）	[X] (%)	[Y] (%)
A	130	2,915	16	2.2	21.6	45.5
B	84	3,242	317	45.7	32.0	33.9
C	98	4,292	18	61.5	30.6	33.5
D	112	22,835	26	80.0	27.6	17.9
E	90	4,449	75	31.6	31.4	63.2
宮崎	94	2,910	97	53.8	31.7	64.1
大分	88	2,580	32	71.3	32.4	35.9
佐賀	95	1,756	8	82.0	29.7	25.7

（「データでみる県勢2020」ほかより作成）

(4) 前ページの表は，九州地方の各県における，人口増加（1980年を100としたときの 2018年の指数），年間商品販売額（2015年），海面漁獲量（2017年），耕地面積にしめる水田率（2018年）の統計を示したものである。

① 表のA～Cにあてはまる県を，それぞれ地図中のア～クから選び，記号で記せ。

② 表のX，Yに該当する項目の組み合わせとして正しいものを，次のア～エから選び，記号で記せ。（統計年次はXは2018年，Yは2017年）

ア　X…15歳未満の人口の割合，Y…農業生産額にしめる畜産の割合

イ　X…15歳未満の人口の割合，Y…農業生産額にしめる野菜の割合

ウ　X…65歳以上の人口の割合，Y…農業生産額にしめる畜産の割合

エ　X…65歳以上の人口の割合，Y…農業生産額にしめる野菜の割合

(5) 地図中の◎にある都市は，九州地方の地方中枢都市として発達している。この都市の特色として誤っている文を次のア～エから一つ選び，記号で記せ。

ア　九州地方で政府機関の支所が最も多い都市である。

イ　九州地方で銀行の支店が最も多い都市である。

ウ　九州地方で大学の学生数が最も多い都市である。

エ　九州地方で工業出荷額が最も多い都市である。

★*72* ［九州地方の工業］

次のア～エは，九州におけるおもな鉄鋼・金属工場（2018年），石油・化学工場（2018年），造船所（2018年），IC工場（2018年）の分布図である。このうち，IC工場と造船所に該当するものを，ア～エから一つずつ選び，それぞれ記号で答えなさい。

（熊本・九州学院高）

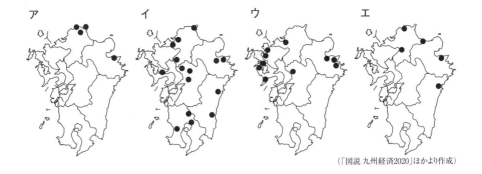

（「図説 九州経済2020」ほかより作成）

着眼

72 それぞれの工場が立地するのに適した場所を考える。IC（集積回路）は軽量・高価なので，製品の輸送にトラックや飛行機を使用する。また，船舶は重く，主に海上輸送を担うので，内陸には工場をつくらない。

☆☆73　［福岡県と九州地方のようす］　◁頻出

　福岡市に住む明雄君は，中学校の地理の授業で，自分達の住んでいる福岡県の事を調べた。その結果をまとめた次のA〜Cの文章を読んで，それぞれあとの(1)〜(10)に答えなさい。

（京都・洛南高）

A

　福岡県は外国との結びつきが強いことがわかりました。街かど，交通機関の案内板やパンフレットなどに，外国語を見かける事が多くなりました。また，福岡県をおとずれる外国人の数の推移を見ると，特に中華人民共和国や大韓民国からの人々が年々増えていることがわかりました。

---

(1)　次のア〜オの都市のなかで，福岡市から直線距離で最も近い都市はどこか。ア〜オから一つ選び，記号で答えよ。

　ア　那覇　　イ　ペキン　　ウ　東京　　エ　ソウル　　オ　ホンコン

(2)　下の写真はさまざまな外国語で書かれた福岡市の観光パンフレットである。②のパンフレットはどこの国の言葉で書かれたものか。国名を一つ答えよ。

B

　九州の地図を見ると，福岡県の北部にはなだらかな山地と平野が入りまじり，南東部は（　①　）県の山地につながっています。南西部には筑後川によってつくられた（　②　）平野があることがわかります。

　a気候は全般的に温暖ですが，日本海に面した北部では冬に雨や雪が多く，瀬戸内海に面した東部やb有明海に面した南西部は晴れた日が多く，降水量が少なくなっています。

---

(3)　①，②にあてはまる語句を，それぞれ**漢字2字**で答えよ。

(4)　②平野では江戸時代以前から，ある方法で耕地を拡大してきた。どのような方法で耕地を拡大してきたか，簡単に答えよ。

(5)　②平野に多く見られる人工の水路を何というか。**カタカナ**で答えよ。

【さまざまな外国語で書かれた福岡市の観光パンフレット】
①　　　　②　　　③　　　　④

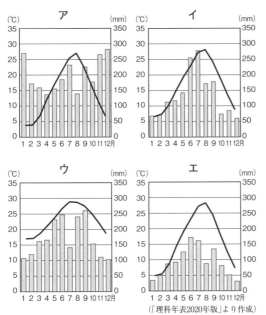

（「理科年表2020年版」より作成）

(6)　下線 a について，上のア〜エの雨温図は，福岡市，岡山市，金沢市，那覇市のいずれかの都市のものである。福岡市のものを一つ選び，記号で答えよ。

(7)　下線 b について，上の写真は有明海に生息する生物の写真である。この生物の名前を**カタカナ**で答えよ。

― C ―

　また，農業は米作りが中心でしたが，現在は c 施設園芸や果物の栽培，畜産などがさかんになってきています。水産業もかつては東シナ海を中心とする沖合漁業がさかんでしたが，今では沿岸漁業や d 養殖業に中心が移ってきています。

(8)　下線 c について，次の文章は施設園芸を説明したものである。文章中の空欄①〜③にあてはまる語句をそれぞれ答えよ。

　温室や（ ① ）などの（ ② ）を調節できる施設をもちいて，（ ③ ），果物，草花などを栽培する農業を施設農業という。

(9)　下線 d について，養殖業はいろいろな問題をかかえている。そこで，人工ふ化させた稚魚や稚貝を放流して，より自然な形で水産資源を増やす漁業が各地で行われているが，このような漁業を何と言うか。**漢字 4 字**で答えよ。

(10)　福岡県の農林水産業を調べていると，九州の八つの県はそれぞれ全国順位で上位のものが多いことに気がついた。次ページの表は，九州の八つの県の主な農産物の生産量や水揚げ量が全国の都道府県の中で上位 3 位までのものを一覧表にしたものである。

福岡県にあたるものをア～エから一つ選び、記号で答えよ。また、表中のオ、カにあたる県名をそれぞれ答えよ。

県	生産全国順位1位	生産全国順位2位	生産全国順位3位
鹿児島	さつまいも、豚肉、かつお節、オクラ	ブロイラー、鶏卵、牛肉、茶、さとうきび、焼酎	マンゴー
ア	パインアップル、さとうきび、マンゴー	オクラ	
イ	かぼす、乾しいたけ		焼酎
ウ	びわ、あじ類、ぶり類、たい類	いわし類、さば類	
エ	たけのこ、とうがらし	いちご	のり類、柿
オ	すいか、トマト	くり	たけのこ、いちご
カ	ブロイラー、焼酎、きゅうり	マンゴー、まぐろ類、ピーマン	あじ類
佐賀	大麦、のり類	たまねぎ、アスパラガス	

（「データでみる県勢2020」より作成）

☆74　［ある県の農林水産業］

次の地図と資料をもとにして、次ページの各問いに答えなさい。 　　（石川県）

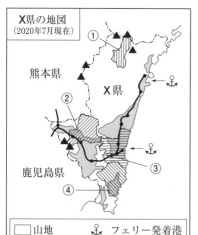

X県の地図
（2020年7月現在）

熊本県

X県

鹿児島県

□ 山地
▨ 平野・盆地
▲ 標高1,500m以上の山
⚓ フェリー発着港
━ 高速道路

資料Ⅰ　X県の農業産出額の内訳（2017年）　　（億円）

品　目	米	野菜	畜産	その他	総額
産出額	180	696	2,260	388	3,524

（「データでみる県勢2020」より作成）

資料Ⅱ　X県の市町①、②、③、④の農林水産業の特色

ア	きゅうりやピーマンなどの野菜生産が盛んで、東京や大阪などの大消費地にも出荷している。
イ	天然の良港に恵まれ、沖合・遠洋漁業が盛んで、育てる漁業にも取り組んでいる。
ウ	畜産と稲作を主体とした経営が多く、高い標高をいかした野菜や花きも生産している。
エ	町のほとんどが林野で、くり、ゆずなどの果樹類やしいたけの生産が盛んである。

（農林水産省ホームページほかより作成）

(1) X県の県名を書け。また，X県の県庁所在地のおよその経緯度を，次のア〜エから
選び，その記号を書け。
ア 東経131度，北緯32度　　イ 東経140度，北緯40度
ウ 東経137度，北緯35度　　エ 東経134度，北緯36度

(2) 資料Ⅰをグラフにして，それぞれの品目の産出額が総額に占める割合を表すとき，
最も適切なグラフの種類をア〜エから一つ選び，その記号を書け。

ア　　　　　　　　イ　　　　　　　　ウ　　　　　　　　エ

(3) 資料Ⅱのア〜エの文は，地図の①〜④のいずれかの市町について説明したものであ
る。それぞれの市町の説明として最も適切なものを，ア〜エから一つずつ選び，その
記号を書け。ただし，同じ記号は使用しないものとする。

(4) X県ではピーマンやきゅうりの促成栽培が盛んである。促成栽培とはどのような栽
培方法か，施設と出荷時期の面から書け。

(5) X県では畜産が盛んで，2001年から資料
Ⅲに示した取り組みを始めた。この取り組
みのねらいは何か，その背景を含めて，次
の三つの語句を使って書け。
（輸入　　価格　　品質）

資料Ⅲ

> 県内で生育された黒毛和牛（くろげわぎゅう）で，日
> 本食肉格付協会が定める基準の上位
> 等級にランク付けされたものについ
> て，県が商品ブランドとして認証し，
> 認証マークの使用を許可する。

★**75** ［沖縄県の伝統的民家］

資料Ⅰは，沖縄県の竹富島に関す
るもので，台風がよく接近する竹富
島の伝統的な民家の写真である。こ
れらの民家には，台風の強い風によ
る被害を防ぐためにどのような工夫
が見られるか，資料から読み取れる
ことを一つ書きなさい。　　（徳島県）

資料Ⅰ

着眼

74 (5) ねらいと背景を答えるように求められているので，「こういう"背景"があるので，こう
いう"ねらい"の取り組みをしている」という形で答えるとよい。
75 家の周囲の様子や，屋根の色（かわらの間の白い色）などに注目する。

15 中国・四国地方

解答 別冊 p.28

★76 ［広島県の経済発展と人口問題］

次の各文を読んで，あとの問いに答えなさい。　　　　　　　　（宮城県 改）

太一さんは，第二次世界大戦後に経済の復興が進められていた時期の広島県について調べている。次の(1)，(2)の問いに答えよ。

(1) 戦後，経済を民主化する政策の一環として，三菱の広島造船所などが，三菱から分離され，別の企業となった。この政策は，何の解体を目的としたものか，書け。

(2) 広島県の経済は，1950年頃から復興が早まる。復興を後押ししたこの頃の戦争を何というか，書け。

太一さんは，広島県における高度経済成長について調べ，広島県に関する**資料A～C**を作成した。これらを見て，(3)，(4)の問いに答えよ。

(3) 次のア～エのうち，**資料A**，**B**から読み取れることを述べた文を二つ選び，記号で答えよ。

ア　1955年には，製造品出荷額の総額に占める軽工業製品の割合は15％に満たない。

イ　1973年には，輸送用機器と鉄鋼の製造品出荷額だけで全体の40％を超えている。

ウ　1973年には，広島市，呉市，福山市で広島県の製造品出荷額の半分以上を占める。

エ　1973年における広島県の製造品出荷額の上位6市町は，すべて海に面している。

(4) 高度経済成長は，広島県内の人口の分布にどのような影響を及ぼしたと考えられるか，**資料B**，**C**をもとに，簡潔に述べよ。

資料A 製造品出荷額の割合の推移

	輸送用機器	食料品	化学製品	鉄鋼	一般機器 6 / その他
1955年総額 1,452億円	21	20	15	8	30
1973年総額 3兆704億円	29	8	5	17 10	31

0　20　40　60　80　100(%)

（「1955年工業統計表」ほかより作成）

資料B 市町村別製造品出荷額とその上位6市町（1973年）

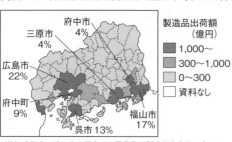

府中市 4%
三原市 4%
広島市 22%
府中町 9%
呉市 13%
福山市 17%

製造品出荷額（億円）
■ 1,000～
■ 300～1,000
□ 0～300
□ 資料なし

（注）市町名の次にある数字は，県全体の製造品出荷額に占めるその市町の割合である。
　　市町村の境界は，1974年4月のものである。
（「1973年工業統計表」より作成）

資料C 市町村別人口増減率（1955～1973年）

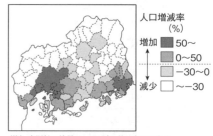

人口増減率（%）
増加 ■ 50～
　　■ 0～50

減少 □ −30～0
　　□ ～−30

（注）市町村の境界は，1974年4月のものである。
（「1956年広島県統計年鑑」ほかより作成）

　太一さんは，中国・四国地方における広島県の位置を調べるため，**資料D～F**を作成した。これらを見て，(5)，(6)の問いに答えよ。

(5)　**資料E**は，広島県と岡山県，**資料D**のa～cの県の，人口密度などをまとめたものである。広島県とcの県にあたるものを，**資料E**のア～エから一つずつ選び，記号で答えよ。　　　　　　　　　　　　　　　　　　　　　　　　　　　　　　　　　　(熊本県 改)

(6)　**資料F**は，広島県と岡山県，**資料D**のcの県の製造品出荷額等の内訳である。X，Yにあたるものを，ア～エの中から一つずつ選び，記号で答えよ。　　　(福島県 改)

　ア　石油・石炭製品　　イ　印刷　　ウ　鉄鋼　　エ　繊維

資料D　中国・四国地方の地図

資料E　人口密度など

項目　　　　　　　　　　県	岡山県	ア	イ	ウ	エ
人口密度（人／km²）	268	226	516	240	334
工業製造品出荷額（億円）	71,299	56,302	24,953	38,371	100,064
農業産出額（億円）	1,446	681	898	1,341	1,238
海面漁業・海面養殖業の産出額（億円）	84	162	218	913	264

（「データでみる県勢2019」より作成）

資料F　製造品出荷額等の内訳（2016年）

（「データでみる県勢2019」より作成）

★77　［中国・四国地方の自然と産業］　◀頻出

　右の図は，中国・四国地方の略図である。この図を見て，(1)～(6)の問いに答えなさい。

(静岡学園高)

(1)　次ページの三つの雨温図（気温と降水量を図式化したもの）は，図中に示した①～③の都市のものである。都市①にあてはまるものを選んで，記号で答えよ。
（1年間の連続性でみるために12月～12月までとした。「理科年表」より作成）

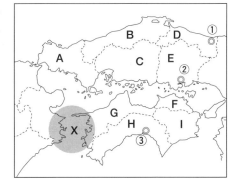

---

76 (5) アは人口密度が最も低く，イは人口密度が最も高く，ウは海面漁業・海面養殖業の産出額が最も大きく，エは工業製品出荷額が最も大きくなっていることに注目する。

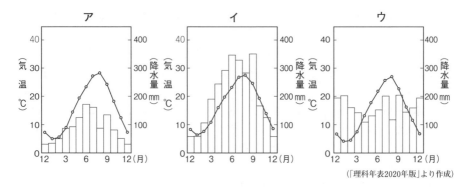

（「理科年表2020年版」より作成）

(2)　次の三つの文章は，図中に示した都市①〜③の周辺でみられる特色を述べたもので ある。都市③に当てはまるものを選んで記号で答えよ。

　ア　この都市の近くに広がる児島湾では，江戸時代から干拓事業が進められ，広大な 農業用地や工業用地が完成している。

　イ　この都市の近くには，沿岸流や風などの影響で作られたわが国最大の砂丘があり， 多くの観光客を集めるとともに，砂丘を利用した農業が見られる。

　ウ　この都市の周辺では，冬になすやきゅうりなどの夏野菜の促成栽培が行われてお り，京阪神地方や遠く京浜地方まで送られている。

(3)　この地方は，日本海，
瀬戸内海および太平洋に
挟まれた地域で，特色の
ある地形が多い。次の問
いに答えよ。

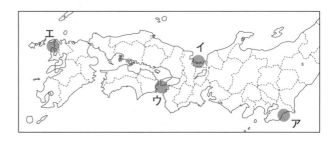

　図中に示された**X地域**
は，四国と九州に挟まれ
た海岸地域で豊後水道とよばれている。この海岸は，入り江の多い複雑な海岸がみら れる。右上の図中でこの地形と，まったく異なる地形がみられる地域を一つ選んで記 号で答えよ。

(4)　次の①および②の文章は，四国の四つの県（F〜I）のいずれかの県の農業につい て述べたものである。①，②に当てはまる県を記号で答えよ。

　①　この県は，山地が低く狭いため，川は小さく，流れる水の量も少ない。水田面積 に対して農業用水が不足しているため，満濃池をはじめ多くのため池が設けられて いる。

　②　この県は，平野が乏しく山地が海に迫っているため，急斜面には段々畑が多くみ られる。ミカンの栽培が盛んで，その生産量は全国第3位（2018年度）である。

(5)　中国・四国地方は，九州と近畿地方を結ぶ通路
　　であって，古くから文化の往来が盛んなところで
　　ある。伝統的な産業や文化が発達してきた。焼き
　　物（窯業）もその一つで，Ｅ県で最も知られた焼
　　き物を次の中から一つ選んで記号で答えよ。
　　　ア　九谷焼　　イ　有田焼　　ウ　備前焼

(6)　図中のＣ県には，世界文化遺産が二つある。右
　　の写真はその内の一つである。写真に示された文
　　化遺産の名を答えよ。

★*78* ［中国・四国地方の地形図と気候］
　　下の地図を見て設問に答えなさい。

（福岡・東海大付五高）

(1)　地図中には，ため池が多く見られる。この理由として考えられる最も適当なものを，
　　次ページのア〜エの中から一つ選び，記号で答えよ。

（国土地理院　50,000分の1　丸亀）

ア　一年中雨が多く，そのため，洪水や河川のはんらんを防ぐための遊水池として作られている。

イ　この地域周辺は工業がさかんでその用水確保のために，ため池が多く作られている。

ウ　一年中雨が少なく，かんがいのため昔から多くのため池が作られてきた。

エ　この地域には大きな河川がなく，そのため飲料水確保のために，ため池が古くから作られてきた。

(2)　地図の地域の雨温図として最も適当なものをア〜エの中から一つ選び，記号で答えよ。

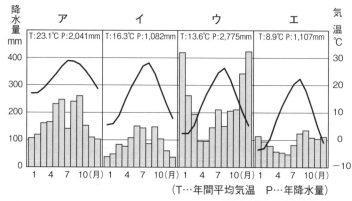

(T…年間平均気温　P…年降水量)

(「理科年表2020年版」より作成)

(3)　地図中で善通寺市の市役所から飯野山（讃岐富士）の頂上までの実際の直線距離を次のア〜エの中から一つ選び，記号で答えよ。

ア　約5,000m　　イ　約6,000m　　ウ　約7,000m　　エ　約8,000m

★★79 ［中国・四国地方の産業と気候］

次の中国・四国地方に関する文と，地図を参考にして，あとの各問いに答えなさい。

(熊本・九州学院高)

A　この平野は，黒潮の影響を受けて冬でも温暖なため，野菜の促成栽培がさかんである。

B　塩田跡地や干拓地を利用して，水島地区などに石油化学などのコンビナートが建設されている。

C　昔から養殖漁業がさかんであり，特にかきの養殖では全国有数である。

D　この地方では，古くから多くのため池がつくられ，今でもかんがいに利用されている。近年，①用水路が建設され，慢性的な水不足が解消された。

E 砂丘の砂は，田畑に大きな被害をもたらしてきたが，今日では防砂林やかんがい設備を整え，②特産物の生産に成功している。

(1) A〜Eの各文にあてはまる地域を，地図中ア〜キから選び，記号で答えよ。

(2) 次の各文にあてはまる都市を，地図中a〜eから選び，記号と都市名を答えよ。ただし都市名は**漢字**で答えよ。

　① 太田川の三角州に発達した城下町で，人口100万を超える地方中枢都市である。

　② 西日本最大級の水揚げ高をほこる漁港がある。

(3) 下線部①の用水路を何というか，**漢字**で答えよ。

(4) 下線部②の特産物とは何か，次のア〜オから選び，記号で答えよ。

　ア トマト　イ らっきょう　ウ レモン　エ なす　オ ばら

(5) 次の表は，南四国，瀬戸内，山陰のある都市の月別の気温と降水量を示したものである。この中で，地図中bの都市のものをア〜ウから選び，記号で答えよ。

（上段：気温，下段：降水量）

	1月	2月	3月	4月	5月	6月	7月	8月	9月	10月	11月	12月	平均
ア	4.3	4.7	7.6	12.9	17.5	21.3	25.3	26.8	22.6	16.8	11.6	6.9	14.9℃
	147.2	121.9	132.6	109.4	134.6	189.8	252.4	113.7	197.9	119.5	130.6	137.6	1,787.2mm
イ	4.9	5.5	8.8	14.5	19.3	23.3	27.2	28.3	24.4	18.1	12.3	7.3	16.2℃
	34.2	50.5	86.7	92.3	125.0	171.5	160.9	87.4	134.4	81.1	51.2	31.0	1,105.9mm
ウ	6.3	7.5	10.8	15.6	19.7	22.9	26.7	27.5	24.7	19.3	13.8	8.5	17.0℃
	58.6	106.3	190.0	244.3	292.0	346.4	328.3	282.5	350.0	165.7	125.1	58.4	2,547.5mm

（「理科年表2020年版」より作成）

(6) 右の円グラフは，ある果実の県別生産高の割合を示したものである。これについて，次の①，②に答えよ。

　① この円グラフが示す果実名を答えよ。

　② この円グラフの（　）の中に入る県名を**漢字**で答えよ。

（「日本国勢図会2019/20」より作成）

16 近畿地方

☆☆**80**　[近畿地方のようす]

解答　別冊 *p.30*

次の地図および文を読み，あとの問いに答えなさい。

（大阪・関西大一高）

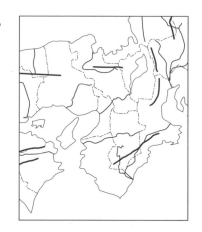

　近畿地方は，**a北部は丹波高地，南部には紀伊山地**が広がり，両者に挟まれる形で中央部がある。その中央部の瀬戸内海に面する平野には，大阪，神戸を中心に広がる阪神工業地帯がある。内部へ入ると古い歴史を持つ奈良盆地や京都盆地，そして**b近畿の水がめ**である琵琶湖がある。

　c大阪は，江戸時代には日本の商業の中心として栄え，明治時代になると軽工業が発達し，第一次世界大戦頃からは重化学工業もさかんとなり，阪神工業地帯を形成し，全国第1位の生産をあげてきた。これは，**d瀬戸内海の交通や工業用水にも恵まれ**，京都など消費地を抱えていたことによる。

　現在の**e阪神工業地帯は拡大している**が，かつてのような繁栄は見られない。**f阪神工業地帯の出荷額**は，京浜・中京工業地帯に追い越されてしまった。

(1)　下線部aについて，これらの高地，山地は東西にのびている。近畿地方と中部地方の間を南北にのびる山脈を何というか。漢字で答えよ。

(2)　下線部aについて，かつて紀伊山地で伐採されたヒノキは筏(いかだ)に組まれ，和歌山や新宮の河口に運ばれた。和歌山，新宮に河口を持つ大きな川の名前を漢字で答えよ。

難(3)　下線部bについて，琵琶湖から流れ出る川は一筋である。その川が宇治川となり淀川となり大阪湾へとそそぐ。琵琶湖から流れ出る川の名前を漢字で答えよ。

(4)　下線部cについて，当時商業の中心として栄えていた大阪は何と呼ばれたか。

(5)　下線部dについて，産業が盛んになるとともに，それに伴い出てくる産業廃棄物が社会問題となっている。瀬戸内海の島に捨てられた産業廃棄物は，大きな話題となった。その島の名前を答えよ。

難(6)　下線部eについて，次ページの表は，神戸港，大阪港そして関西国際空港の主要貿易品目を示したものである。神戸港，大阪港，関西国際空港と，正しい順序で並んでいるものを選び，記号で答えよ。

　　ア　A—B—C　　イ　A—C—B　　ウ　B—A—C
　　エ　B—C—A　　オ　C—A—B　　カ　C—B—A

表A

輸出品目	百万円	%	輸入品目	百万円	%
プラスチック	372,344	6.4	衣類	224,020	6.5
建設・鉱山用機械	352,246	6.1	たばこ	219,698	6.4
内燃機関	181,269	3.1	有機化合物	137,819	4.0
自動車部品	176,377	3.0	無機化合物	129,431	3.8
織物類	174,692	3.0	医薬品	118,399	3.4
計(その他を含む)	5,819,818	100.0	計(その他を含む)	3,438,548	100.0

表B

輸出品目	百万円	%	輸入品目	百万円	%
集積回路	791,577	15.0	医薬品	727,973	18.4
科学光学機器	409,306	7.8	通信機	674,580	17.1
電気回路用品	350,854	6.7	集積回路	237,385	6.0
個別半導体	331,777	6.3	科学光学機器	200,459	5.1
通信機	188,535	3.6	衣類	118,946	3.0
計(その他を含む)	5,266,042	100.0	計(その他を含む)	3,947,767	100.0

表C

輸出品目	百万円	%	輸入品目	百万円	%
集積回路	520,366	12.3	衣類	750,623	15.1
コンデンサー	287,538	6.8	肉類	334,381	6.7
プラスチック	208,039	4.9	家庭用電気機器	165,588	3.3
個別半導体	171,401	4.0	金属製品	150,809	3.0
科学光学機器	167,866	4.0	鉄鋼	145,211	2.9
計(その他を含む)	4,242,687	100.0	計(その他を含む)	4,971,306	100.0

(「日本国勢図会2019/20」より作成)

(7) 下線部 f について, 右の産業帯グラフは, 京浜工業地帯, 中京工業地帯, 阪神工業地帯の現状を示している。阪神工業地帯を示すものはどれか。ア〜ウから選び, 記号で答えよ。

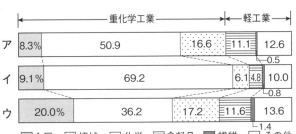

(「日本国勢図会2019/20」より作成)

(8) 下線部 f について, 右の産業帯グラフは, 福岡県, 大阪府, 愛知県, 東京都を示している。大阪府はどれか。ア〜エから選び, 記号で答えよ。

ア　輸送用機械 20.1%｜電気機械 10.3｜9.6｜食料品 9.2｜7.3｜情報通信｜その他 43.5

イ　印刷｜輸送用機械 34.5%｜食料品 10.2｜9.4｜鉄鋼 6.7｜飲料・飼料 5.5｜その他 33.7

ウ　化学 11.2%｜金属製品 9.2｜8.8｜石油・石炭製品 8.3｜8.3｜輸送用機械｜金属製品｜その他 54.2

エ　輸送用機械 56.1%｜鉄鋼 4.9｜4.9｜4.8｜食料品 3.5｜電気機械｜生産用機械｜その他 25.8

(「データでみる県勢2020」より作成)

(9) 阪神工業地帯には，中小工場が多く集中している。大企業の傘下に組み込まれ，部品や材料を生産するような仕事形態を何というか。

★*81* ［三大都市圏と近畿地方］

次の表は，三大都市圏における，都庁や市役所を中心とした半径50kmの範囲にある地域を，中心から10kmごとに分けたときの人口構成比を示したものである。(兵庫・青雲高)

	A	B	C
	構成比（％）	構成比（％）	構成比（％）
0〜10km	24.9	11.9	25.8
10〜20km	25.7	28.2	23.6
20〜30km	19.7	23.7	16.6
30〜40km	23.7	21.7	18.6
40〜50km	6.1	14.6	15.3
計	100.0	100.0	100.0

（「日本国勢図会2018/19」より作成）

A・B・Cは三大都市圏のいずれかである。A・B・Cの正しい組み合わせを，次のア〜カから一つ選び，記号で答えよ。

ア　A…東京　　B…大阪　　C…名古屋

イ　A…東京　　B…名古屋　C…大阪

ウ　A…大阪　　B…東京　　C…名古屋

エ　A…大阪　　B…名古屋　C…東京

オ　A…名古屋　B…東京　　C…大阪

カ　A…名古屋　B…大阪　　C…東京

★*82* ［近畿地方の様々な人口指標］ ◀頻出

近畿地方に関する(1)〜(4)の問いに答えなさい。 (兵庫県 改)

(1) 右の図は，各府県の昼夜間人口比率（夜間の人口に対する昼間の人口の割合）を示している。昼間の人口が夜間の人口より多いか同じである府県名をすべて書け。

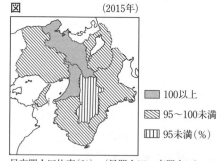

図　　　　　　　　　（2015年）

▨ 100以上

▧ 95〜100未満

▥ 95未満（％）

昼夜間人口比率(%) = (昼間人口÷夜間人口)×100

（「日本国勢図会2019/20」より作成）

着眼

81 中心からの距離が小さいほど都心に近い地域であり，距離が大きいほど郊外に位置する地域になる。その上で各地域の人口の構成を見比べながら，どの大都市圏かを考えるようにする。

(2) 次の表は，各府県の人口密度と工業出荷額を示しており，表中のa～dは三重県，京都府，大阪府，兵庫県のいずれかである。図・表から読み取れることを述べた文として適切なものを，次のア～エから一つ選び，記号で答えよ。

ア 人口密度が最も低い府県は，工業出荷額が最も少ない。

イ 人口密度が最も低い府県は，昼夜間人口比率が最も高い。

ウ 工業出荷額が最も少ない府県は，昼夜間人口比率が最も低い。

エ 工業出荷額が最も多い府県は，昼夜間人口比率が最も低い。

表

府県	2018年	2017年
	人口密度 （人/km²）	工業出荷額 （億円）
a	4,626	173,490
b	635	157,988
c	562	58,219
奈良県	363	21,181
滋賀県	352	78,229
d	310	105,552
和歌山県	198	26,913

（『日本国勢図会2019/20』ほかより作成）

(3) 兵庫県にあたるものを，表中のa～dから一つ選び，記号で答えよ。

(4) 表中の府県のうち，中部地方との関係が深いのは三重県である。三重県が中部地方との関係が深いことを調べるために使う資料として適切なものを，次のア～エから一つ選び，記号で答えよ。

ア 三重県の通勤・通学別の人数　　イ 三重県の高速道路の交通量

ウ 三重県の人口増加率　　エ 三重県の産業別人口構成

★★83 ［兵庫県のようす］

次のⅠの表と，次ページのⅡ，Ⅲの略地図は，兵庫県の特色を調べるために作成したものである。

(愛知県)

Ⅰ	地　域	就業者一人あたりの 地域内総生産（千円）	第一次産業就業 者比率　（％）	人口密度 （人／km²）
	神　戸　市	9,236	0.8	2,734.1
	阪神南地域	9,399	0.3	6,108.3
	阪神北地域	8,843	1.2	1,492.9
播磨	A地域	9,215	1.1	2,679.7
	B地域	8,836	1.2	661.1
	C地域	8,948	3.3	158.7
	D地域	8,135	3.5	296.5
	但　馬　地　域	7,146	7.9	74.9
	丹　波　地　域	7,125	9.3	116.8
	淡　路　地　域	6,266	17.2	214.9

（『兵庫県市区町別主要統計指標　令和2年版』による）

　Ⅰの表は，兵庫県内の10地域（神戸市を含む）の，就業者一人あたりの地域内総生産，第一次産業就業者比率および人口密度を示したものであり，播磨については，A，B，C，Dの4地域に分けてある。また，Ⅱ，Ⅲの略地図は，Ⅰの表に示された就業者一人あたりの地域内総生産と第一次産業就業者比率を，各地域ごとにそれぞれの右に示すように分類し，その結果を図示したものである。Ⅱの略地図中のa，b，cは，県内の都市を示している。あとの(1)から(4)までの問いに答えよ。なお，A，B，C，Dの4地域は，Ⅰの表とⅡ，Ⅲの略地図に太枠で囲って示してある。

Ⅱ　就業者一人あたりの地域内総生産

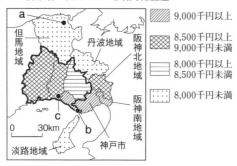

- 9,000千円以上
- 8,500千円以上 9,000千円未満
- 8,000千円以上 8,500千円未満
- 8,000千円未満

Ⅲ　第一次産業就業者比率

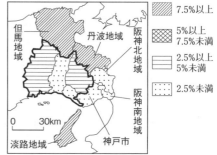

- 7.5%以上
- 5%以上 7.5%未満
- 2.5%以上 5%未満
- 2.5%未満

(1)　右の略地図は，Ⅰの表に示された人口密度を各地域ごとに略地図の右に示すように分類した結果を図示したものである。A，B，C，Dの4地域について，他の6地域にならって太枠内に図示し，右の略地図を完成させよ。ただし，該当する地域に属する島には図示しなくてよい。なお，A，B，C，Dの地域名は記入しなくてよい。

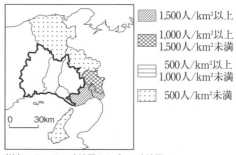

- 1,500人/km²以上
- 1,000人/km²以上 1,500人/km²未満
- 500人/km²以上 1,000人/km²未満
- 500人/km²未満

(注)　Ⅱ，Ⅲの略地図およびこの略地図の地域の境界は2019年末のものである。

(2)　Ⅰの表と，ⅡあるいはⅢの略地図をもとに述べた文として最も適当なものを次のアからエまでの中から選んで，その記号を書け。

ア　兵庫県内の10地域のうち，但馬地域は，阪神工業地帯を形成しており，就業者一人あたりの地域内総生産の多い順に3位までの地域に含まれている。

イ　兵庫県内の10地域のうち，淡路地域は，本州との連絡橋がないため，就業者一人あたりの地域内総生産の少ない順，第一次産業就業者比率の低い順ともに3位までの地域に含まれている。

ウ　兵庫県内の10地域のうち，第一次産業就業者比率の高い順に3位までの地域は，いずれも淀川が流れる平野の広がる日本海沿岸地域である。

エ　兵庫県内の10地域のうち，就業者一人あたりの地域内総生産の多い順に3位まで
の地域は，すべて海に面する地域である。

(3)　次のアからエまでのグラフは，Ⅱの略地図中に示したa，cの都市と釧路，那覇に
ついて，それぞれ年間の気温と降水量の変化を示したものである。cの都市について
示したグラフとして最も適当なものを，アからエまでの中から選んで，その記号を書
け。

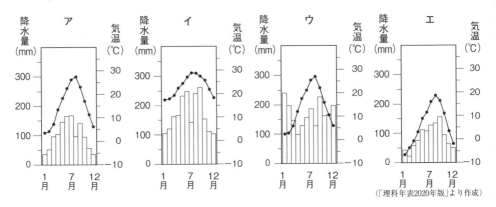

（「理科年表2020年版」より作成）

(4)　次の文章は，Ⅱの略地図中に示したb，cの都市について述べたものである。文章
中の（①），（②）のそれぞれにあてはまることばの組み合わせとして最も適当な
ものを，下のアからエまでの中から選んで，その記号を書け。

> bを通る（①）の経線は日本の標準時を決める子午線である。cには，白鷺
> 城とも呼ばれる（②）があり，世界文化遺産に登録されている。

ア　①…東経135度，②…安土城　　イ　①…東経135度，②…姫路城
ウ　①…東経35度，②…安土城　　エ　①…東経35度，②…姫路城

83 地図が多く，表も大きいが，まどわされないよう，落ち着いて考える。(1)まずⅠの表と，Ⅱ，
Ⅲの略地図をてらし合わせて，四つの地域がA〜Dのいずれにあたるかを確定していく。(2)
文章を読んでいくと，内容上おかしい点のある文は，すぐに分かるはず。(3)aは日本海側なの
で，冬に降水量が多い。cは瀬戸内海に面するので，年降水量が少なく，冬もやや温暖で
ある。釧路と那覇については，冬の気温で判断できる。

17 ｜ 中部地方

解答 別冊 *p.32*

★84 ［中部地方の農業と自然］ ＜ 頻出

次の文章を読み，あとの問いに答えなさい。

(大阪・関西大倉高)

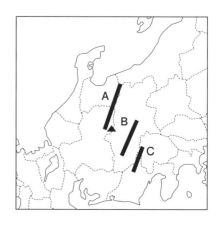

　右の地図は，中部地方を中心に位置的に日本の中心にあたる場所をあらわしたものである。

　この地図中の **a ある県** では，2005年に万国博覧会（万博）が開かれて，日本国内だけでなく海外からの観光客も多く集まった。

　日本は山地面積が平野面積に比べて多いことが特徴的だが，**b 日本アルプス** がはしる長野県や岐阜県なども，山地面積の割合が全国的にも非常に高くなっている。また，地図中の▲は海抜3,000メートルを越える御嶽山であり，**c 火山** としても有名である。このように山がちな地形が多いので，中部地方には盆地や多くの（ Ｉ ）が見られる。

　山間地で暮らすことは平地で暮らすことより多くの困難がともなうが，人々は，**d 古くからの生活の知恵** に支えられ，厳しい生活環境に適応しながら生活をしている。

(1)　下線部 a について，この県と東京，静岡，大阪の四つの都府県を様々な面から比較した。次の表のア〜エにはそれぞれ四つの都府県があてはまるが，2005年に万国博覧会が行われた都府県を表のア〜エの中から選び，記号で答えよ。

	面積（km²）	人口（千人）	豚飼養頭数（千頭）	きく作付面積（ha）
ア	5,173	7,537	353	1,302
イ	1,905	8,813	3	28
ウ	2,194	13,822	3	3
エ	7,777	3,659	109	160

（「データでみる県勢2020」ほかより作成）

※面積と人口は2018年10月1日現在　豚飼養頭数は2019年2月1日現在　きく作付面積は2016年度

(2)　下線部 b について，地図中のＡ〜Ｃは日本アルプスを形成する主要な三つの山脈を示している。正しい組み合わせを次のア〜エの中から選び，記号で答えよ。

　　ア　Ａ…木曽山脈，Ｂ…飛驒山脈，Ｃ…赤石山脈

　　イ　Ａ…赤石山脈，Ｂ…木曽山脈，Ｃ…飛驒山脈

　　ウ　Ａ…飛驒山脈，Ｂ…赤石山脈，Ｃ…木曽山脈

　　エ　Ａ…飛驒山脈，Ｂ…木曽山脈，Ｃ…赤石山脈

(3) 下線部 c について，日本は世界的にも火山の多い国であり，太平洋を囲んで環太平
洋造山帯の一部を形成している。環太平洋造山帯に**関係しないもの**を次のア～エの中
から選び，記号で答えよ。

ア　アンデス山脈

イ　ロッキー山脈

ウ　ヒマラヤ山脈

エ　フィリピン諸島

(4) 下線部 d について，右の写真は岐阜
県の白川郷の合掌造り集落である。冬
の積雪にも耐え，夏は涼しく冬は保温
性に優れた造りとなっている。この合
掌造りは1995年，ユネスコによって世
界遺産に登録されたが，**世界遺産に登
録されていないもの**（2024年現在）を，次のア～エの中から選び，記号で答えよ。

ア　姫路城　　イ　屋久島　　ウ　彦根城　　エ　厳島神社

(5) 問題文中の（　Ⅰ　）には，川が山地から平地に流れ出る時に，上流から運んできた
土砂を堆積させることによって形成される地形の名称が入る。その名称を**漢字**で答えよ。

★★*85* ［愛知県の自然と産業］

愛知県に関する下記の文章を読み，問
いに答えなさい。　　（大阪教育大附高池田 改）

愛知県西部から岐阜県，三重県にかけ
ての平野部には，木曽川，長良川，揖斐
川の三河川が合流し低湿地帯を形成して
いる。A古くから周囲を堤防で囲った地
域が形成され，また，明治以降は大規模
な河川改修工事により豊かな稲作地帯が
出現している。一方，愛知県東部は丘陵
が続き水が乏しいため，明治のはじめ岡

崎平野の台地では，矢作川から水を引く（　①　）用水が建設された。第二次世界大戦後，
知多半島では，木曽川から（　②　）用水が引かれ工業用水，灌漑用水として利用された。
B渥美半島では天竜川の水を豊川を通して分水する豊川用水が引かれ，新しい農地が開
拓された。このように愛知県は古くから水との戦いを続けてきた地域である。

また，鎌倉時代から三河地方で行われていた綿花栽培から綿織物工業が発達し，さら
に毛織物工業の発達へと引き継がれた。C明治中期に豊田佐吉が発明した自動織機は繊
維産業を発展させ，さらには機械工業の基礎を築き，戦後，自動車工業へと開花し，幅

広い関連工業の成長を促した。

　また，伝統産業として瀬戸で発達した陶磁器は，セラミックとして新しい先端技術を切り開いている。愛知県は，製造品全出荷額および鉄鋼，窯業（陶磁器，セメントなど），繊維，一般機械器具，輸送機械器具（含：自動車）の出荷額で都道府県別全国一位の出荷額を記録している（2017年）。

(1)　下線部Aに関連して，オランダでも浅い海を堤防で囲って干拓をして牧草地を拡大する努力が続けられている。オランダのこのような土地はどのように呼ばれているか，答えよ。

(2)　（　①　）と（　②　）に用水の名称を入れよ。

(3)　下線部Bに関連して，渥美半島では，秋口になると夜間に電球を灯したビニールハウスが美しく立ち並ぶ光景が見られ，中ではきくの栽培が行われている。電照ぎくと呼ばれ，意識的に開花時期を遅らせ出荷する栽培技術であるが，どのような理由でこのようなことが行われているのか，答えよ。

(4)　下線部Bに関連して，渥美半島では温暖な気候と砂質の土壌に適した果物が温室やビニールハウスで栽培され出荷されている。この果物の名前を答えよ。

(5)　下線部Cに関連して，自動車工業は組み立て工業であり，多くの関連工業を傘下にしたがえている。自動車工業をピラミッドの頂点にある工業だとすると，その裾野に展開する関連工業にはどのような物を作る工業があるか，三つ答えよ。

★★★86　［長野県の自然と産業］

長野県に関する(1)〜(4)の各問いに答えなさい。　　　　　　　　　　（東京学芸大附高）

(1)　長野県内の主な盆地には日本最長の長さを誇る信濃川（千曲川）をはじめいくつもの河川が流れている。右の地図中のア〜エは四つの盆地を示しているが，一つだけ他の三つの盆地と異なる流域となっているものがある。その盆地を一つ選び，記号で答えよ。

(2)　長野県では農業が盛んに行われている。次の四つのグラフは2017年の北海道，東京都，新潟県，長野県の農業産出額の内訳を示したものであり，それぞれの都道県の農業の特徴をよく示している。長野県の農業産出額の内訳を示しているものを，次のア〜エのうちから一つ選び，記号で答えよ。

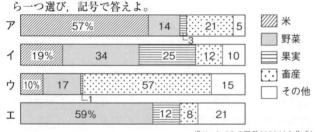

（「データでみる県勢2020」より作成）

(3) 日本には長野県のように海に接していない県がいくつかある。長野県と長野県に隣接している県を除き，海に接していない県を漢字で三つ答えよ。

(4) 自然や文化の豊かな長野県では，観光レクリエーションも重要な産業の一つとなっている。次の表は2018年のキャンプ場数，スキー場数，博物館数の上位５都道府県を示したものである。１～３の項目が示しているものの組み合わせとして正しいものを[選択肢]から一つ選び，記号で答えよ。

1		2		3	
全　国	287	全　国	5,744	全　国	2,409
長野県	73	長野県	345	北海道	226
新潟県	30	北海道	332	長野県	159
北海道	29	東京都	312	山梨県	106
群馬県	21	愛知県	215	岐阜県	98
岐阜県	17	新潟県	208	新潟県	89

(単位：箇所)
(「データでみる県勢2020」より作成)

[選択肢]

	ア	イ	ウ	エ	オ	カ
1	キャンプ場	キャンプ場	スキー場	スキー場	博物館	博物館
2	スキー場	博物館	キャンプ場	博物館	キャンプ場	スキー場
3	博物館	スキー場	博物館	キャンプ場	スキー場	キャンプ場

87 ［長野県の気候と産業］ ＜頻出

「長野県の地域的特色」に関する(1)から(4)までの各問いに答えなさい。

(国立高等専門学校 改)

(1) 冬休みの宿題で長野県について地図を使って調べるとき，最も適切な方法を次のアからエまでの中から一つ選び，その記号を書け。

ア　２万５千分の１の地形図を使って，聞き取り調査を実施し，長野県の生活や産業の地域的特色をまとめる。

イ　地図帳の「世界の地形」や「世界の気候」の図を読み取って，長野県の自然の地域的特色をまとめる。

ウ　新旧の５万分の１の地形図を使って，その違いを読み取り，長野県の農業の変化の地域的特色をまとめる。

エ　地図帳の「日本の土地利用図」を使って，田や畑や樹園地（果樹園）の分布の違いを読み取り，長野県の農業の地域的特色をまとめる。

着眼
86 (4)　１～３のどの項目も，北海道と長野県が１位～３位のいずれかであるので，ここで区分を考えることは難しい。そこで，北海道と長野県以外の都県に注目して考えるとよい。

(2) 長野県の中央に位置する松本の気候について，下の図の各都市と比較して考えたとき，その特色を正しく述べているものを次のアからエまでの中から一つ選び，その記号を書け。

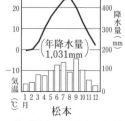

「理科年表2020年版」より作成

ア　松本は，1年間の寒暖の差が大きく，年降水量は少なく，降水量の季節的な変化は高松と共通点が多い。

イ　松本は，1年間の寒暖の差が小さく，年降水量は多く，降水量の季節的な変化は那覇と共通点が多い。

ウ　松本は，1年間の寒暖の差が大きく，年降水量は少なく，降水量の季節的な変化は福井と共通点が多い。

エ　松本は，1年間の寒暖の差が小さく，年降水量は多く，降水量の季節的な変化は横浜と共通点が多い。

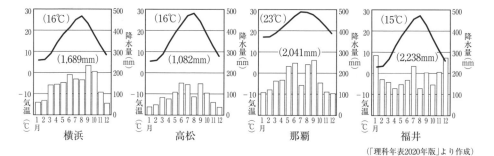

「理科年表2020年版」より作成

(3) 次の表1と表2を見て考えた長野県の農業の特色として，最も適切なものをあとのアからエまでの中から一つ選び，その記号を書け。

表1　都道府県別作物生産量順位

（上位5位までの都道府県）

順位	米	そば	ぶどう	みかん	レタス	ピーマン
	2018年	2018年	2018年	2018年	2018年	2018年
1	新　潟	北海道	山　梨	和歌山	長　野	茨　城
2	北海道	長　野	長　野	静　岡	茨　城	宮　崎
3	秋　田	茨　城	山　形	愛　媛	群　馬	高　知
4	山　形	栃　木	岡　山	熊　本	長　崎	鹿児島
5	宮　城	福　島	福　岡	長　崎	兵　庫	岩　手

「データでみる県勢2020」より作成

表2　長野県と新潟県の農業の比較

	農家数（戸）	田の面積（ha）	米の収穫量（t）
	2015年	2018年	2018年
長野県	51,777	52,800	199,000
新潟県	54,409	150,900	628,000

「データでみる県勢2020」より作成

ア　長野県は，全国的に見ると，そば，ぶどう，レタスの生産が盛んで，米の1農家当たり収穫量では新潟県より低い。

イ　長野県は，全国的に見ると，米，みかん，ピーマンの生産が盛んで，米の単位面積当たり収穫量では新潟県より低い。

ウ　長野県は，全国的に見ると，そば，ぶどう，レタスの生産が盛んで，米の単位面積当たり収穫量では新潟県より高い。

エ　長野県は，全国的に見ると，米，みかん，レタスの生産が盛んで，米の1農家当たり収穫量では新潟県より高い。

(4)　次の図を見て考えた長野県の工業の特色として誤っているものを，下のアからエまでの中から一つ選び，その記号を書け。

府県の産業別工場出荷額割合

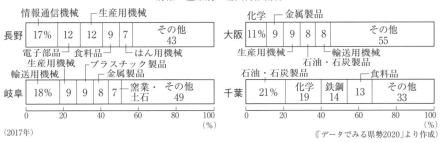

(2017年)

『データでみる県勢2020』より作成

ア　臨海部の県と比較すると，化学工業，鉄鋼業は盛んではないと考えられる。

イ　大都市のある府と比較すると，化学・金属工業は盛んではないと考えられる。

ウ　内陸の県と比較すると，窯業，土石業が盛んであると考えられる。

エ　他の3府県と比較すると，情報通信工業が盛んであると考えられる。

★*88* ［金沢市の地形図と気候］

次ページの縮尺2万5千分の1の金沢市の地形図を見て，あとの問いに答えなさい。

(石川・星陵高)

(1)　地形図中の「兼六園」から見て「JR金沢駅」はどの方位になるか，8方位で答えよ。

(2)　地形図中の右上や左下に固まってみられる建物の名称を答えよ。

(3)　地形図中の「尾張町二丁目」を通る国道の所に見られる水準点と，金沢城の三角点より2点間の高さの差にあたるものを，ア〜エの中から一つ選び，記号で答えよ。

ア　約20m　　イ　約30m　　ウ　約40m　　エ　約50m

(4)　地形図中のⅠ〜Ⅱ間は，図上で9.6cmあるが，実際の距離は何kmになるか。ア〜エの中から一つ選び，記号で答えよ。

ア　24.0km　　イ　4.8km　　ウ　2.4km　　エ　48.0km

(5)　地形図中から読み取れることを表している次の文章のうち，**誤りを含むもの**をア〜エの中から一つ選び，記号で答えよ。

ア　金沢城は，城から見て南西と北東を流れる二つの大きな河川の間の小高い台地のはしに位置する。

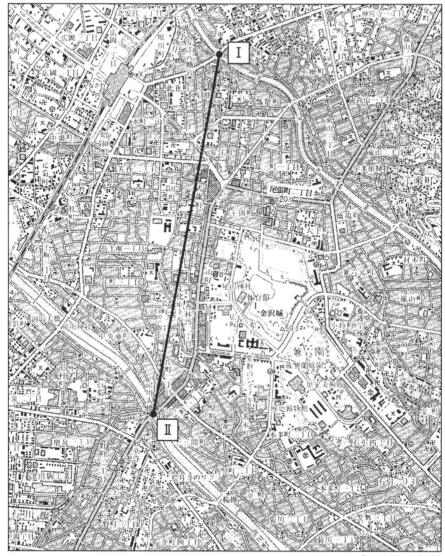

[国土地理院　平成12年]

　イ　金沢城を中心に，そのまわりには，裁判所，市役所，消防署，そしてかつての石
　　　川県庁などの公の機関が集中していることが分かる。
　ウ　JR金沢駅より北へ伸びる私鉄とその始発駅が見られる。
　エ　市内の道路の中にⱢ型やT型になっているところが見られるが，これは城下町で
　　　火災が発生した場合，それが広がらないようにしたものである。

(6) 金沢市の雨温図はどれか。ア～オの中から一つ選び，記号で答えよ。

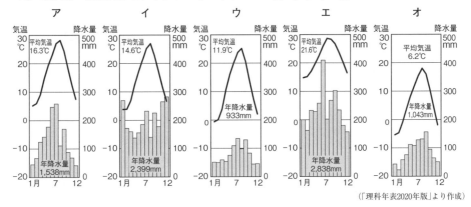

（「理科年表2020年版」より作成）

★*89* ［中央自動車道の沿線］

右の図Ⅰと図Ⅱを見て，次の(1)，(2)の問いに答えなさい。　　　　　　（山梨県）

(1) 図Ⅰに関する次の文章の①，②に当てはまる語句や数字を書け。

> ・図Ⅰで示された地域の農地は，製糸業を支えてきた（　①　）や，水田などに主に利用されている。
> ・図ⅠのAからBまでの長さは3cmあり，実際の距離は750mであった。したがって，この地形図の縮尺は（　②　）分の1であることがわかる。

図Ⅰ（国土地理院発行「伊那宮田」より作成）

図Ⅱ

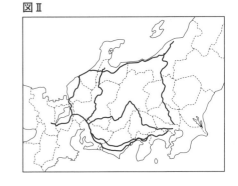

(2) 図ⅠのCは中央自動車道である。これを含め，主な高速道路（高速自動車国道，自動車専用道路）のいくつかを示した図Ⅱを参考に，中央自動車道が通っている**中部地方の県**で，県と県庁所在地の名前が違う県をすべて塗りつぶせ。

18 | 関東地方

解答　別冊 p.34

★**90**　[関東地方のようす]　**＜頻出**

下の略地図を見て，次の(1)～(4)の問いに答えなさい。

（千葉・芝浦工大柏高）

難(1)　次の表は，地図中の A ～ F のうちの四つの県について，全国第1位の生産物をまとめたものである。E の県にあてはまるものとして，最も適切なものを表のア～エのうちから一つ選び，答えよ。

県名	全国第1位の生産物	全国比(％)	年	県名	全国第1位の生産物	全国比(％)	年
ア	生薬・漢方 れんこん くり メロン ピーマン ビール	53 48 27 26 24 15	2017 2018 2018 2018 2018 2017	イ	落花生 焼酎 しょう油 かぶ ねぎ 日本なし	83 41 30 29 14 13	2018 2017 2017 2018 2018 2018
ウ	節句・ひな人形 香辛料 アイスクリーム さといも	39 32 22 13	2017 2017 2017 2018	エ	かんぴょう うど カメラ用交換レンズ いちご	99 43 38 15	2016 2016 2017 2018

（「データでみる県勢2020」より作成）

(2)　次の表は，関東地方の1都6県の人口と面積をまとめたものである。次ページの①と②の問いに答えよ。

都県名	人口 （2018年，単位…千人）	面積 （2018年，単位…km²）
A	1,952	6,362
B	1,946	6,408
C	2,877	6,097
D	7,330	3,798
E	6,255	5,158
F	9,177	2,416
東京都	13,822	2,194

（「日本国勢図会2019/20」より作成）

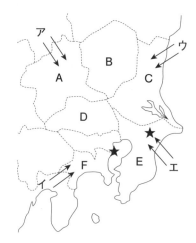

① 全国の人口に占める関東地方の人口の割合として，最も適切なものを次のア〜エのうちから一つ選び，答えよ。

　　ア　12.3%　　イ　22.3%　　ウ　34.5%　　エ　42.3%

② A〜Fの県を，人口密度の高い順に並べたものとして，最も適切なものを次のア〜エのうちから一つ選び，答えよ。

　　ア　E→D→F→B→A→C　　　イ　E→D→F→C→A→B

　　ウ　F→D→E→B→A→C　　　エ　F→D→E→C→A→B

(3) 地図中の★で示した場所にあてはまるものとして，最も適切なものを次のア〜エのうちから一つ選び，答えよ。

　　ア　空港の所在地　　　　　　　　イ　巨大テーマパークの所在地
　　ウ　石油化学コンビナートの所在地　　エ　原子力発電所の所在地

(4) 関東地方のある地域には，冬に「からっ風」と呼ばれる乾燥した風が吹く。この「からっ風」は，日本列島に吹く冬の季節風の一種である。この風の吹く方向と地域を示した矢印として，最も適切なものを地図中のア〜エのうちから一つ選び，答えよ。

★*91* [関東地方の諸地域と産業]

日本の関東地方に関する次の①〜③の文章を読み，あとの問いに答えなさい。

（神奈川・法政大二高改）

① 水郷に近いこの地域では，広大な砂丘が広がっていたが，a掘り込み式の港が作られ，石油化学工業が発展している。

② 戦前より軍港として発展してきた都市で，戦後もアメリカ海軍の母港となっている。

③ この地域では，かつて養蚕業が栄え，明治時代にはヨーロッパの技術を導入したb官営の製糸工場が建てられている。

主要野菜の県別生産量 （2018年，単位：t）　　　　　（「データでみる県勢2020」より作成）

キャベツ		キュウリ		ね　ぎ		ほうれんそう	
（A）	276,100	宮　崎	62,400	（B）	62,600	（B）	25,500
愛　知	245,600	（A）	54,900	（D）	55,500	（D）	24,200
（B）	124,900	（D）	45,700	（C）	49,900	（A）	21,400
（C）	109,500	福　島	38,900	（A）	19,600	（C）	17,900
鹿児島	75,800	（B）	35,300	北海道	19,300	宮　崎	15,700
神奈川	71,200	高　知	25,100	大　分	15,400	岐　阜	10,000
長　野	68,800	（C）	24,200	長　野	14,500	福　岡	9,410
その他	495,100	その他	263,500	その他	216,100	その他	104,190
全　国	1,467,000	全　国	550,000	全　国	452,900	全　国	228,300

(1) 下線aについて、この港の名称を答えよ。

(2) 問題文②の都市はどこか、答えよ。

(3) 下線bについて、この工場が建設された都市名を答えよ。

(4) 前ページに示す表は、全国の主要野菜の生産状況をまとめたものである。表中の空欄A～Dに共通して入る適当な県名の組合わせを、次のア～エの中から一つ選び、記号で答えよ。

ア　A…茨　城，B…埼　玉，C…群　馬，D…千　葉

イ　A…千　葉，B…茨　城，C…埼　玉，D…群　馬

ウ　A…群　馬，B…千　葉，C…茨　城，D…埼　玉

エ　A…埼　玉，B…群　馬，C…千　葉，D…茨　城

★92 ［関東地方への人口集中］ ◀頻出

ひろしさんは、「関東地方への人口集中」というテーマで調査をした。ひろしさんがまとめた表1、表2、略地図、グラフをみて、(1)、(2)に答えなさい。　　　　(岐阜県)

［表1］

	人口 （万人）	人口密度 （人/km²）
東京	1,382	6,300
神奈川	918	3,798
埼玉	733	1,930
千葉	626	1,213
茨城	288	472
群馬	195	307
栃木	195	304
全国	12,644	339

（「日本国勢図会2019/20」より作成）

［略地図］　関東地方の都県の人口密度

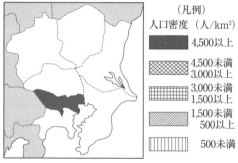

（凡例）
人口密度　（人/km²）
4,500以上
4,500未満 3,000以上
3,000未満 1,500以上
1,500未満 500以上
500未満

［表2］
日本の産業別人口比の変化

	1955年	1975年
第一次産業	41%	14%
第二次産業	23%	34%
第三次産業	36%	52%

（「国勢調査報告」より作成）

［グラフ］

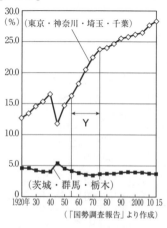

（「国勢調査報告」より作成）

(1) 作成途中の略地図について、表1をもとに、凡例に従って略地図に作図し、完成させよ。

(2) ひろしさんは，「人口密度の高い都県に人口が集中したのはいつごろか」を調べようと，表1の都県を，人口密度が1,000人以上と1,000人未満の二つのグループに分けた。そして，それぞれのグループの合計人口が全国の人口に占める割合を求め，その変化を前ページのグラフに表し，次の考察メモをつくった。メモ中の ① にあてはまることばを書け。

また， ② に入る文を，表2をもとに，「都市」「農村」の二つのことばを用いて簡潔に書け。

［考察メモ］

　人口密度1,000人以上の1都3県の人口の合計が，全国の人口に占める割合は，グラフ中のYの時期に大きく伸びており，1都3県への人口集中が進んだことがわかる。

　この時期は，日本経済が年平均10％という急速な成長を遂げた ① の時期とほぼ重なる。

　この時期に1都3県へ人口が集中した理由は，産業構造の変化という点からみると， ② からと考えられる。

★★93 ［佐賀県と埼玉県の地形図］

図A

右の図A，次ページの図Bはそれぞれ佐賀県南東部（5万分の1「佐賀」），埼玉県南部（2万5千分の1「所沢」）の地形図である。これを見てあとの問いに答えなさい。　　(福岡大附大濠高)

(1) 図Aと図Bはいずれもたて10cm，よこ7cmの長方形である。図Aの実際の面積は図Bの何倍になるか。次のア〜エから一つ選び，記号で答えよ。

ア $\frac{1}{4}$倍　イ $\frac{1}{2}$倍

ウ　2倍　エ　4倍

(2) 次ページの写真は，図Aのア，イ，図Bのウ，エのいずれかの地点から矢印の方向を撮影したものである。どの地点から撮影したものか。図中のア〜エから一つ選び，記号で答えよ。

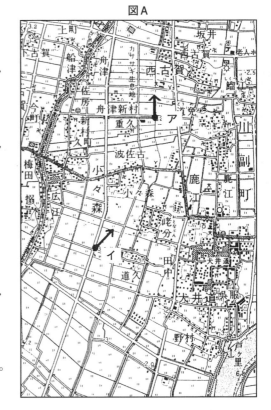

【編集部注：出題はカラー写真です】

図B

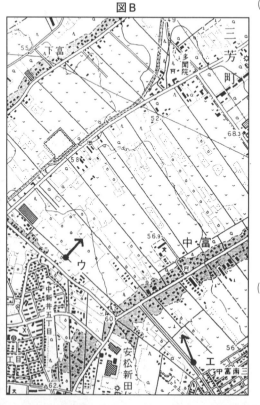

(3)　次ページの**図C**は，明治33年（1900年）発行の佐賀県南部の地形図を，縮尺2万5千分の1に修正したものである。この図と**図A**を比べて読み取れることを述べた次の各文のうち，誤っているものを一つ選び，ア〜エの記号で答えよ。

ア　明治時代に「犬井道」集落の南西にある寺院は，現在でも残っている。

イ　現在の「犬井道」の南にある「戸ヶ里」港は，明治時代にはなかった。

ウ　明治時代に水田であったところの多くは，現在荒れ地になっている。

エ　現在通っている道路のなかには，明治時代には無かったものもある。

(4)　**図A**の南側は，江戸時代以降に人工的に作られた陸地である。この地域によくみられる，遠浅の海を堤防で区切り，排水して陸地化することを何というか，漢字で答えよ。

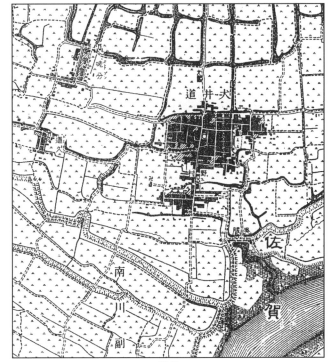

図C

難▶(5)　図Bから読み取れる
地図記号の正しい組み
合わせを，次のア〜エ
から一つ選び，記号で
答えよ。

ア　病院，銀行

イ　工場，茶畑

ウ　針葉樹林，桑畑

エ　神社，発電所

(6)　図Bの地域は，東京
都心部から鉄道で1時
間程度のところに位置
している。このことを
考慮してこの地域を調
査する場合，ふさわし
くないテーマを次から
一つ選び，ア〜エの記
号で答えよ。

ア　農家の兼業化と後
継者問題について

イ　交通の発達と土地利用の変化について

ウ　ドーナツ化現象と都市の再開発について

エ　宅地化とコンビニエンスストアの立地について

(7)　次の表は，埼玉県，群馬県，栃木県，東京都の統計を表している。埼玉県に当ては
まるものを一つ選び，ア〜エの記号で答えよ。

	人口密度 （人/km²） （2018年）	第一次産業人口比率 （%） （2017年）	印刷業出荷額 （億円） （2017年）	輸送用機械器具出荷額 （億円） （2017年）
ア	306.8	4.4	1,373	36,794
イ	303.7	5.9	639	15,361
ウ	1,930.0	1.7	7,438	25,273
エ	6,300.1	0.5	8,133	15,925

（「データでみる県勢2020」より作成）

着眼

93 (2)　写真の土地利用が，水田か畑かをまず判断する。遠くの家や林にも注目する。

(7)　4都県のうち，埼玉県と東京都は都市化がすすみ，面積は比較的せまい。東京都には情
報産業が集中。群馬県と栃木県は，やや面積が広く，埼玉県や東京都と比べると都市化の程
度は低く，農地も広い。群馬県太田市一帯は自動車産業がさかん。

*94 ［群馬県各地のようす］

　次の会話は，東海大四高校１年生のたかし君とひかるさんが，全国に点在する東海大学付属高校の生徒が集合するシンポジウムに参加した帰りに話されたものである。これをよく読んで（会話文中にたくさんのヒントが隠されている），問いに答えなさい。

　なお，このシンポジウムは，東海大学の研修センターがある群馬県嬬恋村において，２泊３日の日程で開催された。

（北海道・東海大付四高）

（研修センターから万座・鹿沢口駅までのバスの車内）

> たかし「ひかるさん，お疲れ様！シンポジウム，楽しかったね。」
> ひかる「そうだね，たかし君。嬬恋のおいしい空気，素晴らしい自然，そして一面のa野菜畑ともこれでお別れ。b高原の涼しい気候を利用して栽培され，東京方面に出荷されるんだよね。」
> 運転手「えー，お話中失礼。皆様の進行方向左手に見えますのが志賀高原，右手に見えますのが浅間山です。」
> たかし「あの山が有名な浅間山かあ。江戸時代に大噴火を起こし，それが原因となって江戸時代最大の天明の大飢饉が発生したんだよね。」
> ひかる「さすが，たかし君，よく知ってるね。」

⑴　下線部aについて，この地域で主に栽培されている野菜は何か，次のア～エの中から一つ選び，記号で答えよ。

　　ア　さつまいも　　イ　とうもろこし　　ウ　キャベツ　　エ　なす

⑵　下線部bについて，嬬恋は，高原の気候が見られることで有名である。同じく高原として有名である軽井沢の雨温図を次のア～エの中から一つ選び，記号で答えよ。

ア　年降水量1,241.7mm　年平均気温8.2℃
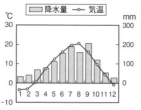

イ　年降水量1,106.5mm　年平均気温8.9℃
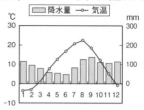

ウ　年降水量1,821.0mm　年平均気温13.6℃
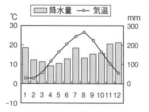

エ　年降水量1,528.8mm　年平均気温15.4℃
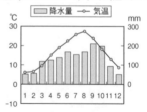

（「理科年表2020年版」より作成）

(3) 東海大学の研修センターは，右の図中ア〜エのどこにあると考えられるか。前ページの会話文を参考にして一つ選び，記号で答えよ。

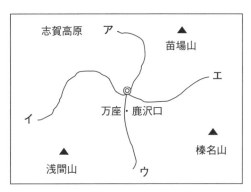

（万座・鹿沢口駅から渋川駅までの電車内）

車掌　「長野原草津口，長野原草津口です。」 たかし「草津って地名，何か聞いたことがあるなあ？」 ひかる「有名な草津温泉があるのよ。この近辺には火山が多いから，温泉も出るわけ。ほら，すごい人の数でしょ？」 たかし「たしかに，家族連れやお年寄りが多いね。おみやげ物屋もたくさんあるし。ところでこの電車，さっきからずっと川沿いを走ってるよね？」 ひかる「この川は吾妻川。ほら，たかし君，あっち見てごらん。」 たかし「すごい崖が川沿いに続いているね。あれは何なの？」 ひかる「c吾妻川が山地を削っていった跡よ。」 たかし「ふうん，そうなんだ。ひかるさんも，ものしりだね。」

(4) 上の会話文中にあるように，火山は噴火による災害をもたらすが，一方では温泉などが湧き出す。では，温泉が湧き出すと，どのような利点がもたらされるか。簡単に答えよ。

(5) 下線部cにあるように，川は山地を削ってさまざまな地形を作り出す。その中でも，山地を削った土砂が谷の出口にたまってできた地形を何というか，答えよ。

（渋川駅から上野駅までの電車内）

たかし「ここから上野までが遠いんだよね。高崎で（　①　）新幹線に乗り換えるのもどうかと思うし。さすがは広大な関東平野。」 ひかる「さっきの吾妻川も，合流して本流の（　②　）川となって関東平野を貫き，d千葉県の銚子で太平洋に注いでいるのよ。」

(6) 上の会話文中の空欄（　①　）（　②　）にあてはまる語句を答えよ。

(7) 下線部dの都市の特産物を次のア〜エの中から一つ選び，記号で答えよ。

　ア　塩　　イ　みそ　　ウ　砂糖　　エ　しょうゆ

19 | 東北地方

解答 別冊 *p.36*

★95 ［東北地方のようす①］ ＜頻出

　次の I の図は，東北地方の略地図であり， II の図は， I の略地図中の①－②間の断面を模式的に示したものである。また，次ページの III の図は， I の略地図中に③の□で示した地域の地形図（縮尺２万５千分の１）の一部である。これらをみて，あとの(1)から(4)までの問いに答えなさい。

(愛知県)

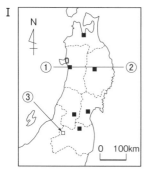
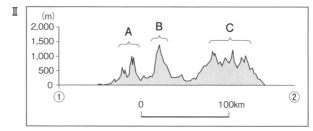

(注) 略地図中の■は県庁所在地を示している。
　　 県境はこの問題に関係のある部分を示した。

(1)　次の表は，東北地方におけるそれぞれの県の工場出荷額，小売業の年間商品販売額，農業産出額，人口密度を示したものである。表について述べた文として最も適当なものを，あとのアからエまでの中から選んで，その記号を書け。なお，表中のX，Yは岩手県，宮城県のいずれかを示している。

	工場出荷額 （十億円）	小売業の年間商品 販売額　　（十億円）	農業産出額 （十億円）	人口密度 （人／km²）
福島県	5,157	2,184	207	135
X	4,495	2,901	190	318
山形県	2,922	1,198	244	117
Y	2,543	1,409	269	81
秋田県	1,390	1,156	179	84
青森県	1,936	1,472	310	131

(「データでみる県勢
2020」より作成)

ア　表に示した６県のうち，工場出荷額の多い順に３県をあげると，３県はすべて太平洋に面している県になる。

イ　表に示した６県のうち，小売業の年間商品販売額の多い順に３県をあげると，県庁所在地の緯度が低い順にあげた３県と同じである。

ウ　表に示した６県のうち，農業産出額の多い順に３県をあげると，多い順に津軽平野，越後平野，庄内平野のある県になる。

エ　表に示した６県のうち，人口密度の高い順に３県をあげると，小売業の年間商品販売額の多い順にあげた３県と同じである。

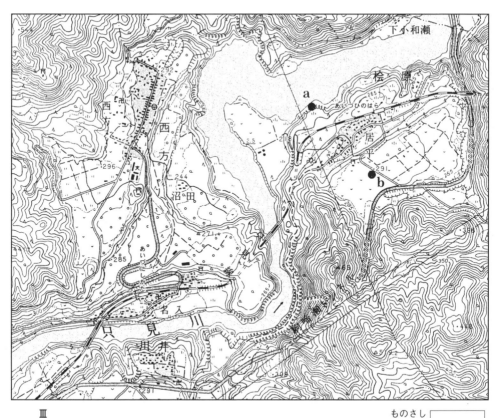

Ⅲ

ものさし

(2)　Ⅱの図中のＡ，Ｂ，Ｃのそれぞれを示すことばの組み合わせとして最も
　　適当なものを，次のアからエまでの中から選んで，その記号を書け。
　　ア　Ａ…出羽山地，Ｂ…奥羽山脈，Ｃ…阿武隈高地
　　イ　Ａ…奥羽山脈，Ｂ…阿武隈高地，Ｃ…出羽山地
　　ウ　Ａ…出羽山地，Ｂ…奥羽山脈，Ｃ…北上高地
　　エ　Ａ…奥羽山脈，Ｂ…北上高地，Ｃ…出羽山地
(3)　Ⅲの地形図について述べた文として最も適当なものを，次のアからエま
　　での中から選んで，その記号を書け。
　　ア　只見川によってつくられた三角州が，「沼田」の集落から「名入」の
　　　集落や「川井」の集落にかけて広がっている。
　　イ　JR只見線の「あいづにしかた」駅がある地点とそのほぼ北東に位置
　　　する「あいづひのはら」駅がある地点の高さは，ともに300m以下であ
　　　る。

ウ　JR只見線の「あいづにしかた」駅で列車にのると，東へ直線距離で1kmを超えたところで最初のトンネルに入り，トンネルを通ったあと只見川にかかる橋に出る。

エ　「西方」の集落の西側に位置する山の頂上に寺院が建てられており，その山の南側では，只見川から水を引いた水田がつくられている。

(4)　Ⅲの地形図において，それぞれ●印で示したa地点からb地点までまっすぐ進むとした場合，その間の土地のようすを示すことばを順に並べたものとして最も適当なものを，次のアからエまでの中から選んで，その記号を書け。

ア　荒地→針葉樹林→居住地→畑　　イ　荒地→針葉樹林→居住地→茶畑

ウ　荒地→広葉樹林→居住地→畑　　エ　荒地→広葉樹林→居住地→茶畑

★96　[東北地方の自然と産業]

日本の北東部（北海道，東北地方）について，次の各問いに答えなさい。　　（宮城・東北学院高）

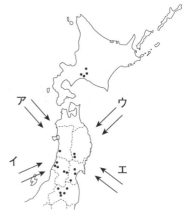

(1)　右図のア〜エの矢印は，「やませ」の吹く方向を示している。正しいものを一つ選び，記号で答えよ。

(2)　右図中の●印は，コンピューターなどに使われる部品の工場の分布を示したものである。これについて最も適当なものを次のア〜エから一つ選び，記号で答えよ。

ア　人口の多い都市近郊に建設されている。

イ　高速道路沿いや空港周辺に多く建設されている。

ウ　大部分が地価の安い山間部に建設されている。

エ　すでに工場が多い海岸沿いに建設されている。

(3)　右下のグラフは，米，りんご，肉用牛，わかめの都道府県別生産割合（％）を示したものである。グラフ中のア〜エは北海道，秋田県，岩手県，宮城県のいずれかを示している。岩手県を示しているものをア〜エから一つ選び，記号で答えよ。

(4)　三陸海岸でさかんな，稚貝や稚魚を海に放し，大きくしてからとる漁業を何というか。正しいものを次のア〜エから一つ選び，記号で答えよ。

ア　沿岸漁業

イ　養殖漁業

ウ　栽培漁業

エ　沖合漁業

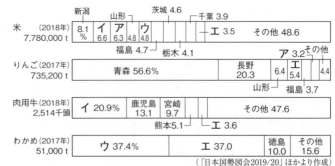

（「日本国勢図会2019/20」ほかより作成）

(5) 東北地方には，もともと農家の副業から発展し，古くからの技術や材料を生かして生産されている伝統工芸品が多くある。次のア～エから岩手県の代表的な伝統工芸品を一つ選び，記号で答えよ。

ア

イ

ウ

エ

★★97 [東北地方の各県と様々な統計]

次の表は，日本の東北地方の各県の統計である。あとの問いに答えなさい。

（福岡・明治学園高🈭）

	面積 (km²)	人口 (万人)	産業別人口構成（％）			農業総産出額（％）			
			第一次産業	第二次産業	第三次産業	米	野菜	果実	畜産
A	9,323	109	8.4	28.5	63.1	34.8	16.9	28.9	15.0
B	13,784	189	6.3	31.1	62.6	36.1	22.1	12.1	23.9
C	9,646	129	12.0	20.8	67.2	16.5	25.1	25.5	29.5
D	15,275	124	9.9	26.3	63.8	20.8	9.7	3.7	62.0
E	7,282	228	3.9	23.6	72.5	40.6	14.1	1.3	40.9
F	11,638	100	7.8	25.5	66.6	56.2	15.6	3.9	20.4

（「データブック オブ・ザ・ワールド2020」より作成）

(1) A～Fに該当する県名を記せ。

(2) Aの県庁所在地では，1933年7月25日にわが国の当時の最高気温を記録した。この地域の気温の上昇に影響を与えた現象名を記せ。

着眼
97 (1) 表を見ただけで，A～Fの県名を判別することは，かなり難しい。(2)～(7)の問いが各県のヒントにもなっているので，ここで分かる県を先にA～Fにあてはめ，残りを表のデータから考えていく。

(3)　B県では，県庁所在地以外の都市が県内１位の人口を示している。その都市名を記せ。

(4)　C県が生産する果実のうち，収穫量全国１位の果実を記せ。

(5)　D県の海岸には，沈水海岸が発達している。その沈水海岸の名称を記せ。

(6)　E県には，江戸時代から伊達氏の城下町として発達し，現在では東北地方の中心地となっている都市がある。その都市名を記せ。

(7)　F県などでは稲作が盛んであるが，稲作の単作地帯になっていることが多い。なぜ単作地帯になっているのか，説明せよ。

★*98* ［東北地方のようす②］ ◀頻出

　次の表は，東北地方の岩手県，秋田県，宮城県，山形県の，それぞれの県の面積，人口，産業別就業者の総数とその割合，米と果実の産出額を示したものであり，表中のA～Dはこれらの四つの県のいずれかである。また，次ページの地図中のw～zは，これらの四つの県を記号で示したものである。この表と地図を見て，あとの(1)～(5)の問いに答えなさい。
（新潟県改）

県名	面積 (km²)	人口 (人)	産業別就業者の総数とその割合				米と果実の産出額	
			総数 (千人)	第一次産業 (%)	第二次産業 (%)	第三次産業 (%)	米 (億円)	果実 (億円)
A	7,282	2,315,577	1,207	3.9	23.6	72.5	771	24
B	15,275	1,240,742	655	9.9	26.3	63.8	561	99
C	9,323	1,090,247	580	8.4	28.5	63.1	850	705
D	11,638	981,016	500	7.8	25.5	66.6	1,007	69

（「データでみる県勢2020」より作成，総数には分類不能の産業を含む）

(1)　人口密度が最も高い県は，県A～Dのうちどれか。その記号を書け。また，その県の人口密度は１km²当たり何人か。最も適当なものを次のア～エから一つ選び，その記号を書け。
　　ア　218人　　イ　268人　　ウ　318人　　エ　368人

難(2)　表中の産業別就業者の総数とその割合に関連して述べた文として，最も適当なものを，次のア～エから一つ選び，その記号を書け。
　　ア　農林水産業などの仕事に就いている人の数が，最も多いのは，A県である。
　　イ　サービス産業は，第二次産業に分類され，全ての県でその割合は25％前後である。
　　ウ　第三次産業の就業者数を比較すると，B県の方がC県より多い。
　　エ　就業者総数が100万人以上であるのは，D県である。

(3)　表中のBに当てはまる県を，次ページの地図中のw～zから一つ選び，その記号と県名を書け。

(4) 地図中の ◯◯◯◯◯ で囲まれた地域には，複雑な出入りの多い海岸が見られる。このような海岸地形を何というか。その用語を書け。

(5) 地図中の矢印に沿って，日本海側から太平洋側に向かって移動した時の説明文として，最も適当なものはどれか。次のア～エから一つ選び，その記号を書け。

  ア 世界遺産登録地の白神山地をすぎ，盛岡市を抜けると，北上高地では乳牛や肉牛が飼育されていた。

  イ 世界遺産登録地の白神山地をすぎ，十和田湖を抜けると，東京から出発した東北新幹線の駅に着いた。

  ウ 米どころの庄内平野を通り，奥州藤原氏の建てた中尊寺をすぎると，沿岸漁業や養殖業が盛んな地域に着いた。

  エ 米どころの庄内平野をすぎると，さくらんぼの果樹園が見え，さらに進むと東北地方で一番人口の多い都市に着いた。

★**99** ［秋田県大潟村のようす］

　美代さんは，秋田県大潟村にある親戚の家を訪ね，そこで地域調査を行った。資料Ⅰ，資料Ⅱ，図Ⅰ，図Ⅱは，美代さんがまとめたものの一部である。資料Ⅰ，資料Ⅱ，図Ⅰ，図Ⅱを見て，後の(1)～(5)の問いに答えなさい。 (群馬県)

資料Ⅰ

位置	a 北緯40度の緯線，東経140度の経線が村内で交わる。
移動方法	b 高崎駅から八郎潟駅まで列車に乗り，八郎潟駅からバスを利用した。
特色	・秋田市と前橋市を比較すると，秋田市は年平均気温で2.8度低く，年降水量で550.6mm多い。特に c 冬の間は雪や雨が多く，前橋市を大きく上回る降水量である。 ・大潟村は，八郎潟という湖を d 干拓してできた村であり，e 日本の農業のモデルとなるような村をめざしてつくられた。

(1) 下線部 a が領土を横切る国の国名を，二つ書け。ただし，日本は除くこと。

(2) 下線部 b の移動経路を示したものが，図Ⅰの太線である。移動する途中に通過した県の県名を，順番に書け。

(3) 下線部 c となる理由を，「季節風」「日本海」という語を用いて，簡潔に書け。

図Ⅰ
東経140度
大潟村
北緯40度
八郎潟駅
秋田市
高崎駅

(4)　下線部dである大潟村で
は，特に水害が警戒されて
いる。水害が警戒されてい
る理由を，図Ⅱから読み取
れる地形の特色に着目して，
簡潔に書け。

資料Ⅱ　大潟村と全国の農業の比較

項　　目	大潟村	全国
耕地に占める水田の割合(%)	97.4	54.4
農家一戸当たりの耕地面積(ha)	23.4	3.8
農家一戸当たりの農業生産額(万円)	2,145	300

(「データでみる県勢2020」ほかより作成)

(5)　下線部eについて，大潟村の農業の特色を，**資料Ⅱ**と**図Ⅱ**を参考にして，簡潔に書
け。

図Ⅱ

(国土地理院　5万分の1地形図「羽後浜田」,「森岳」の一部　1993年発行)
【編集部注：出題図を約92％に縮小しています】

着眼

99 (4)　図Ⅱを見ると，大潟村にはほとんど等高線がない→土地が平坦。また，0mの等高線の
ほか，−3.9mの三角点もあり，水田は海面より低い位置にあることが分かる。平坦，低い
の二つのポイントを答えること。
(5)　資料Ⅱを見ると，大潟村では，水田の割合が高いこと→稲作中心，農家一戸当たりの耕
地面積が広いこと→大規模経営，農家一戸当たりの農業生産額が多いこと→多額の農業生産
という三点が分かる。この三点をすべて含んで答えること。

20 北海道地方

解答 別冊 *p.38*

★★*100* ［北海道と東北地方のようす］

次の文章を読んで，問いに答えなさい。

(北海道・函館ラ・サール高)

函館駅を降りると，朝市の裏手に今はメモリアルシップとなった摩周丸がある。青函連絡船最後の8隻の一つである摩周丸は，①道東にある有名な湖にちなんでつけられた名称だが，その他の連絡船にも②北海道や東北の自然や地方の名前が使用されていたものが多かった。

青函連絡船は1908年，青森と函館を結ぶ③鉄道連絡船として生まれた。航空機のない時代には北海道へ渡るメインルートとして隆盛を極めたが，そのなかにも苦難の歴史がある。一つは太平洋戦争末期の青函連絡船への空襲，もう一つは洞爺丸沈没の事故である。事故を契機としてつくられたのが（ ④ ）である。

しかしながら（ ④ ）建設の間に急速に青函連絡船をとりまく環境が変化していく。⑤旅客輸送の方法も急速に変わっていったため，北海道へは青森を経由せずに⑥各地の空港から道内の空港へ直接向かうようになっていった。時代の流れに取り残された連絡船は，1988年に終航を迎える。

(1) 下線部①について，摩周湖や阿寒湖，屈斜路湖などにみられる火山活動によってできたくぼ地に水をたたえた湖を何というか，答えよ。

難▶(2) 下線部①に関連して，道東の代表的な都市である釧路の気温と降水量を示すグラフを，ア〜エから選び記号で答えよ。なお，その他のグラフは札幌，新潟，松本のいずれかをあらわしたものである。

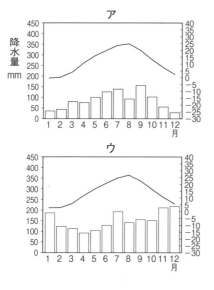
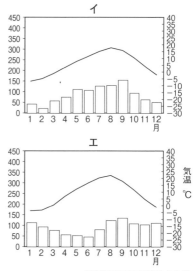

(「理科年表2020年版」より作成)

(3)　下線部②に関連した説明として，正しいものをア～オからすべて選び，記号で答えよ。

　ア　石狩平野は石狩川の中・下流域に発達した泥炭地であったが，干拓による土地改良で水田がつくられ，北海道だけでなく全国有数の稲作地帯となっている。

　イ　津軽平野は青森県の西部に位置し，温暖な気候に適したりんごの栽培がさかんで，青森県はりんごの生産が全国1位をほこる。

　ウ　十勝平野は畑作の中心地で，さとうの原料となっているてんさいのほか，じゃがいも，豆類の生産がさかんである。

　エ　雄物川中流の横手盆地，下流の秋田平野はともに稲作地帯であり，秋田県は全国でも有数の米の生産県となっている。

　オ　山形盆地や米沢盆地では北上川の豊かな水をいかして，山形県が全国一を誇るさくらんぼの栽培をおこなっている。

(4)　下線部③について，青函連絡船と同じ時期に就航していた鉄道連絡船で，宇高連絡船があげられる。これは，岡山県宇野港と香川県高松港を結んでいたものであるが，青函連絡船と時を同じくして廃止されている。その廃止の理由を説明せよ。

(5)　（　④　）にあてはまる語句を答えよ。

★★101　［北海道の積雪量］

　次の図は，2018年1月の北海道の各観測地点の積雪量を示したものである。図中に，このデータから推測できる積雪量200cmを示す等値線をはっきりと書き入れた上で，積雪量200cm以上の地域を▨で示しなさい。

（東京学芸大附高）

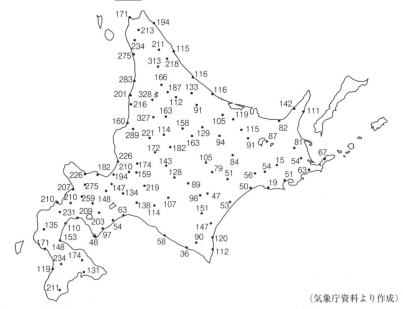

（気象庁資料より作成）

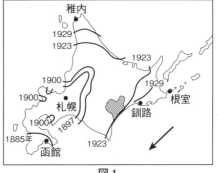
図1

★102 [北海道の産業と土地利用] ◀ 頻出

北海道の産業は，日本の他の地域には見られない特色がある。北海道に関する次の問いに答えなさい。　　　　　　　　（兵庫県）

(1) 図1の ⟶ 印は海流を示している。その海流として適切なものを，次のア〜エから一つ選んで，その記号を書け。

ア　リマン海流　　　イ　黒潮(日本海流)
ウ　親潮(千島海流)　エ　対馬海流

(2) 1977年以降に，当時のソビエト連邦をはじめ世界各国で経済水域が設定され，北海道の漁業を取りまく状況はきびしくなった。この経済水域は，海岸から何海里までとされているか。適切なものを，次のア〜エから一つ選んで，その記号を書け。

ア　12海里　　イ　20海里　　ウ　100海里　　エ　200海里

(3) 図1の ▨ の地域にみられる土地利用の特色について述べた文として適切なものを，次のア〜エから一つ選んで，その記号を書け。

ア　夏でもすずしい高冷地の気候を利用して，レタスやキャベツなどを栽培している。
イ　冷涼な気候であり，広大な耕地で，てんさいやじゃがいも，豆類などを栽培している。
ウ　軽石や火山灰が積もった台地で，さつまいもやだいこん，茶などを栽培している。
エ　大都市の近郊で市場に出荷するため，ねぎやきゅうり，花などを栽培している。

(4) 図2は，北海道の土地利用を示している。次の問いに答えよ。

① 畑や牧草地で飼料作物を栽培し，乳牛を飼育して乳製品などをつくる農業を何というか書け。

② 図1の ━━━ 線は，明治以降の北海道での米作りの広がりを示している。かつては米作りに適さなかった北海道で，米作りが広がった理由を，土地の改良以外に書け。

(5) 図3は，北海道と兵庫県の耕地面積と農家数をあらわしている。北海道の農業は，大型の農業機械を使って大規模に行われている点に特色がある。このような農業が行われている理由を，図3を参考にして，次のことばに合わせて書け。

北海道では，（　　　　　　　　　　　　　　　　　　　　　　　）

図2　北海道の土地利用（2018年）

田	畑	牧草地
22.2万ha	41.7万ha	50.2万ha

（「データでみる県勢2020」より作成）

図3　耕地面積と農家数（2018年）

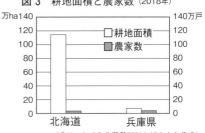

（「データでみる県勢2020」ほかより作成）

| 第**1**回 | **実力テスト** | 時間**50**分
合格点**70**点 | 得点 | ╱
100 |

解答 別冊 *p.40*

1 次の地図は，城下町を起源としている仮想の県庁所在地を描いたものである。ホテル，デパート，銀行，オフィスなどは，その区画内の代表的な施設を示している。この地図を見て，あとの問いに答えなさい。(20点)

(石川・金沢大附高)

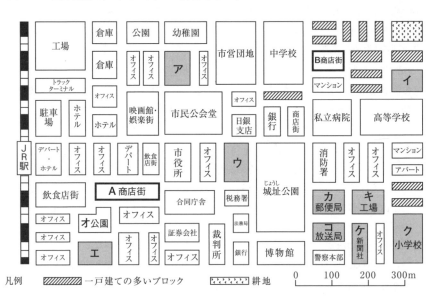

凡例 ▨▨▨ 一戸建ての多いブロック ⬚⬚⬚⬚ 耕地　　0　100　200　300m

(1) 県庁は郊外に移転したため地図中には記されていない。元の県庁は地図中のア〜エのうちどこにあったと考えられるか，最も適当なものを一つ選び，記号で答えよ。(4点)

(2) 地図中のA，Bの商店街について述べた次のア〜エのうちから，不適当なものを一つ選び，記号で答えよ。(4点)

　ア　Aの商店街には，専門的商品や高級品を扱う店が多い。

　イ　Aの商店街には，Bの商店街に比べ高層の建築物が多い。

　ウ　Bの商店街に買い物に来る客はAの商店街に比べて広い範囲から訪れている。

　エ　Bの商店街では，スーパーマーケットが進出した場合，低価格競争が激化する可能性がある。

(3) 地図中の南東部にあるカ〜コの施設のうち，都市計画を進める場合，郊外へ移転を求められるのはどれか，最も適当なものをカ〜コのうちから一つ選び，記号で答えよ。(3点)また，そう判断した理由を述べよ。(5点)

(4) 都市の再開発計画として最も不適当なものを次のア〜オのうちから一つ選び, 記号で答えよ。(4点)

ア 駅前のデパート・ホテルにバスターミナルを建設する。

イ オの公園にマンションを建て, 住宅の不足を緩和する。

ウ 市役所向かいの飲食店街を高層ビルにまとめ, 土地の高度利用を図る。

エ 駅前の駐車場を立体化し乗用車収容能力を増す。

オ JRの駅を含めた鉄道の高架を図り, 踏切をなくす。

2 (28点)

日本で指定されている世界自然遺産, 世界文化遺産に関して問いに答えなさい。

(大阪・四天王寺高 図)

【世界自然遺産】
A 屋久島　B 白神山地
C 知床　　D 小笠原諸島
E 奄美大島, 徳之島, 沖縄島北部及び西表島

(1) Aの屋久島が属している都道府県名を漢字で答えよ。(4点)

(2) Bの白神山地は二つの県にまたがっている。その県名をそれぞれ漢字で答えよ。
(3点×2)

(3) Cの知床に関して, 問いに答えよ。

① 知床の位置を右の地図中ア〜エから選び, 記号で答えよ。(4点)

② 知床では世界自然遺産に登録される以前より, 開発から自然環境を保全するために, 寄付を集めて自然が残る土地を買い上げようとする運動が行われていた。1895年にイギリスで始まったこのような運動を何というか。(3点)

(4) 2021年, ユネスコの世界自然遺産に新しく登録された場所をA〜Eから選び, 記号で答えよ。(4点)

【世界文化遺産】

F 銀山

(5) 上の図は, 16世紀のヨーロッパでも知られていた日本の銀山の場所を示した地図である。この地図に示したF銀山は, 2007年に世界文化遺産に登録された。地図に示したFにあてはまる地名は何か, ア〜エから選び, 記号で答えよ。(3点)
(三重県)

ア 足尾　イ 生野　ウ 石見　エ 別子

(6)　世界の貴重な自然や文化財を世界遺産として登録する国際連合の専門機関を何とい
　　うか，ア～エから選び，記号で答えよ。（4点）　　　　　　　　　　　　　　　（鳥取県）
　　　ア　WHO　　イ　UNESCO　　ウ　UNICEF　　エ　NGO

3　次の地図は『八十日間世界一周』（ジュール・ヴェルヌ著）の主人公フォッグた
　　ちがたどったルートである。この地図を見て，後の問いに答えなさい。（24点）

（大阪・相愛高）

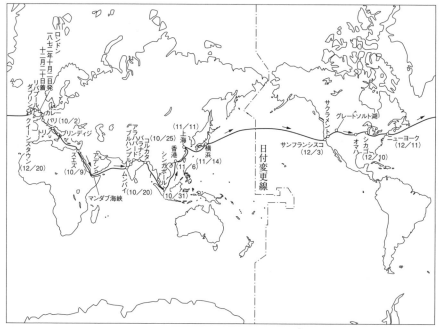

（「世界一周の誕生」園田英弘著　文春新書）

(1)　ルート上に存在するものを次からすべて選び，記号で答えよ。（完全解答，3点）
　　　ア　アパラチア山脈　　　イ　アルプス山脈　　　ウ　ウラル山脈　　　エ　ロッキー山脈
　　　オ　インダス川　　　　　カ　ミシシッピ川　　　キ　メコン川　　　　ケ　ラプラタ川

(2)　ルート上ではほとんどみられない気候は何か。次から一つ選び，記号で答えよ。
　　（3点）
　　　ア　熱帯気候　　イ　乾燥帯気候　　ウ　温帯気候　　エ　寒帯気候

(3)　地図中のルートのように，船で大西洋を西から東へ横断する場合に役立つ風の名称
　　を答えよ。（3点）

(4)　フォッグ一行が通った東南アジアには，2002年5月にインドネシアから独立した国
　　がある。この国名を次から一つ選び，記号で答えよ。（3点）
　　　ア　東ティモール　　イ　ブルネイ＝ダルサラーム　　ウ　ミャンマー　　エ　ラオス

(5)　フォッグ一行は日付変更線を西から東に越えた。この場合，日付は 1 日進む，戻るのどちらになるか。（3 点）

(6)　フォッグ一行を乗せた船は，横浜を11月14日午後 6 時に出航した。その時，目的地のサンフランシスコは何日の何時になるか答えよ。横浜を東経135度，サンフランシスコを西経120度として考えよ。（3 点）

(7)　次の各文のうち，ルート上の地域に関連するものをすべて選び，記号で答えよ。

（完全解答，3 点）

　　ア　女性は，長さが10mもある 1 枚の綿布を身体に巻き付けて着る。

　　イ　先住民アボリジニが生活する。

　　ウ　夏至の頃，真夜中でも太陽が沈まない。

　　エ　北半球に含まれる。

　　オ　現在，世界で 3 番目に広い国である。

(8)　現代では，国際的な人，物の移動が活発に行われている。その代表的なものが，ヨーロッパ27か国が参加する組織である。この組織名を答えよ。（3 点）

4　次の地図を見て，後の問いに答えなさい。（28点）　　　　　　（北海道・北海高）

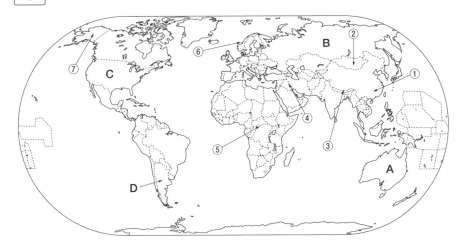

(1)　右の写真は①の国で見られた看板である。この看板は①の国のどのような政策を示したものか，答えよ。

（3 点）

(2)　地図上②の地域の景観をあらわすものとしてふさわしいものをア～エから一つ選べ。
　（3点）

（ア　　　　　　　　　　　　　　イ）

（ウ　　　　　　　　　　　　　　エ）

(3)　次の写真は地図上の③の地域の景観である。この景観はインドネシアのバリ島や日本でもみられるが，このような田の形式を何というか，答えよ。（3点）

(4) 右の写真は，地図上④の地域でみられる人々の様子である。この写真の人々が信仰している宗教を答え，またその宗教の特徴として誤っているものをア～エから一つ選べ。(完全解答，5点)

ア　ラマダンという断食をする月がある。

イ　1日5回聖地にむかって礼拝をする。

ウ　アッラーという唯一の神を信仰している。

エ　カースト制という身分制度がある。

(5) 下の左の写真は地図上⑤の地域で多く見られる農業の様子である。この農業を何というか，答えよ。(3点)

(6) 下の右の写真は地図上⑥の地域で多く見られる，氷河によって形成された海岸地形である。この地形の名称を答えよ。(3点)

(7) 下の左の写真は地図上⑦の地域で多く見られる住居である。この住居の名称を次のア～エから一つ選べ。(3点)

ア　ユルト　　イ　ゲル　　ウ　イグルー　　エ　ティピ

(8) 下の右の写真と次の文章にあてはまる国名を答え，またその場所を地図上のA～Dから一つ選べ。(完全解答，5点)

国土に広がる広大な草原パンパで牧畜，牧羊がおこなわれているほか，小麦やとうもろこしの生産が行われている。

| 第**2**回 | **実力テスト** | 時間**50**分
合格点**70**点 | 得点 | /100 |

解答 別冊 *p.42*

1 ひとみさんは，夏休みの自由研究で，「標準時を決める子午線が通る都市」というテーマで調べた。次は，作成した資料の一部である。(1)〜(7)の問いに答えなさい。(29点) （大分県⚟）

資料Ⅰ　本初子午線が通るロンドン

〈人口と位置〉
・イギリスの首都で人口は約810万人。
・ a ユーラシア大陸の西に位置するイギリスの南部にある。

〈グリニッジ標準時〉
・16世紀頃，航海者が，正確な時間を必要としたといわれる。
・1675年，ロンドン郊外のグリニッジに，天文台がつくられた。

イギリスの略地図

（旧グリニッジ天文台）

・1884年，ワシントンで経度０度の線（本初子午線）を決める国際会議が開かれて，グリニッジを通る経線の時刻が， b 世界の時刻の基準となった。これをグリニッジ標準時という。

資料Ⅱ　日本の標準時子午線が通る明石市

〈人口と位置〉
・兵庫県にある都市で， c 人口は約30万人。
・ d ユーラシア大陸の東に位置する日本の中で関西地方にある。

〈日本の標準時〉
・７世紀，天智天皇が水時計をつくり，時を知らせたといわれる。

兵庫県の略地図
東経135度

（明石市立天文科学館）

・1888年，明石市を通る東経135度の線が，日本の標準時を決める子午線として，使用されるようになった。ロンドンとは，９時間の e 時差となった。
・1960年，日本の標準時子午線上に， f 明石市により，市立天文科学館が建設された。

(1) 次ページの地図は，アフリカ大陸の略地図である。経度０度に当てはまるものを，略地図中のア〜エから一つ選び，記号を書け。(2点)

(2) イギリスの略地図中にある緯線 **X**, 兵庫県の略地図中にある緯線 **Y** の緯度の組み合わせとして正しいものを, 次のア～エから一つ選び, 記号を書け。(2点)

	ア	イ	ウ	エ
X	北緯40度	北緯40度	北緯50度	北緯50度
Y	北緯35度	北緯40度	北緯35度	北緯40度

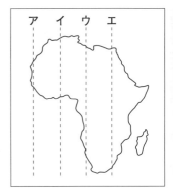

(3) 下線部 **a**, 下線部 **d** に関連して, 右下はロンドンと明石市の気温の変化を示したグラフである。二つの都市について, 年間の気温の変化の違いを,「**偏西風**」,「**季節風**」という語句を用いて, **40字以上60字以内**で, 説明せよ。(8点)

(4) 下線部 **b** に関連して, 次の文中の①～③の空らんにあてはまる最も適当な語句を書け。①は漢字5字である。(2点×3)

> ほぼ経度180度の線に沿って引かれた（ ① ）は,
> 1日分の時間調整を行うためのものである。この線
> の西から東に行くときは1日（ ② ）, 逆の場合は
> 1日（ ③ ）ことになる。

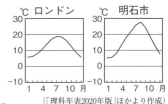

(「理科年表2020年版」ほかより作成)

(5) 下線部 **c** に関連して, 次の表は, 明石市とほぼ同程度の人口をもつ日本の都市について示したものである。ア～エの都市を, 西から順に並べかえ, 記号で書け。(2点)

都市	地理的なことがら	歴史的なことがら
ア	亜熱帯の気候で県庁所在地である	首里城などは世界遺産となった
イ	湖に面した県庁所在地である	最澄が開いた比叡山延暦寺がある
ウ	湾の奥に近く工業が盛んである	ぜんそくの被害が広がり四大公害裁判で知られた
エ	海峡に面して水産業が盛んである	日清戦争の講和条約が結ばれた

(6) 下線部 **e** に関連して, 次の文は, ひとみさんが外国人留学生シンさんから聞いたことがらである。①, ②の問いに答えよ。

> シンさんの国では, 内陸部の都市などに, アメリカのコンピューター関連の企業が進出しています。その進出の要因としては, まず, アメリカが夜の時に, シンさんの国では昼なので, 人工衛星を利用したデータのやりとりにより, 技術開発が24時間体制で行えることがあげられます。次に, 世界で7番目の広大な国土の大部分が, イギリスにより植民地支配されていたこともあって, 英語が主要な言語の一つとなっていることもあります。さらに, 人口が多く, 技術者を安い賃金で雇用できることなども関係しています。

① シンさんの国はどこか。国名を書け。（2点）

② 文中の ―― 線部に関連して，現在の日本において，内陸部に立地することも多い工業の種類として最も適当なものを，ア～エから一つ選び，記号を書け。（2点）

　　ア　石油化学　　イ　鉄鋼　　ウ　造船　　エ　食品

(7) 下線部 f に関連して，ひとみさんは，明石市の特徴を明らかにするために，1日の人口の変化を，次の〈メモ〉をもとにまとめてみた。文中の　　　　に当てはまることがらを，次の〈条件〉①，②に従って，**20字以内**で書け。（5点）

〈メモ〉

昼間人口	262,799人
夜間人口	293,409人
↓	
昼夜間人口比率	89.6%

（平成27年度　明石市統計資料）

〈条件〉

① 明石市の1日の人口の変化について関係が深く，人口が100万人以上の大都市名を二つ入れる。

② メモを見て，1日の人口が変化する理由について，考えられることがらを入れる。

〈ひとみさんのまとめ〉

明石市は，　　　　　　　　　　　　　　　　　ので，昼夜間人口比率が，90％を下回るようになっていると考えられます。

(注) 昼夜間人口比率 = $\dfrac{昼間人口（昼間にいる人の数）}{夜間人口（住んでいる人の数）} \times 100$

2 次の図1，図2はある国々の出生率と死亡率の関係，年齢別人口割合を示したものである。また，次ページの図3は，A～Gに該当する国の位置を示した世界地図である。あとの(1)～(6)の問いに答えなさい。（47点）

（福岡・明治学園高）

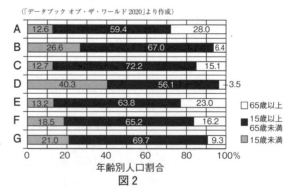

図1　　　　図2

図3

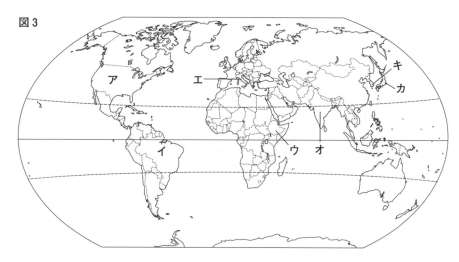

(1) 次の文ア〜キを読み，図1，図2から読みとれることとして，誤っているものを二つ選び，記号で答えよ。（2点×2）

　ア　A国は，出生率，死亡率がともに低い。したがって，人口が停滞していることが推測される。

　イ　B国は，出生率が高く，死亡率が低い。したがって，人口が急増していることが推測される。

　ウ　C国は，図中の7か国中，生産年齢人口の割合が最も高く，高齢化社会の心配はない。

　エ　D国は，図中の7か国中，幼年人口の割合が最も高い。

　オ　E国は，出生率よりも死亡率の方がわずかに高い。したがって，人口が減少していることが推測される。

　カ　F国は，老年人口の割合が比較的高く，先進国と推測できる。

　キ　G国は，幼年人口の割合が高く，今のところ少子化の問題はほとんどない。

(2) A〜Gに適する国の位置を図3から選び，記号で答えよ。（2点×7）
　また，その国名をそれぞれ答えよ。（2点×7）

(3) B国で約80％の人々が信仰している宗教の名称を答えよ。（3点）
　また，もともとは同じイギリスの植民地であったが，1947年の独立時に，信仰する宗教の違いから，B国とは別の国となった国名を答えよ。（3点）

(4) C国は，北に位置する国との間に，休戦協定を結んでいる。その停戦ラインはある緯線とほぼ一致している。その緯線の緯度を答えよ。（3点）

(5) F国には，先端技術産業の集積地がいくつもある。F国の西海岸にある先端技術産業の集積地を何とよぶか，答えよ。（3点）

(6) G国は，国土の約半分が熱帯気候に属しており，熱帯雨林も国の北部を中心に広がっている。この熱帯雨林の付近には流域面積が世界最大の川がある。この河川名を答えよ。（3点）

3 さとし君は「カレーライス」や「日本人の食生活」に関連することを調べることにした。あとの(1)～(5)に答えなさい。（24点）　　　　　　　　　（青森県 改）

(1) 資料1はさとし君の家でふだん作っているカレーライスの主な材料である，にんじん，じゃがいも，たまねぎ，豚肉，米の生産量上位5道府県と国内総生産量を示している。資料1の五つの品目の中で，国内総生産量に占める長崎県の生産量の割合が最も高いものを一つ選び，その品目を書け。（3点）

資料1　　　　　　　　　　　　　　　　　　　　　　　　　　　　　　　（百トン）

順位＼品目	にんじん		じゃがいも		たまねぎ		豚肉		米	
1	北海道	1,642	北海道	17,420	北海道	7,174	鹿児島	2,105	新　潟	6,276
2	千　葉	1,094	鹿児島	965	佐　賀	1,181	茨　城	1,000	北海道	5,148
3	徳　島	487	長　崎	921	兵　庫	964	北海道	902	秋　田	4,911
4	青　森	374	茨　城	463	長　崎	292	青　森	829	山　形	3,741
5	長　崎	325	千　葉	322	愛　知	276	宮　崎	791	宮　城	3,714
国内総生産量		5,747		22,590		11,550		12,842		77,800

（「データでみる県勢2020」より作成）

(2) 資料1の各品目の生産量上位5都道府県について正しく述べているものを，次のア～エの中から一つ選び，その記号を書け。（3点）

ア　にんじん及びじゃがいもの生産量上位5都道府県は，関東地方以外の都道府県である。

イ　じゃがいも及びたまねぎの生産量上位5都道府県は，中部地方以外の都道府県である。

ウ　たまねぎ及び豚肉の生産量上位5都道府県は，近畿地方以外の都道府県である。

エ　豚肉及び米の生産量上位5都道府県は，中国・四国地方以外の都道府県である。

資料2

都市名	金額（円）
鳥　取	1,856
新　潟	1,790
金　沢	1,653
松　江	1,604
青　森	1,578

（「家計調査平成29年～令和元年」より作成）

（例）
宮城県
仙台市

(3) 資料2は，県庁所在地別のカレールーの一世帯あたりの年間購入金額上位5都市を示している。この中で，県名と県庁所在地が異なる県をすべて選び，次ページの地図を右の例に従って塗りつぶせ。（5点）

(4) 次ページの資料3は，日本における主な食品の一人一日あたりの食料供給量の推移を示しており，資料4は，主な食品の食料自給率の推移を示している。資料3と資料4から読み取ることができるものを，次ページのア～エの中から一つ選び，その記号を書け。（3点）

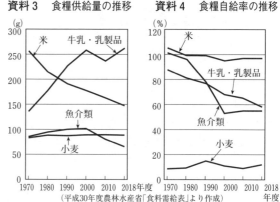

資料3　食糧供給量の推移

資料4　食糧自給率の推移

（平成30年度農林水産省「食料需給表」より作成）

ア　牛乳・乳製品は供給量が急激に増え，自給率が上がっており，輸入量は減っている。

イ　魚介類は供給量の変化が少なく，自給率が大きく低下しており，輸入量は増えている。

ウ　小麦は供給量が減り，自給率も低く，国内では生産しておらず，すべて輸入している。

エ　米は供給量に大きな変化はなく，自給率は100％前後で推移しており，輸入していない。

(5)　**資料5**は，①アメリカ合衆国，②中国，③イタリア，④ロシア，⑤インド，それぞれの国の一人一日あたりの食品群別供給構成を示したものである。①〜⑤の国の食品群別供給構成のようすを説明した文として適切なものを，下のア〜オからそれぞれ一つずつ選び，その記号を書け。（2点×5）

資料5　(%)

国名＼項目	でんぷん質食品	砂糖類	動物性食品	植物油脂	その他
日　本	39.7	9.3	20.1	13.3	17.6
①アメリカ合衆国	21.8	16.3	26.7	18.7	16.5
②中　国	45.9	2.1	23.3	5.6	23.1
③イタリア	32.0	8.6	25.2	18.4	15.8
④ロシア	34.3	13.1	25.1	9.8	17.7
⑤インド	55.3	9.3	9.6	8.4	17.4

（「日本国勢図会2019/20」より作成）

ア　日本と比べて，植物油脂の割合が高く，砂糖類の割合が低い。

イ　日本と比べて，植物油脂の割合が低く，砂糖類の割合も低い。

ウ　日本と比べて，でんぷん質食品の割合が高く，動物性食品の割合が低い。

エ　日本と比べて，砂糖類の割合が高く，植物油脂の割合も高い。

オ　日本と比べて，でんぷん質食品の割合が低く，植物油脂の割合も低い。

| 第**3**回 | **実力テスト** | 時間**50**分 合格点**70**点 | 得点 ___/100 |

解答 別冊 *p.43*

1 次の文を読んで，(1)～(4)の問いに答えなさい。(20点)　　　　　　　（大阪教育大附高池田）

　日本は，ユーラシア大陸の東に沿って**A**弧状にのびた列島であり，陸上の国境はありません。北の端は択捉島（北緯45度，東経148度）で南の端は沖ノ鳥島（北緯20度，東経136度），東の端は南鳥島（北緯24度，東経154度），西の端は与那国島（北緯24度，東経123度）です。領土の外側には，国土の10倍に相当する**B**排他的経済水域が広がっており，漁場として活用されています。西端と東端の間には約30度の経度差があり，これは（　①　）時間の時差にあたります。しかし，日本では，東経（　②　）度を**C**日本標準時子午線としています。

(1)　世界には，二つの造山帯があり，これらの地域では地震が頻発している。下線部**A**が属する造山帯の名称を答えよ。(4点)

(2)　下線部**B**に関する説明としてア～オの中で間違っているものを一つあげよ。(4点)

　　ア　経済水域内の漁業資源はその国に帰属する。

　　イ　経済水域内の海底資源（海底油田，海底炭田）はその国に帰属する。

　　ウ　他国の船が排他的経済水域に立ち入るには，その国の許可を得なければならない。

　　エ　日本では，排他的経済水域を領土の外に200海里の幅で設けている。

　　オ　日本では，領海は領土の外に12海里の幅で設けている。

(3)　（　①　）（　②　）に適当な数値を記入せよ。(4点×2)

(4)　下線部**C**について，日本標準時子午線の通る都市名を一つあげよ。(4点)

2 気候に関する次の文を読んで，(1)～(5)の問いに答えなさい。(37点)

（佐賀・東明館高）

　世界には様々な気候が分布している。気候を特色づける要素の代表的なものは，**a**気温と**b**降水量である。気温が地域によって異なるのは太陽から受ける熱量に差があるからで，そのため地球が凹凸のない球体と仮定し水陸分布を考慮しない場合，※等温線は（　**X**　）に平行になると言われている。

　また，降水量は年間の総量やそれぞれの季節での降水の多少により，気候の特色に大きな影響を与えている。そして私たち人間は，地域によって異なる気候に応じた生活を**c**工夫して行っている。　　　　　　　　　　　　※気温が等しい地点を結んだ線

(1)　（　**X**　）に当てはまる適切な語句を漢字2文字で答えよ。(3点)

(2)　下線部**a**について次の①，②の問いに答えよ。

　　①　近年，地球の平均気温が上昇するという温暖化の問題が大きく取り上げられるようになったが，このことについて次の文ア～エから正しいものを一つ選び，記号で

答えよ。（4点）

ア　化石燃料の大量消費による排出ガスだけでなく，原子力発電所の事故が発生した際の大気の放射能汚染も温暖化の大きな原因となると言われている。

イ　二酸化炭素の排出削減は急務であるため，地球温暖化防止京都会議において，初めて数値目標が設定された。

ウ　温暖化の原因となる化石燃料の消費量は人口だけに比例するため，2017年現在最大の二酸化炭素排出国は中華人民共和国である。

エ　二酸化炭素の国別総排出量は，現状においては工業技術の未発達な発展途上国に多く，これらの国々における規制を優先する必要がある。

② 右の地図は何月の等温線を示しているか，正しいものを次のア～エから一つ選び，記号で答えよ。
（4点）

ア　1月　　イ　4月　　ウ　7月　　エ　10月

(3) 下線部bについて次の①，②の問いに答えよ。

① 降水の原因は地域によって異なるが，下の世界地図上のa，bの地域でみられる降雨と，同じ原因と考えられる日本の降雨を次のア～カから選び，それぞれ記号で答えよ。
（3点×2）

ア　梅雨前線による降雨

イ　夏の夕立

ウ　東北地方のやませ

エ　瀬戸内地方の降雨

オ　台風による降雨

カ　冬の北陸地方の降雨（雪）

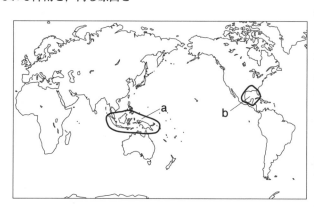

② 次の気候表をみると年降水量の多い方が乾燥気候として区分されているが，なぜこのような区分をするのか。次ページの説明文の空欄にあてはまる適切な語句の組み合わせを，説明文下のア～エから一つ選び，記号で答えよ。（4点）

	1月	2月	3月	4月	5月	6月	7月	8月	9月	10月	11月	12月	全年
ステップ気候	29.7	29.5	29.6	28.3	25.0	22.1	21.1	22.4	25.1	27.5	29.4	30.3	26.7
	203.0	163.9	110.9	19.5	24.1	16.1	2.4	1.7	2.6	1.9	9.0	49.3	604.4
地中海性気候	20.4	20.4	19.2	16.9	14.4	12.6	11.8	12.4	13.7	15.7	18.0	19.5	16.3
	14.7	15.9	20.9	40.5	67.8	93.4	82.3	77.4	37.6	32.9	16.3	19.0	518.7

上段は気温（℃），下段は降水量（mm）

（「理科年表2010年版」より作成）

説明文：乾燥気候とは降水量が少ない気候のことではなく，蒸発量が大きい気候のことを示すのであり，そのためいつの季節に降水がみられるかが重要になる。例えば「ステップ気候」の降水は（ Y ）に多いが，「地中海性気候」の降水は（ Z ）に多いのはそのことを示している。

　ア　Y：夏，Z：夏　　イ　Y：夏，Z：冬

　ウ　Y：冬，Z：夏　　エ　Y：冬，Z：冬

(4)　下線部cの例として間違っているものを次のア〜エから一つ選び，記号で答えよ。
（4点）

　ア　カナダでは，永久凍土の融解を防ぐため高床の住居が見られる。

　イ　日本の白川郷の合掌造りの家では，豪雨を防ぐために屋根の傾斜を大きくしている。

　ウ　北アフリカの伝統的な住居は，窓を小さくして涼しくなるようにしている。

　エ　アラスカでは，氷の家（イグルー）を冬季に使用する民族がいる。

(5)　雨温図は，気温，降水量の関係からその地域の気候の特色を調べる資料の一つである。次の①〜③のグラフは縦軸に気温，横軸に降水量を取り，月別の座標を結んだものである。①〜③のグラフと同じ雨温図をA〜Cから，特色をア〜オからそれぞれ一つずつ選び答えよ。（4点×3）

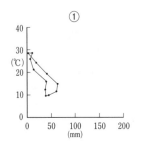

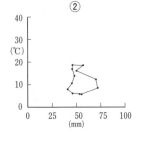

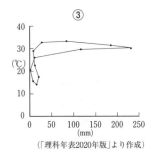

（「理科年表2020年版」より作成）

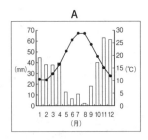

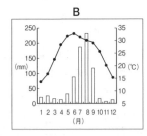

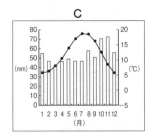

（「理科年表2020年版」より作成）

　ア　夏に多い降水　　イ　冬に多い降水　　ウ　年間一定の降水

　エ　年中多雨　　　　オ　年中少雨

3 里子さんのクラスでは，日本が輸入している鉱産資源や日本の工業について，自分達で調べたことを授業で発表することになった。次の資料は，そのために里子さんの班が調べたものである。資料を見て，あとの問いに答えなさい。(19点)　(山形県 國)

資料Ⅰ

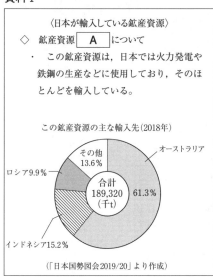

資料Ⅱ

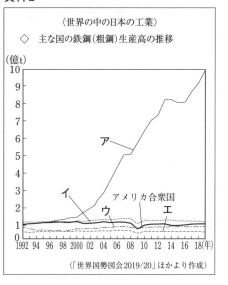

(1)　資料ⅠのAにあてはまる鉱産資源は何か，書け。(3点)

(2)　資料Ⅱのグラフのア～エは，それぞれ，日本，ロシア，中国，ドイツのいずれかの鉄鋼（粗鋼）生産高の推移を示したものである。日本の鉄鋼（粗鋼）生産高の推移を示したものはどれか，ア～エから一つ選び，記号で答えよ。(3点)

(3)　里子さんの班が，都道府県別の工業製品の出荷額を調べ，出荷額が多い都府県についてまとめたところ，資料Ⅲのようになった。

資料Ⅲ

〈日本国内で工業のさかんな地域〉
◇　工業製品の出荷額が多い都府県 (2017年)

都道府県	出荷額 (百億円)	都道府県	出荷額 (百億円)
B	4,723	三重県	1,056
C	1,808	広島県	1,024
大阪府	1,735	福岡県	980
静岡県	1,691	栃木県	928
兵庫県	1,580	群馬県	910
埼玉県	1,371	D	791
茨城県	1,234	滋賀県	782
千葉県	1,219	全国計	32,207

(「データでみる県勢2020」より作成)

①　工業製品の出荷額が多い都府県が帯状に分布している，南関東から，東海，近畿を経て，北九州にかけてのびる地域は何とよばれているか，書け。(3点)

② 資料ⅢのB，C，Dにあてはまる都県の組み合わせとして正しいものを，次のア
〜カから一つ選び，記号で答えよ。(3点)

	ア	イ	ウ	エ	オ	カ
B	東京都	東京都	神奈川県	神奈川県	愛知県	愛知県
C	神奈川県	愛知県	東京都	愛知県	東京都	神奈川県
D	愛知県	神奈川県	愛知県	東京都	神奈川県	東京都

(4) 化学工業や金属工業の工場は，臨海部に多くみられるが，その理由を書け。(7点)

4 次の表を見て，以下の問いに答えなさい。(12点)　　　　　　(東京・中央大杉並高)

表　産業工程から排出される二酸化炭素（2016年）

国・地域	CO_2排出（百万 t）				一人あたり CO_2排出（ t ）
	固体燃料	液体燃料	気体燃料	合計	
インド	1,468.1	544.3	63.0	2,076.8	1.57
A	7,357.9	1,298.0	370.4	9,056.8	6.57
B	441.0	412.4	260.9	1,147.1	9.04
アジア計	10,658.9	4,260.5	2,420.6	17,426.7	3.93
エジプト	1.5	121.8	81.5	204.8	2.14
C	337.0	73.4	4.0	414.4	7.41
アフリカ計	376.6	551.9	228.7	1,157.6	0.95
ドイツ	301.0	243.3	167.0	731.6	8.88
D	45.7	158.2	161.1	371.1	5.65
E	324.3	309.7	773.5	1,438.6	9.97
ヨーロッパ計	1,443.4	1,745.1	1,757.1	5,048.6	6.78
カナダ	71.3	266.1	202.3	540.8	14.91
F	1,356.1	1,992.4	1,464.5	4,833.1	14.95
北アメリカ計	1,427.5	2,258.5	1,666.8	5,373.8	14.94
ブラジル	61.4	289.5	65.8	416.7	2.01
南アメリカ計	174.5	1,011.6	443.3	1,629.6	2.61
オセアニア計	184.5	164.2	88.6	437.8	10.92
世界計	14,265.3	11,231.8	6,605.1	32,314.2	4.35

（「データブック オブ・ザ・ワールド2020」より作成）

(1) 表中のＡが最大の産出国である「固体燃料」を記せ。（4点）

(2) 1997年12月に京都で，気候変動枠組条約第3回締約国会議（COP3）が開かれ，地球温暖化対策として二酸化炭素をはじめとする温室効果ガスの排出量の削減目標を定めた京都議定書が採択された。その京都議定書は，「ある国」が批准したことにより，2005年2月16日に正式に発効した。

　　「ある国」とはどこか。国名を記せ。また，「ある国」は表中のどこにあてはまるか，Ａ～Ｆから一つ選んで記号で答えよ。（4点×2）

5 次の各問いに答えなさい。（12点）　　　　　　　　　　　　　（東京・お茶の水女子大附高）

(1) 次のグラフは，日本の国内輸送の輸送機関別の割合の変化を示したものである。グラフの凡例ＡからＤは，航空機，自動車，船舶，鉄道のいずれかを示している。凡例ＡとＣにあてはまる輸送機関として適切なものを，あとのアからエの中からそれぞれ選び，記号で答えよ。（2点×2）

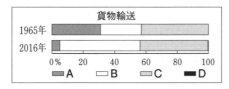
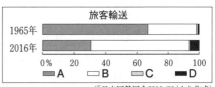

（「日本国勢図会2019/20」より作成）

ア　航空機　　イ　自動車　　ウ　船舶　　エ　鉄道

(2) 次の表は，交通に関するＡからＤの4つの項目について，上位5位までの都道府県を示したものである。表中のＡからＤの示す項目として適切なものを，あとのアからエの中からそれぞれ選び，記号で答えよ。（2点×4）

	A		B		C		D
1	福井	1	大阪	1	北海道	1	東京
2	富山	2	埼玉	2	茨城	2	大阪
3	山形	3	滋賀	3	愛知	3	神奈川
4	群馬	4	京都	4	長野	4	千葉
5	栃木	5	東京	5	埼玉	5	埼玉

（2017年または2018年）（自転車産業振興協会資料，「データでみる県勢2020」より作成）

ア　1世帯当たり乗用車保有台数　　　　イ　鉄道旅客数*
ウ　人口100人あたり自転車保有台数　エ　道路の実延長距離

　　*鉄道旅客数＝発量＋着量＋域内量
　　　発　量＝その都道府県から出発した旅客の数
　　　着　量＝その都道府県に到着した旅客の数
　　　域内量＝その都道府県内で出発・到着した旅客の数

解答 別冊 *p.45*

1 次の世界地図を見て，あとの問いに答えなさい。(31点) (広島大附高)

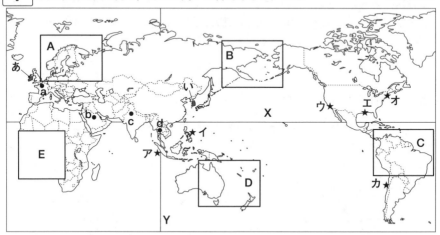

(1) 地図中の**A**〜**D**の枠の中に，この世界地図の陸地の形として，明らかに誤って描かれているものがある。**A**〜**D**から一つ選び，記号で答えよ。(3点)

(2) 地図中の空白となっている枠**E**にあてはまる陸地の形として適当なものを，次のア〜エから一つ選び，記号で答えよ。ただし，国境線は省略してある。(3点)

ア イ ウ エ

(3) 地図中の**X**，**Y**は，それぞれ緯線，経線をあらわしたものである。**X**，**Y**の組み合わせとして最も適当なものを，次のア〜カから一つ選び，記号で答えよ。(3点)

	ア	イ	ウ	エ	オ	カ
X	北回帰線	北回帰線	北回帰線	赤道	赤道	赤道
Y	東経50度線	東経100度線	東経150度線	東経50度線	東経100度線	東経150度線

(4) 次の文章は，A君が「ある都市」へ旅行したときのメモである。これを読み，あとの問いに答えよ。

> 成田空港を午前10時に出発した飛行機は，現地時刻の同日午後2時に着陸した。
> 日本を出たときから時刻を変えていない僕の時計は，午後8時をさしていた。
> 次の日，市内観光をしたときに，興味がわいた風景を写真におさめた。

① 「ある都市」の位置を，地図中●のa〜dから一つ選び，記号で答えよ。また，その都市がある国名も答えよ。ただし，四つの都市へは，それぞれ成田空港から直行便が出ているものとする。（3点×2）

② 下線部の「写真」として最も適当なものを，次のア〜エから一つ選び，記号で答えよ。（4点）

ア

イ

ウ

エ

（「国際情報大辞典PASPO」「週刊朝日百科世界の地理」より）

(5) 次の文①，②は，2000年代におこったできごとについて述べたものである。それぞれどこでおこったものか。それらの位置を，地図中の★のア〜カから一つずつ選び，記号で答えよ。（3点×2）

① 世界貿易センタービルへ航空機を突入させるという，テロ行為が行われた。

② 地震に伴う大津波（おおつなみ）が発生し，多くの犠牲者を出したが，犠牲者のなかには，欧米や日本などの国々から保養に訪れていた観光客もいた。

⑹　次の表の①，②は，地図中に示された国あといの首都における月別の平均気温
　（℃）をあらわしたものである。①の数値は，国あといの首都のどちらをあらわした
　ものか。記号で答えよ。また，①の冬の気温が②に比べて高いのはなぜか。その理由
　を説明せよ。（3点×2）

	1月	2月	3月	4月	5月	6月	7月	8月	9月	10月	11月	12月
①	5.3	5.4	6.7	8.2	10.8	13.4	15.5	15.2	13.2	10.3	7.4	5.6
②	− 2.4	0.6	5.7	12.5	17.8	22.2	24.9	25.7	21.2	14.8	7.2	0.4

（「理科年表2020年版」より作成）

2 （21点）

次の文を読んで，文中の⑴〜⑶について，あとの同番号の各問いに答えなさい。

（東京・お茶の水女子大附高）

　2018年をふり返ると，日本列島では台風や豪雨による災害がたびたび発生した。台風
第7号や前線の影響により中国地方や四国地方をはじめとする西日本を中心に広い範囲
で大雨を記録した「平成30年7月豪雨」では，⑴河川の氾濫，土砂災害等が発生し，多
数の死者，行方不明者が出た。台風第21号では西日本から北日本にかけて暴風が吹き，
⑵高潮により関西国際空港の滑走路が浸水するなどの被害があり，人やものの移動にも
大きな影響が出た。国連防災世界会議によれば，⑶地球温暖化による気候変動などによ
って，災害が巨大化しつつあるという。いまこそ持続可能な社会のために何をすべきか
を考えるときである。

⑴　日本では，河川の氾濫により生じる被害をできるだけ小さくするため，古くからさ
　まざまな対策がなされてきた。次の図は，伝統的な堤防の1つである霞堤（かすみてい）の模式図で
　ある。霞堤はどのような効果を期待してつくられたか，川の流れ方とその効果の説明
　として適切なものを，下のアからエまでの中から一つ選び，その記号を書け。（6点）

図

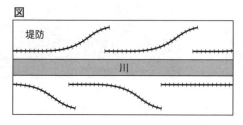

ア　川は左から右へ流れ，水位が上昇するとともに水をゆるやかに外側にあふれさせ，
　水位が下降すると水が川に戻る。

イ　川は左から右へ流れ，川の外側に降った雨水が集まって急激に川に流れこむ。

ウ　川は右から左へ流れ，水位が上昇すると徐々に水が外側にあふれ，水位が下降す
　ると水が川に戻る。

エ　川は右から左へ流れ，川の外側に降った雨水が一度に川に流れこむのを防ぐ。

(2)　高潮についてのべた文として適切でないものを，次のアからエまでの中から一つ選び，その記号を書け。(7点)

ア　気圧の低下により，海水面が吸い上げられ潮位が高くなる。

イ　暴風とともに，高い波が打ち寄せる。

ウ　満潮の時刻が重なると，さらに大きな被害が出やすい。

エ　海底の急激な地形の変化により，高い波が発生する。

(3)　地球温暖化による気候変動を防ぐためにできることは何か。地球温暖化をおこしていると考えられる原因とその対策をそれぞれ述べよ。(4点×2)

3　次の文を読んで，文中の(1)〜(7)について，あとの同番号の各問いに答えなさい。
(48点)

(奈良・東大寺学園高)

> 　18世紀後半，イギリスで(1)蒸気機関が実用化されたが，これにより同国では機械制工業が発達し，国内各地に工業都市が形成された。蒸気機関の実用化は(2)輸送手段の発達や(3)広域交通網の構築にも大きな影響を及ぼしたが，その結節点となった(4)都市には人や(5)物資の集積がさらに進み，やがて(6)大都市圏が形成されていった。しかし，都市の発展の一方で，いくつかの大都市では特有の(7)環境問題が発生した。

(1)　この燃料である石炭に関する次の各問いに答えよ。

①　右の表は，石炭の主な産出国(2016年)と日本の主な輸入先(2018年)を示している。B，Cにあてはまる国名の組み合わせとして正しいものを右のア〜カから選び，その記号を書け。(4点)

	第1位	第2位	第3位	第4位
産出国	A	インド	インドネシア	C
輸入先	C	インドネシア	ロシア	B

(「データブック オブ・ザ・ワールド2020」より作成)

	ア	イ	ウ
B	中国	中国	オーストラリア
C	オーストラリア	アメリカ合衆国	アメリカ合衆国

	エ	オ	カ
B	オーストラリア	アメリカ合衆国	アメリカ合衆国
C	中国	オーストラリア	中国

②　右のグラフは，日本のエネルギー供給における原子力，水力，石炭，石油，天然ガスの割合の変遷を示している。A〜Cにあてはまるエネルギー供給源の組み合わせとして正しいものを次ページのア〜オから選び，その記号を書け。

(4点)

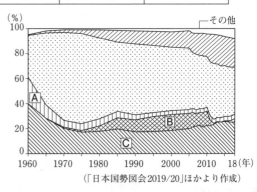

(「日本国勢図会2019/20」ほかより作成)

	ア	イ	ウ	エ	オ
A	石　炭	石　炭	水　力	水　力	天然ガス
B	天然ガス	原子力	原子力	天然ガス	水　力
C	水　力	天然ガス	石　炭	石　油	石　油

(2) これには，今日では自動車も含まれるが，自動車について次の各問いに答えよ。

① 右の表は，神奈川県，群馬県，千葉県，東京都の乗用車保有台数（2018年）を示したものである。

	ア	イ	ウ	エ
総台数（万台）	385	171	344	363
1世帯あたりの台数（台）	0.44	1.633	0.978	0.71

（「データでみる県勢2020」より作成）

群馬県にあてはまるものを表中のア〜エから選び，その記号を書け。（4点）

② 下の表は，アメリカ合衆国，ドイツ，日本，メキシコ，ロシアの乗用車保有台数と乗用車1台あたりの人口（ともに2017年）を示したものである。ドイツにあてはまるものを表中のア〜オから選び，その記号を書け。（4点）

	ア	イ	ウ	エ	オ
乗用車保有台数（万台）	12,414	6,180	4,647	3,009	4,675
乗用車1台あたりの人口（人）	2.6	2.0	1.8	4.3	3.1

（「データブック オブ・ザ・ワールド2020」より作成）

(3) この一例として航空交通があげられるが，以下は，アメリカ合衆国のロサンゼルス（基準となる子午線は西経120度）からオーストラリアのシドニー（同じく東経150度）へ向かう航空便の出発時刻及び到着時刻を示したものである。この便の所要時間が14時間30分であったとき，シドニーの到着時刻を日付とともに24時間制の現地時刻で答えよ。なお，到着当日，シドニーでは時計の針を1時間進ませるサマータイムを実施している。（4点）

```
ロサンゼルス国際空港                    シドニー国際空港
   （現地時刻）                           （現地時刻）
  12月31日22：30    ――――――→  （　）月（　）日（　）：（　）
```

(4) これに関する次の各問いに答えよ。

① 次の都市のうち最も高緯度にあるものをア〜オから選び，その記号を書け。（4点）

ア　カイロ（エジプト）　　イ　サンパウロ（ブラジル）　　ウ　東京（日本）

エ　ニューオーリンズ（アメリカ合衆国）　　オ　ローマ（イタリア）

② 都市郊外ではしばしば近郊農業が行われているが，千葉県は近郊農業が特に盛んな県の一つである。次の各項目のうち千葉県が都道府県別ランキング（2018年）の上位5位以内に入っていないものをア〜エから選び，その記号を書け。（4点）

ア　採卵鶏の頭数　　　　　イ　肉用牛の頭数

ウ　ほうれんそうの生産量　エ　ねぎの生産量

(5) この国際間取引のことを貿易と呼ぶが，貿易に関する次の各問いに答えよ。

① 右の表は，自動車，船舶，鉄鋼，半導体等電子部品についての日本の輸出額の変遷（輸出総額に対する割合）を示したものである。船舶にあてはまるものを表中のア〜エから選び，その記号を書け。（4点）

	ア	イ	ウ	エ
1970年	0.1	14.7	6.9	7.3
1980年	0.7	11.9	17.9	3.6
1990年	4.7	4.4	17.8	1.9
2010年	6.2	5.5	13.6	3.4
2018年	5.1	4.2	15.1	1.7

単位は％（「データブック オブ・ザ・ワールド2020」ほかより作成）

② 下の表は，2016年のおもな国の輸出について示したものである。
A〜Dには，アメリカ合衆国，日本，中国，ドイツのいずれかがあてはまる。右上のア〜エから，アメリカ合衆国と日本の組み合わせとして正しいものを選び，その記号を書け。（4点）　　　　（岩手県）

	ア	イ	ウ	エ
アメリカ合衆国	A	A	B	B
日　本	C	D	C	D

	輸出総額 （百万ドル）	輸出相手国，地域と輸出総額に占める割合（％）								
		1位		2位		3位		4位		5位	
A	2,134,520	B	18.4	ホンコン	13.7	D	6.2	韓国	4.5	C	3.1
B	1,453,830	カナダ	18.3	メキシコ	15.9	A	8.0	D	4.4	イギリス	3.8
C	1,335,897	B	8.8	フランス	8.3	イギリス	7.0	オランダ	6.5	A	6.4
D	644,899	B	20.2	A	17.6	韓国	7.2	ホンコン	5.2	タイ	4.2

（「地理統計要覧2018」より作成）

(6) これに関する次の各問いに答えよ。

① 大都市圏においては，通勤流動などにより1日のうちに人口の移動が見られる。右上の表は，神戸市，札幌市，東京都区部，横浜市について，人口の流入と流出の様子（2015年）を示したものである。神戸市にあてはまるものを表中のア〜エから選び，その記号を書け。（4点）

	ア	イ	ウ	エ
昼間流入率（％）	34.3	4.1	11.2	13.9
昼間流出率（％）	4.5	3.7	19.5	11.7

※昼間流入率＝昼間流入人口÷夜間人口×100
　昼間流出率＝昼間流出人口÷夜間人口×100

（「平成27年国勢調査報告」より作成）

② 右の表は，大阪，東京，名古屋の50km圏（大阪市役所，東京都庁（旧庁舎），名古屋市役所を中心とした半径50kmの範囲にある地域）の全人口をそれぞれ100とした場合の，10kmごとの距離帯別人口構成比（2018年）を示したものである。A，Dにあてはまるものの組み合わせとして正しいものを，次ページのア〜エから選び，その記号を書け。（4点）

	大阪50km圏	C	D
10〜20km	23.6	25.7	28.2
20〜30km	16.6	19.7	23.7
30〜40km	18.6	23.6	21.6
A	15.3	6.1	14.5
B	25.9	24.9	12.0
計	100.0	100.0	100.0

（「日本国勢図会2019/20」より作成）

	ア	イ	ウ	エ
A	0〜10km	0〜10km	40〜50km	40〜50km
D	東京50km圏	名古屋50km圏	東京50km圏	名古屋50km圏

(7) これについて述べた文として正しいものを次のア〜エから選び，その記号を書け。

（4点）

ア ヒートアイランド現象は，エアコンの排熱や自動車の排気ガスなどにより都市内部の気温が相対的に下がる現象である。

イ 酸性雨による森林の破壊はヨーロッパ各地でみられるが，それは特に大西洋沿岸地方で顕著である。

ウ オゾン層の破壊は，都市臨海部の工業地帯で石油や石炭を大量に消費することによっても加速される。

エ 光化学スモッグは，自動車の排気ガスなどに含まれる有害物質が太陽からの紫外線に反応して生じる。

□ 解答執筆 新田正昭

□ 編集協力 エデュ・プラニング(合)

□ 図版作成 田中雅信 エデュ・プラニング(合)

● 一部の統計や写真は，編集上の都合により，もとの問題から差しかえていますが，問題の内容やねらいを変更するものではありません。

シグマベスト
**最高水準問題集 特進
中学地理**

本書の内容を無断で複写（コピー）・複製・転載することを禁じます。また，私的使用であっても，第三者に依頼して電子的に複製すること（スキャンやデジタル化等）は，著作権法上，認められていません。

編 者	文英堂編集部
発行者	益井英郎
印刷所	中村印刷株式会社
発行所	株式会社文英堂

〒601-8121 京都市南区上鳥羽大物町28
〒162-0832 東京都新宿区岩戸町17
（代表）03-3269-4231

特進

最 高 水 準 問 題 集

中学地理

解答と解説

文英堂

1編　世界と日本の姿

1　世界の地域構成

▶ **1**

(1)　エ　　(2)　ウ

(3)　カ　　(4)　2月10日午前7時

解説

(1)　**正距方位図法**の中心の東京からまっすぐ東に進むというのは、この地図の中心からまっすぐ（水平に）右に直線を引けばよい。すると、南アメリカ大陸のチリに到達することがわかる。

[注意点]　正距方位図法では、上が北になっていないこともあるので、気をつけること。北極点と南極点を見れば、どちらが北か、すぐにわかる。

(2)　世界全体を表した正距方位図法では、外側の円周が**対蹠点**（地球の反対側の地点）となるので（点が円で示されるのでわかりにくいが）、そこまでが地球の全周4万kmの半分の2万kmとなる。カイロの位置は、外側の円周までの半分くらいの地点なので、1万kmと考える。

[注意点]　世界全図を表していない正距方位図法もある。同心円で周囲がカットされている場合もあるので、距離の問題では注意が必要。

(3)　北極点から経線が12本示されているので、経度30度ごとに描かれていることがわかる。イギリスを通る**本初子午線**から西まわりで5本目の経線がアンカレジ付近となっているので、西経150度。

(4)　東京出発からアンカレジ到着までの所要時間は10＋2＋4で16時間である。東京を2月10日午前10時に出発したので、アンカレジ到着時刻は、日本時間の2月11日午前2時ということになる。

これをアンカレジ時間に直せばよい。日本標準時の東経135度とアンカレジの西経150度との経度差は合計285度なので、285÷15で、マイナス19時間の時差ということから計算して（本初子午線の東側が時間が早く、西側が遅いので）、到着はアンカレジ時間の2月10日午前7時となる。

[注意点]　時差の計算にはいろいろな方法があるが、到着時刻は、かかった時間をもとに出発地点での時刻で計算して、それを到着地点の時刻に直すとよい。サマータイムにも注意する（この別冊→ *p.47〜48*）。この問題の場合、2月は北半球は冬なので、サマータイムは考慮しなくてもよい。ちなみに、1時間のサマータイム導入時に同じ行動を取れば、現地時刻で午前8時に到着することになる。

トップコーチ

角と方位の考え方

●**角の考え方**

はじめの地点で設定した**角度**（経線との角度）を常に維持しながら進んでいくこと。地球上の2点間で角度を維持して進むルートは、目的地までの最短ルートにならないことが多い。

●**方位の考え方**

はじめの地点からの**方角**（西とか南南東などの方位）でまっすぐどこまでも直進するということ。地球上の2点間で最初の方位を維持して進むルートは、途中の地点でははじめの角度とずれるが、目的地までの最短ルートになる。

▶ **2**

(1)　ハワイ　　(2)　南アメリカ

(3)　ウ　　(4)　5億

(5)　①オ、②ク

(6)　a…韓国（大韓民国）
　　　b…中国（中華人民共和国）
　　　c…バングラデシュ

(7)(10)　（下図）　　　(8)　エ

(9)　p…インドネシア，q…カナダ
　　　r…ドイツ，s…ベネズエラ

(7)

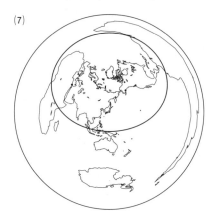

(10)

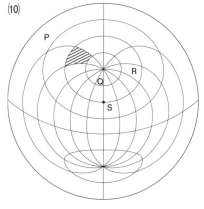

解説

(3)　東京とニューヨークを結んだ直線を半径にした円を描いてみると，スペインあたりを通ることがわかる。

(4)　東京から最も遠い点（＝対蹠点）までは約20,000kmである。それを4cmに縮小しているのだから，4cm÷20000km＝4÷2000000000＝1÷500000000。

(6)　a国は，アジアNIESの一つということなので，コース上にあるのは，韓国。

　　b国は，中国。国土の東部に平野があり，農業地域となっているため，人口が集中している。近年，とくに沿岸部の経済発展が著しく，人口の沿岸部への移動も顕著になっている。

　　c国は，バングラデシュ。ガンジス川がベンガル湾に注ぐ河口部に位置している。沖積作用が盛んで，人口急増のため新しく堆積した三角州に多くの人が居住しているが，洪水やサイクロン（台風と同じ熱帯低気圧）による高潮などの被害を受けやすい。

(7)　赤道が通る地点は，覚えておく。

　　［覚えておこう］　赤道はアマゾン川流域とその河口，コンゴ川流域とギニア湾，インドネシアのスマトラ島，カリマンタン島，スラウェシ島を通る。世界地図上での国名や緯度，経度などのおおよその位置は，知っていないと，正解できない。

(8)　図2の作成方法となっている緯度と経度を30度ごとにマス目にしてみる。これにP～Sの範囲を入れると，次のようになる。

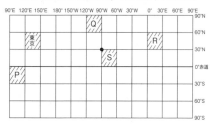

　　実際の面積は，高緯度になるほど小さくなるので，P＝S＞R＞Qとなる。

(9)　r国は，ヨーロッパの範囲で，東西の経済格差が大きいのはドイツ。

　　s国は，OPEC（石油輸出国機構）加盟国から，ベネズエラ。西アジアやアフリカ以外のOPEC加盟国は，エクアドル，ベネズエラの2か国。

(10)　東京は，上の図の位置になる。

▶3

(1) Z，大西洋

(2) ①F，② （下図）

解説

(1) 大西洋の「大」と，太平洋の「太」の漢字に注意が必要。

(2) ②地図2で直線で示されるコースを，地図1に写せばよい。

　［注意点］地図2によって，日本からロンドンへは，北北西に約1万kmと読み取ることができるが，ロンドンから東京へは南南東にはならない。ロンドンから見た東京の方位を知るには，ロンドンを中心とする別の正距方位図法の地図を用意する必要がある。

　なお，距離は，どちらから見ても，ともに1万kmである。

▶4

(1) イ　　(2) ウ

(3) （例）中心Aからみて地球の反対側の地点（中心Aの対蹠点）

(4) ウ

解説

(1) 地図1のA−Bの経路を，地図2で正確にたどってみる。

(2) ア…地図1は正距方位図法で，中心からの距離と方位が正しいので，航空図に利用されている。

　イ…日付変更線を西から東にこえたときは，日付を1日戻す。

ウ…都市DよりCのほうが高緯度にあるので，冬至の日はCのほうが日照が少ない。

　エ…Eは，西半球にある。

　オ…Fは，アフリカ大陸の南端にある。

(3) これを対蹠点という。

(4) 地図2では，経線は経度30度ごとに引かれている。バグダッドは東経45度あたりなので，明石の東経135度との経度差は（135−45）度となるので，時差は，(135−45)÷15＝6時間となる。

> **トップコーチ**
>
> **大圏航路と等角航路**
>
> ●大圏航路
>
> 　地球上の二点間を最短距離で結ぶ航路。大圏コースともいう。航空路の場合に重要。正距方位図法などの方位が正しい地図では，図の中心と任意の地点を結んだ直線が，その二点間の大圏航路を示す（図の中心からの方位も示す）。大圏航路では，経線との角度は，いつも変化する。
>
> ●等角航路
>
> 　地球上の二点間を結ぶ航路で，経線との角度をつねに一定にして進む航路。等角コースともいう。船の航海にとって重要であった。メルカトル図法など角度が正しい地図では，任意の地点を結んだ直線が，その二点間の等角航路を示すので，海図に利用されてきた。
>
> 　等角航路は，一般に，最短コースである大圏航路よりも遠回りになる。ただし，赤道上の二点間を結ぶ等角航路（経線との角度はつねに90度）と，同一経線上の二点間を結ぶ等角航路（経線との角度はつねに0度）だけは，大圏航路（最短コース）でもある。

▶5

ア

解説

　正距方位図法は，中心からの距離と方位が正しく表されているので，アが正しい。

▶**6**

(1)　イ　　(2)　オ　　(3)　ウ

(4)　ア　　(5)　ウ　　(6)　オ

解説

(1)　大陸別面積は，ユーラシア，アフリカ，北アメリカ，南アメリカ，南極，オーストラリアの順。

(4)　対蹠点の求め方…緯度はそのままの数字，経度は180から引く。南緯⇔北緯，東経⇔西経を入れかえる。

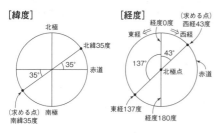

[緯度]

[経度]

(5)　サマータイムは，夏の日中を有効に使うため，1時間早める。緯度が高く夏の日照時間が長いヨーロッパやアメリカ，カナダなどの国々では一般化した制度。日本では，1948〜51年の間のみ実施されていた。

(6)　A…カナダ，B…ロシア，D…インド，E…ブラジル，F…中国。

[覚えておこう]

面積の広い国	人口の多い国
①ロシア	①中国
②カナダ	②インド
③アメリカ	③アメリカ
④中国	④インドネシア
⑤ブラジル	⑤パキスタン
⑥オーストラリア	⑥ブラジル
⑦インド	⑦ナイジェリア
⑧アルゼンチン	⑧バングラデシュ
⑨カザフスタン	⑨ロシア

2 日本の地域構成

▶**7**

(1)　B

(2)　X…韓国（大韓民国），エ，
　　Y…ロシア，ウ

(3)　(例)水没すると，半径約370kmの経済水域を失うことになるから。

解説

(1)　3は尖閣諸島，4は竹島の説明で，A〜Dには当てはまらない。なお，1…D沖ノ鳥島，2…C南鳥島，5…A，北方領土（国後島，択捉島，色丹島，歯舞群島）。Bの与那国島の説明文がない。

(2)　ア…北朝鮮。イ…中国。オ…フィリピン。

(3)　日本は200海里の排他的経済水域（EEZ）を設定している。EEZ（exclusive economic zone）とは，国連海洋法条約にもとづいて設定される経済的な主権がおよぶ水域のこと。海岸の基準線から200海里（約370km，1海里＝1,852m）までの海域（12海里までの領海をのぞく海域なので，実際は188海里の範囲）。その範囲の水産資源および鉱物資源などの非生物資源の探査と開発に関する権利をもつ。

▶**8**

(1)　ク　　(2)　135　　(3)　本初子午線

(4)　エ　　(5)　38　　(6)　イ

(7)　エ

解説

(1)　日本の西端は沖縄県与那国島（東経122度56分），東端は東京都南鳥島（東経153度59分）。

(2)　日本の標準時子午線は兵庫県明石市などを通る。標準時とは，その国または地域が共通で使用する時刻のこと。

(3) ロンドン郊外の旧グリニッジ天文台を通る経線を０度とし，世界の時刻の基準（世界時・グリニッジ標準時）とした。

(4) 日本の北端は北海道択捉島（北方領土，北緯45度33分），南端は東京都沖ノ鳥島（北緯20度25分）。

(7) 問題の文中に書いてあるように，日本は東西方向にも南北方向にも細長く，かつ離島が多数ある島国のため，領土面積の割に世界有数の経済水域（排他的経済水域，EEZ）の広さ（約405万km²，接続水域を含む）がある。

トップコーチ

EEZについての各国の比較

● 領海と排他的経済水域（EEZ）を合わせた面積が広い国

①アメリカ	約870万km²
②ロシア	約790
③オーストラリア	約750
④インドネシア	590
⑤カナダ	560
⑥日本	447
⑦ニュージーランド	約410

・『日本海洋政策学会誌第５号』（2015年11月）掲載の論文による。

・領海と排他的経済水域の合計面積であるが，海外領土の分は算入していない。

・ただし，領海や排他的経済水域（EEZ）にはさまざまな計算方法があり，上の表はその一例を示した。

　上の表で順位が高い国は，アメリカやロシアのように領土面積が広くて海に面している部分が多い国か，インドネシアや日本のように国土が多くの島々から成る国（島国）である。

　日本の国土面積（約38万km²）は，世界では61位と中位グループに属するが，領海及び排他的経済水域の面積では６位という上位グループに属している。

● 領海と排他的経済水域（EEZ）が深い国

　また，日本の排他的経済水域の体積の順位は，下の表のように４位である。

　排他的経済水域の面積より，体積の順位の方が高いのは，日本近海に海底が深いところが多いためである。伊豆・小笠原海溝や千島海溝などは世界有数の深さ。

①アメリカ	3,380万km³
②オーストラリア	1,820
③キリバス	1,640
④日本	1,580
⑤インドネシア	1,270
⑥チリ	1,250
⑦ミクロネシア	1,170

・海洋政策研究所「Ocean Newsletter第123号」（2005年９月）による。

・各国の主張に基づく基線から200海里内の水域について計算したものである。

▶**9**

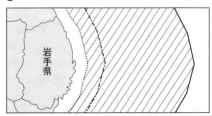

解説

　領海は12海里まで。領海から外側の12海里以内の排他的経済水域内（接続水域）では，その国にとって必要な法規制や通関のとりしまりを行うことができる。

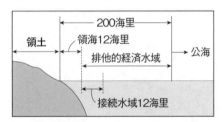

▶**10**

(1) ウ

(2) B…ソウル，C…ピョンヤン
D…ペキン

(3) ウ　(4) イ　(5) ロシア，エ

(6) エ　(7) 一人っ子政策

(8) ①日本海，②領海
③領土，　④太平洋

解説

(1)(4) 秋田県の男鹿半島，八郎潟干拓地を通るのは，北緯40度。ヨーロッパでは地中海を通る。イギリスやスウェーデンは北緯50度より北。北ヨーロッパのオスロ（ノルウェー），ストックホルム（スウェーデン），ヘルシンキ（フィンランド）の3首都はいずれも北緯60度付近にある。メキシコは北回帰線が通る。

トップコーチ

北緯40度，50度，60度

●北緯40度線

ヨーロッパでイベリア半島，地中海，イタリア半島南部，ギリシャを通過する点が，重要。トルコの首都アンカラ，中国の首都ペキンを通る。アメリカでは，サンフランシスコ，フィラデルフィア，ニューヨークや首都ワシントン（D.C.）近くを通る。日本では，八郎潟干拓地や岩手県の宮古あたりを通る。

●北緯50度線

パリやロンドンは，日本に比べてかなり高緯度の北緯50度あたり（樺太中部あたり）にあることに注意。ヨーロッパでは，かつての氷河の南限で，農業の分布もこの線を境に大きく異なり，ぶどうの北限はちょうどこのあたりである。ただし，現在では栽培技術の進歩や温暖化で，北限線が上昇している。

●北緯60度線

ヨーロッパでは，北緯60度前後の高緯度（ユーラシア大陸東岸ではカムチャツカ半島の根元あたり）に，ストックホルム，ヘルシンキ，オスロなどが位置する。しかし，大西洋岸は，暖流の北大西洋海流とその上を吹いてくる偏西風の影響で，高緯度の割に冬も温和なCfb気候［西岸海洋性気候］となる。

▶**11**

(1) B3　(2) オ

解説

(1) 東経135度より西であることはすぐにわかるが，鳥取県は，北緯35度線のすぐ北側に位置する。

(2) 人口密度が最高のDがウの関東地方で，次のCがオの近畿地方。なお，Aはカの中国・四国地方，Bはキの九州地方。

2編 世界のさまざまな地域

3 世界の自然環境

▶**12**

(1) A…5，サ　　B…6，ク
C…2，コ　　D…4，ウ
E…3，キ

(2) a…ウ，b…イ，c…ア，
d…ウ，e…ア

解説

(1) 説明文のAはインド，Bは中国，Cはロシア，Dはブラジル，Eはアメリカ合衆国。地図の1はナイル川，7はライン川で，この二つはA～Eにあてはまらない。

(2) a…①インドの雨季は，6～9月。⑨南

半球のブラジル南部の雨季は，11月 〜 3月。

b…②はデカン高原の綿花，⑥中国はいろいろな作物，⑩はブラジル南部のコーヒー豆。

c…③はインドの穀物，⑤は中国の穀物，⑫はアメリカの穀物。

[覚えておこう] **土地生産性と労働生産性**…粗放的な農業は土地生産性が低く，集約的な農業は土地生産性が高い。一方，大規模で機械化された農業は労働生産性が高い。アメリカ合衆国の農業は，土地生産性は低いが，労働生産性が高い。日本の農業は，土地生産性が高い。

d…④は中国の家畜→豚が多い。⑪はブラジルの家畜→肉牛の放牧。⑬はアメリカの家畜→肉牛の放牧，混合農業の豚。

e…⑦はロシア北部の森林→シベリアの針葉樹のタイガ。⑧はブラジル北部の森林→アマゾン川流域の熱帯林（セルバ）。

▶13

(1) （例）**プレートの境界付近**

(2) **台風**

解説

(1) 地球の地殻は，十数枚のプレートに分かれていて，それぞれが違う方向に動いている。プレートの境界は，せばまる，広がる，ずれるの三つに大別できるが，これらの付近では，地震が多い。また，せばまる，広がる境界付近では，火山も多い。

(2) その他，インド洋のベンガル湾をおそう熱帯低気圧をサイクロンという。

▶14

(1) A…322, B…812

(2) A…温帯，B…乾燥帯

解説

(1) A…降水量は，夏に少なく，冬に多いの

で，まず（ⅱ）の条件にあてはまるかどうか，検討する。

もっとも降水量の多い冬＝10月に91.5mm，もっとも降水量の少ない夏＝7月に20.4mmとなっているので，91.5＞（20.4×3倍）で，条件にあてはまり，*a* は0となる。

したがって，乾燥限界値＝20×（16.1＋0）＝322。

B…降水量は，夏（南半球なので12〜2月頃）に多く，冬に少ないので，まず（ⅰ）の条件にあてはまるかどうか，検討する。

もっとも降水量の多い夏＝1月に225.5mm，もっとも降水量の少ない冬＝9月に1.0mmとなっているので，225.5＞（1.0×10倍）で，条件にあてはまり，*a* は14となる。

したがって，乾燥限界値＝20×（26.6＋14）＝812。

なお，Aはスペインのバルセロナ，Bはオーストラリア北西部のブルーム。

(2) A…乾燥限界値の322を，年降水量589.7mmとくらべると，322＜589.7なので，乾燥限界値をこえる降水量があり乾燥帯ではない。もっとも寒い月の平均気温が10.1℃で，－3℃以上18℃未満の条件を満たしているので，温帯。Aは地中海性気候である。

B…乾燥限界値の812を，年降水量である654.3mmとくらべると，812＞654.3なので，乾燥帯となる。年間で600mmをこえる降水量があるので，草原ができるステップ気候。なお，オーストラリアの北西部は気温が高く，乾燥している。すぐ北側には，熱帯気候のサバナ気候が広がっている。

▶15

(1) 15 (2) エ (3) ウ

(4) エ (5) 2月13日午前10時

解説

(1) これは常識。全周（経度）360度で24時間→360度÷24時間＝15度。

(2) タイは，51.3万km²。

(3) 緯度の概略は，覚えておく。

[覚えておこう] 大韓民国と北朝鮮の間は，およそ北緯38度。トルコは，北緯40度線が通っている。パリとロンドンの間が北緯50度で，スカンディナビア半島の国々の首都は，北緯60度になる。（この別冊→ *p.7*）

(4) 雨温図をよく見て，特徴をつかむ。アとイは降水量が少なく，夏に乾燥するのが共通しているので，日本（東京）や韓国（ソウル）など東アジアではない。イの方が冬も温暖なので，アがイラン（テヘラン），イがスペイン（マドリード）。ウとエは，夏の降水量が多いので，韓国か日本。降水量が多く，冬も温暖なウが日本（東京）となり，韓国（ソウル）はエ。

(5) イギリスと日本の時差は9時間，イギリスとミレニアム島の時差が14時間であるから，ミレニアム島は日本より5時間進んでいることになる。2月13日午後3時＝15時から5時間戻すと，2月13日午前10時になる。

---

4 ｜ アジア

▶*16*

(1) ① d…エ，e…イ
    ② a…黄河，b…長江
    ③ 経済特区（経済技術開発区）
(2) ウ　(3) 砂漠化
(4) ヒマラヤ山脈
(5) ① オ，② 漢民族　(6) エ

解説

(1) ① 米は自給的に生産される傾向が強く，人口が多い国で生産量も多い。米の輸出量は，タイやインドなどの国が多い。タイでは，チャオプラヤデルタで商業的に栽培さ

れている。

(2) ホンコンとマカオは，中国に返還後，一国二制度政策が実施され，特別行政区としてこれまで通りの資本主義経済体制を維持することになった。

(3) ゴビ砂漠の周辺では，過放牧などが原因で砂漠化が進行している。このことで，日本にも飛来する黄砂の量が増加している。

(5) ① 中国の人口は14億人をこえている。世界人口は約81億人（2023年）。2023年に，インドが中国を抜いて人口世界第1位となった。

　② 漢民族が約90％。その他50をこえる少数民族が居住している。このうち主要な五つの民族は，自治区を形成。

(6) Z国は，韓国。アはマレーシア，イはシンガポール，ウはインドネシア。エの韓国は，NIES諸国の中でも成長が著しい。

▶*17*

(1) ヤク　(2) ウ

(3)（例）チベット自治区で暴動など混乱が発生した時に，警察や軍などの治安部隊を迅速かつ大量に送りこめるようにするため。

解説

(1) 高原で飼育される家畜では他に，南アメリカ・アンデス地方のリャマやアルパカが有名。

(2) 回（ホイ）族とウイグル族はイスラム教を信仰している。中国ではイスラム教を漢字で「回教」と書く。

(3) 問題の文中にヒントがある。チベットは中国の中心部からとても遠いうえ，交通が不便だった。中国に併合されてから，チベットでは暴動がたびたび発生していたので，中国政府としては，チベットへ迅速に大量の治安部隊が送れるような輸送機関を建設する必要があった。

▶**18**

(1)　Z　　(2)　ア　　(3)　エ

(4)　シンガポール

(5)　①イスラム教，②ウ

解説

(1)　赤道は，スマトラ島，カリマンタン島，スラウェシ島の中央を通る。シンガポール（北緯1度）のすぐ近くも通る。(この別冊→ *p.3*)

(2)　アのスマトラ島北部が最も被害が大きかった。ここの西の地域で，インド・オーストラリアプレートがユーラシアプレートの下にもぐり込んでいる。

(3)　Dのベトナムやラオス，カンボジアは，フランスの植民地であった。Aのタイは，東南アジアで唯一独立を保った。Bのシンガポールはイギリス，Cのインドネシアはオランダのそれぞれ植民地であった。

(4)　アジアNIESの一つ。

(5)　東南アジアでは，インドネシアのほか，マレーシアやブルネイでもイスラム教徒が多い。なお，イスラム教徒の生活では，1日5回の礼拝，豚肉を食べないこと，アルコール（酒）を飲まないこと，メッカへの巡礼（巡礼を果たした人は尊敬される）などが特徴。

▶**19**

(1)　X…マレーシア
　　Y…インドネシア
　　誤り…c

(2)　①油やし，②天然ゴム
　　③エビ，④マングローブ

(3)　ア　　(4)　イギリス

(5)　(例) 油やしを栽培する農園をつくるために，熱帯林の伐採がすすんでいる。また，労働力の不足が深刻で，出稼ぎにたよったりしている。

(6)　(例) 養殖は，海の一部を区切り，餌を与えて稚魚から育て，成魚を出荷するが，栽培漁業は，稚魚などを自然界に放流することで，資源自体を増やしてから，とる漁業。

(7)　米

(8)　(例) 天然ガスは気体なので，冷却液化することで体積を小さくし専用船で輸送する。

解説

(1)　c…イスラム教徒は，牛肉ではなく豚肉を食べない。豚を忌避しているので，家畜としても飼うことはない。インドなどのヒンドゥー教徒は牛肉を食べないが，これは牛を神聖視しているためで，牛は役畜として農耕に利用する。

(2)　合成ゴムの登場もあり，天然ゴムの需要が落ち込んだ。マレーシアでは，モノカルチャー経済からの脱却のためにも多角化をすすめ，天然ゴムにかわり油やしの生産が増加している。
　　マングローブとは，海岸付近に生育する熱帯林の総称であるが，これを伐採することで，海岸付近の砂が流出し，環境破壊がすすんでいる。

(3)　天然ゴムは，ブラジルのアマゾン盆地が原産地。

(5)　労働力が不足すると，自給的な稲作などの農業の生産性が低下するし，工業化の労働力の確保にも影響が出る。

(8)　表中のAは，天然ガス。

▶**20**

(1)　①エ　　②内陸国

(2)　(例) 気温と湿度が高い気候。

(3)　ア

(4)　ウ

解説

(1)　①東南アジアの国名やその位置関係，おもな自然地形などは覚えておく。ア…南アジアではなく，東南アジア。イ…ベトナムはラオスの東側。ウ…メコン川は中国側が上流で，ベトナム南部で海に注ぐ。メコン川のように2か国以上の領域を流れる河川を国際河川という。
　　②世界196か国中，内陸国（海に面していない国）は44か国（2011年7月時点）。

(2)　**資料A**のグラフが示すように，東南アジアのほとんどの地域は，高温で多湿な熱帯気候に属する。**写真**の住居は，地面と床の間をあけて風を通しやすくし，なるべく涼しく暮らせる工夫をしている。

(3)　**資料b**と**d**は農業生産の特徴がわかるだけで，**資料a**と**c**のような産業としての農業の重要性がわかるものではない。

(4)　ベトナムは経済発展が著しいが発展途上国であり，一方のオランダは先進工業国である。固定電話は古くから使われている通信機器だが，多くの設備を建設・維持する費用が高いため，おもに先進工業国を中心に普及した。しかし，無線で通話を行う携帯電話は，固定電話に比べて設備への投資額が少なくてすむため，発展途上国においては先進工業国よりも普及のスピードが速くなっている。**資料B**をみると，aとbでは，bの方がc・dの両国で2000年から2016年にかけて契約数が大きく増えているので，人口100人当たりの携帯電話契約数と判断する。このうち，2000年は携帯電話も固定電話も契約数が少なかったcがベトナムである。

▶**21**

(1)　ウ　　(2)　ウ　　(3)　イ
(4)　ウ　　(5)　ウ　　(6)　ア

解説

(2)　人口を面積で割る→6963÷51≒136。

(3)　バンコクは熱帯のサバナ気候であり，月平均気温が18℃を下回ることはない。アは乾燥帯気候（ステップ気候のテヘラン），ウは温帯気候（温暖湿潤気候の東京），エは冷帯気候（冷帯冬季少雨気候のチタ）の雨温図である。

(4)　日本とタイに2時間の時差があるので，15度×2＝30度の経度差がある。タイの方が時刻が遅いことから，日本より西にあることがわかる。したがって，日本の標準時子午線の東経135度から30を引く。

(5)　インドは南アジアに属し，ASEAN（東南アジア諸国連合）には加盟していない。

(6)　アは，仏教僧の托鉢の様子。イはサリーなので，インド。ウは，女性が頭にスカーフ状のものをつけているのでイスラム教の地域。エはブータンと思われる。

▶**22**

(1)　季節風（モンスーン）　　(2)　イ

解説

(1)　この地域は，夏には南西の季節風が吹く。西ガーツ山脈やヒマラヤ山脈はちょうどこの季節風をさえぎる向きにあり，風上側では，降水量が多くなっている。

(2)　茶は，北東部のアッサム地方，綿花はデカン高原で多い。

▶**23**

(1)　ウ　　(2)　仏教
(3)　エ，ガンジス川
(4)　イ　　(5)　ウ　　(6)　経済特区
(7)　米（稲）　　(8)　イ

解説

(1)　C国はインドネシアでオランダの植民地であった。

(2)　B国はタイで仏教徒が多い。A国はインドでヒンドゥー教、C国はインドネシアでイスラム教、D国はフィリピンでキリスト教、E国は中国で儒教、道教、仏教などをそれぞれ信仰する人が多い。

(3)　アは黄河、イは長江、ウはメコン川。エのガンジス川の河口部はバングラデシュになり、この地域はジュート（せんい製品に利用）の生産が特徴的。

(4)　Xがタイ、Yがインド。

(5)　発展途上国から先進国に移行していくと、子供の割合が減り、やがて高齢化を示す人口ピラミッドとなる。3か国の中では、イギリスのみが先進国なので、イギリスはアが該当する。イとウで、ウの方が年少人口の割合が大きく、より発展途上国型といえる。したがって、ウがインド、イがブラジルに該当する。

(6)　五つの経済特区の中でも、中国南部に位置するコワントン（広東）省のシェンチェン（深圳）は、ホンコンに隣接し、経済都市として大きく発展している。

(8)　インドネシアからの輸入では、天然ガスや石炭、銅鉱、石油など鉱産資源が多い。ウは果実・バナナが入っているので、フィリピン、アは中国である。

▶24

(1)　エ　　(2)　ウ　　(3)　ア

(4)　シーア派　　(5)　モスク

(6)　ウ

解説

(4)　スンナ派はイスラム教徒の9割をしめる。シーア派はイランに多く、イラクやアゼルバイジャンにも居住している。

(6)　北回帰線が示されているので、A線が北緯20度であることはわかる。東経100度がインドネシアのスマトラ島付近を通ることやアフリカの中央部を東経20度が通ること

など、何か絶対位置を知っていれば、それからB線は類推できる。

▶25

(1)　ア　　(2)　乾燥帯

(3)　408（km）

(4)　①エ

②（例）円グラフは、全体に占める割合を示すのに適しているから。

③（例）サウジアラビアでは、歳入が原油や石油製品の輸出による利益に大きく依存しているため、財政が原油価格の変化により影響を受けやすいこと。

解説

(3)　6千万分の1の地図なので、6.8（mm）×60000000=408（km）。

(4)　③資料Bから、原油価格と歳入が連動していることを読み取る。

▶26

(1)　チベット族　　(2)　エルサレム

(3)　A…イラク　　B…クウェート

(4)　インド、パキスタン

(5)　ミャンマー

解説

(2)　エルサレムにはユダヤ教の「嘆きの壁」、キリスト教の「聖墳墓教会」、イスラム教の「岩のドーム」の3つの聖地が存在する。

(3)　イラクではその後、2003年にアメリカ連合軍との戦争で、フセイン政権が崩壊。

(5)　アウンサンスーチー女史が、民主化運動グループの指導者として有名。

5 ヨーロッパ

▶ **27**

(1) キリスト　　(2) エ

(3) イ, キ　　(4) ア

(5) ①スカンディナビア山脈
　　②北海, ③ライン川

(6) ①オ, ②エ, ③カ, ④ク

(7) ウ　　　　(8) ア

(9) ユーロ　　(10) エ

解説

(1) キリスト教はおもに三つの宗派。

［覚えておこう］

宗派	おもな国
プロテスタント（新教）	ゲルマン系（ドイツ, イギリス, スウェーデン, オランダ）
カトリック（旧教）	ラテン系（フランス, イタリア, スペイン, ポルトガル）
	スラブ系（ポーランド, スロバキア, クロアチア）
ギリシャ正教	スラブ系（ロシア, ウクライナ, セルビア, ブルガリア）

(3) 北緯40度は頻出。ヨーロッパは, 沖合いを流れる暖流（北大西洋海流）と偏西風の影響で高緯度ながら温暖。

(4) Yの都市は, イタリアのローマ。地中海性気候で, 夏に乾燥して冬に降水量が多いアが該当する。ワインにするブドウは, 夏の乾燥に耐える作物。イは, 年中降水があり, ロンドンの雨温図。ウは, 気温が低く, 冷帯のモスクワ。

(6) ①オランダ, ②フランス, ③ドイツ, ④イタリア。

(8) gとhとの貿易額はとくに多く, この二つがアメリカ合衆国とヨーロッパ連合と考えられるので, 残るiが日本。iはgにもhにも輸出超過であることからも, 判断できる。次に, 日本からの貿易額が多いgが

アメリカ合衆国, hがヨーロッパ連合と考えられる。アメリカ合衆国はヨーロッパ連合に対しても, 輸入超過になっている。

(9) ユーロは, EU加盟国全体で導入しているわけではない。

(10) ヨーロッパ連合（EU）は, 2013年に1か国が加盟し, 28か国になった。しかし, 2020年にイギリスが離脱したため, 27か国に減った。

▶ **28**

(1) ウ

(2) B
　　ア…ピレネー山脈, イ…ベルリン

(3) エ　(4) ア　(5) ア

解説

(1) ウが北緯45度で, 札幌にもっとも近い。イは北緯50度, アは北緯55度。ヨーロッパは高緯度であることに注意が必要。

(2) ①はD, ②はA, ③はCの説明。

(3) ア…キリスト教の宗派や他の宗教, 言語や民族などはさまざま。

　　イ…デンマーク, スウェーデンなどは, ユーロを導入していない。

　　ウ…日本やアメリカ合衆国より大きい。

　　エ…ロシアをのぞくと, ヨーロッパ最大の人口の国はドイツで, 約8,350万人。

(4) Iはイギリス。

　　ア…ブラジルはポルトガル, アルゼンチンはスペインの植民地であった。

　　ウ…1970年代に北海油田が開発され, パイプラインを沿岸まで敷設している。

　　エ…イングランド, ウェールズ, スコットランド, 北アイルランドの四つの連合王国。

　　オ…職住近接のニュータウンを建設。

(5) IIはドイツ。ドイツは先進国なので, 自動車や機械類の輸出が多い。日本の自動車輸入先は, ドイツがトップ。フォルクスワー

ゲン，ベンツ，BMWなどが有名。よって，ア国が該当するが，他の選択肢がドイツでないことからも確認できる。イ国は液化天然ガス，ウ国はウイスキー，エ国は木材が，ドイツとしては明らかに不適当。

▶29

(1)　A…キ，B…エ
(2)　①ウ，②オ　　(3)　エ　　(4)　ウ
(5)　①A，③D，⑤E
(6)　D　　(7)　エ

解説

(1)　Aはオランダ，Bはドイツ。なお，Cはイギリス，Dはフランス，Eはイタリア。
(2)　アのハンブルクは，ドイツ北部の貿易や商工業の都市。イのニューカッスルは，イギリス中東部の商工業都市。エのマルセイユは，フランス南部の港湾都市。カのリヨンは，フランス中東部の工業都市。
(3)　アはドイツのルール地方など，イは中国の経済特区など，ウはいわゆる「第三のイタリア」などがあてはまる。
(4)　A，B，Cはゲルマン民族。D，Eはラテン民族。
(5)　人口が最大の④がドイツ。面積が最小で肉類が最高の①がオランダ。穀物が最高の③がフランス。野菜類は①のオランダと⑤が高く，⑤は果実類も高いので，イタリア。残る②は，果実類が最低でイギリス。
(6)　フランスの原子力発電の割合は77.0％（2015年）。
(7)　まず(1)で挙げられた国々ではイスラム教が多数派ではないので，ア・イ・ウ・オは除外される。ドイツ・イギリスではカトリックが一定の割合を占め，フランス・イタリアではカトリックが最大の宗派になっていることなどを考えれば，正解はエとなる。

▶30

(1)　①正距方位図法，②ア
(2)　①8時間，②サマータイム，③ウ
(3)　①ア，②ウ，③ユーロ
(4)　ウ
(5)　エ
(6)　①エ，②ア…混合農業，オ…地中海式農業
(7)　多国籍企業
(8)　（例）上空の西風であるジェット気流（強い偏西風）の影響
(9)　①北大西洋海流，②偏西風

解説

(1)　②ウ…パリは図の中心ではないので，パリからの方位は正しくない。エ…図の中心からの地点でない場合，正しくない。
(2)　①日本の標準時子午線が東経135度であり，1時間に15度ずつずれるから，（135 − 15）÷15＝8，で8時間の時差。
　③サマータイムを考えずに計算していたアツシ君は，「成田12時の出発は，フランス時刻では午前4時。到着時刻が17時15分であったので，飛行時間は13時間15分」と考えていた。しかし，実際はサマータイムによって時計が1時間進んでいた（飛行時間が1時間よぶんにかかった計算になる）ので，本当の飛行時間は12時間15分となる。
　もし，アツシ君は飛行時間を知っていて到着時刻を計算していたのに1時間早く到着したとしたら，18時15分に到着すると思っていたことになる。これだと成田からの飛行所要時間は14時間15分となる。こちらは，答の選択肢にはないので，不適切。
(5)　アは北海道の地名，イはパリなどにある古代キリスト教徒の地下墓所，ウはかつての英仏共同開発の超音速旅客機。

(6) ①ア…ドイツの混合農業。イ…スイスな
どの移牧。ウ…オランダのポルダーでの農
業。オ…イタリアの地中海式農業。
(8) 帰りの飛行時間は30分程度短い。ジェッ
ト気流とは，上空の強い偏西風の流れ。

▶**31**
(1) フィヨルド
(2) （例）**日本からヨーロッパへの最短
距離にあたるから。**
(3) ア

解説
(1) A国はノルウェー。陸地にある氷河の侵
食によってU字形の谷が形成された後，海
水が入りこむとフィヨルドができる。
(2) B国はフィンランド。図Ⅱの正距方位図
法は，中心からの距離や方位とともに，中
心からの最短距離をみることもできる図法。
(3) C国はデンマーク。デンマークは国土の
大部分が海に面しているため，偏西風など
を利用した風力発電がさかんである。原子
力発電の割合が大きいイはE国（フラン
ス），水力発電の割合が大きいウは水資源
が豊富なA国（ノルウェー）であり，残っ
たエがD国（ドイツ）となる。

6 アフリカ

▶**32**
ア

▶**33**
(1) **経線と緯線** (2) ウ

解説
(2) エは人口の絶対数が多くアジア。ウはエ
とともに人口の増加数が大きく，アフリカ。
アは北アメリカ，イはヨーロッパ。

▶**34**
(1) **A，アフリカ大陸**
(2) ウ
(3) ア
(4) ①**イ**，②（例）**輸入をしてから，再
び輸出をしている。**
③**プランテーション**
(5) **熱帯気候，ア**

解説
(4) ①ア…輸出の方が多い。イ…ノートから，
米の輸入も多いことがわかる。ウ…米は輸
入している。エ…生産量と輸出量の数字か
ら，多くを輸出している。
②カカオ豆の貿易にかかわる国は少なく，
輸出も輸入も上位5か国でほぼ100％にな
る。ベルギーには，チョコレートやココア
の生産の大企業（ゴディバ社など）がある
ため，流通の関係からカカオ豆を一度ベル
ギーに集め，そこから世界の支店に配送し
ているものと思われる。
(5) イ…冷帯，ウ…乾燥帯，エ…温帯。

▶**35**
(1) **X…アフリカ大陸**
Y…インド洋
(2) ア (3) エ (4) ア

解説
(3) dのケニアは，熱帯気候のうちのサバナ
気候が広がっており，まばらな木と草原の
中で野生の動物が暮らしているので，エ。
アはbのオランダの風車。偏西風を利用し
て風車を回し，干拓地の排水や粉引きなど
を行った。イは針葉樹の森がみられる冷帯
気候の景観。ウは冷帯や寒帯でみられるト
ナカイの遊牧。
(4) ア…総輸出入額は増加してきているが，
ずっと輸入超過の状態にある。

7 南北アメリカ

▶**36**
(1) エ
(2) c…ロッキー山脈
　　d…アパラチア山脈
(3) ウ
(4) ①ミシシッピ川
　　②ニューオーリンズ
(5) f…ウ，g…ア，h…イ
(6) エ　(7) イ
(8) ①ウ，②エ，③オ，④ア

解説
(1) ロッキー山脈はけわしい新期造山帯で，最高峰は4,000mをこえている。
(2) アパラチア山脈は，ロッキー山脈と違い古期造山帯なので，標高は低くなだらか。
(3) アのグレートベースンはロッキー山脈の西の大盆地。イのプレーリーはeのすぐ東の穀倉地帯。エのローレンシア台地は五大湖の北の地域。
(4) ②2005年8月，ハリケーン「カトリーナ」が上陸，市の面積の約8割が水没し，約1,800名の死者を出した。
(5)(6) ア～エの地域は，それぞれ気候区が違うので，雨温図から気候区を判定すればよい。fは温暖湿潤気候（Cfa）で，ウはニューヨーク。gは地中海性気候（Cs）で，アはサンフランシスコ。hは砂漠気候（BW）で，イはラスベガス。エはマイアミで熱帯の気候。
(7) 北アメリカの西経100度線は，年降水量が500mmとほぼ一致する。これより東が湿潤地帯で農業がさかんな地域，西が乾燥地帯で放牧や灌漑農業地帯。
(8) イはコーンベルトの説明で，②と③の間の地域にあたる。

[覚えておこう] アメリカ合衆国，中国，インド，オーストラリアなどの農業地域区分図は，入試によく出る。必ず覚えておく。

▶**37**
(1) イ　(2) エ　(3) ウ
(4) ウ　(5) イ

解説
(1) ■は，メキシコ湾岸に集中しており石油。アの石炭はアパラチア山脈付近，ウの鉄鉱石は五大湖の西，エの銅はロッキー山脈付近に多い。
(2) コットンベルトとよばれる地域。
(3) Cはシカゴ。アはデトロイトでD，イはダラスでB，エはサンフランシスコでA。
(4) この州は，カリフォルニア州。イ…面積は42.4万km²で，日本の37.8万km²よりも大きい。ウ…地中海性気候下にあり，夏は乾燥し，冬に降水がある。
(5) 輸出と輸入ともに割合の多いAとBが，USMCA（アメリカ・メキシコ・カナダ協定）*に加盟するカナダとメキシコであることがわかる。輸出の金額が多いAがカナダ，少ないBがメキシコ。近年，労働賃金の安い中国からの輸入が急増しており，輸出より輸入が多いCは中国になる。
　　　*NAFTAに代わる新協定。

▶**38**
(1) 10時間　(2) ハブ空港
(3) B　(4) モータリゼーション
(5) ウ　(6) ウ　(7) ア
(8) シリコンバレー
(9) サラダボウル　(10) ア

解説
(1) 時差は16時間（ロサンゼルスが成田より16時間遅い）なので，出発時のロサンゼル

ス現地時間は，8月8日午前1時。到着時
のロサンゼルス現地時間から，飛行時間は
10時間となる。サマータイムの記述がある
が，出発時の現地時間と到着時の現地時間
の差で求めれば関係ない。
(2) ハブ空港を建設すると，世界中から人や
物（貨物）が集散し，国や地域の経済を発
展させることになるので，特に新興国でハ
ブ空港の建設が進められている。
(3) 地中海性気候は，温暖で夏の降水量が少
なくなる。Aは，年中気温が高くて降水量
が多いので熱帯気候。Cは，ほどよい降水
量と夏が冷涼なので西岸海洋性気候。
(5) チリが多いことから，銅鉱と判断できる。
(6) サンベルトでは，1970年代以降産業や人
口の集中がみられる。ウは，内陸部ではな
く沿岸部が正しい。
(7) 写真のように，360度回転するアームで
円形に地下水や肥料，農薬などを散布する
灌漑農法をセンターピボット方式という。
(10) ヒスパニックとは，メキシコなどのスペ
イン語圏からのアメリカ合衆国への移住者
のこと。よって，メキシコとの国境に近い
州を中心に増加している。イはアフリカ系，
ウはアジア系。

▶**39**
(1) イ (2) ウ

解説
(1) 湖が国境となっているところもあるので，
イとエを間違わないように。
(2) アメリカ合衆国との輸出入総額を，カナ
ダとイギリスの輸出入総額でそれぞれ割る
と求められる。Xは，542389÷850419≒
540÷850で，64%。Yは，119388÷1084943
≒120÷1085で，64%よりは低い。

▶**40**
(1) ①ウ ②西経45度

(2) (例) 一年中気温が高く，雨が多い。
(3) ウ

解説
(1) ②経度差15度で1時間の時差が生じるの
で，15度×12時間＝180度。日本の標準時
子午線は東経135度の経線を基準にしてい
るので，180度−135度＝45度。よって，西
経45度となる。
(2) 森林が密林になるほど，一年中高温多雨
ということ。
(3) ア…1970年の輸出相手国のうち，アルゼ
ンチンは第4位だが，日本はみられない。
すなわち日本は第5位以下であり。アルゼ
ンチンよりも輸出額が少なかったので誤り。
イ…2015年の輸出入はともに中国が第1
位であることから，中国が最大の貿易相手
国である。中国への輸出額は約355億ドル
である一方，中国からの輸入額は約307億
ドルなので，ブラジルにとっては約48億ド
ルの貿易黒字であり誤り。
エ…貿易相手上位2か国の割合は，輸入
と輸出の両方で，1970年から2015年にかけ
て減少しているので誤り。

▶**41**
(1) ①ベネズエラ，②コロンビア
   ③エクアドル，④ペルー，⑤チリ
(2) ②…ウ，③…イ
(3) X
(4) 南緯36度，西経40度
(5) a…アンデス，b…アマゾン
(6) イ
(7) ブエノスアイレス
(8) (例) ほとんどの国がキリスト教の
   さかんなスペインやポルトガルの植
   民地であったから。

解説

(2) コロンビアではコーヒー，エクアドルではバナナの生産が多い。

(3) エクアドルとは「赤道」の意味。赤道はエクアドルやアマゾン川の河口部を通る。

(4) 対蹠点の求め方（この別冊→ *p.5*）

(6) ブラジルは日本より人口が多い。

(8) ブラジルはポルトガルの，それ以外のほとんどの国はスペインの植民地であった。いずれもキリスト教のうちのカトリックが伝わった。

8 オセアニア

▶*42*

(1) イ　　　　(2) アボリジニ

(3) ア　　　　(4) ①イ，②イ

(5) ①ウ，②イ　(6) 羊

解説

(1) イ…オーストラリア大陸は，陸地の平均高度が最も低い。また，大陸の東海岸に沿うグレートディバイディング山脈は古期造山帯で，2,000m程度の山脈である。

(3) 気温の線であれば，緯線に平行になるはずなので，R線は年降水量の等値線を示していると考えられる。オーストラリアの内陸には砂漠が広がっており，R線は，砂漠気候との境界あたりなので，アが該当する。

(4) ①同一経線上の南緯35度と北緯35度との距離は，地球中心の中心角70度の扇形の弧になる。40000km×(70÷360)≒7800km。②南回帰線付近は砂漠が発達。

(5) オーストラリアと日本の貿易は頻出。この問題も知っていないと解けない。
　①日本の石炭輸入先をみると，オーストラリアは60％をこえる。
　②ア…輸入額は輸出額の約2倍である。イ…日本の輸出相手国でも，中国への輸出額がもっとも多い。

トップコーチ

グレートアーテジアン盆地の鑽井

●鑽井とは，掘り抜き井戸のこと。圧力をうけた被圧地下水があるので，井戸を掘ると，自噴する。オーストラリアのグレートアーテジアン（大鑽井）盆地に多い。その水は，やや塩分をふくむので，人間の飲料水にはならないが，羊の飲料水となり，大規模な羊の放牧が行われる。餌は，自然の草を利用。羊は，スペイン原産で毛用種として優秀なメリノ種。

▶*43*

(1) 砂漠　　(2) イ

解説

(1) オーストラリア大陸の内陸は，年降水量が250mm未満で，乾燥地帯が広い。草原地帯でも，砂漠化がすすんでいる。

(2) オーストラリアの放牧はおおむね，年降水量250〜500mmが羊，500mm以上が肉牛になる。さとうきびの栽培は，北東部の弱い乾季のある熱帯雨林気候の地域で行われている。また，果物や野菜の栽培は，大都市に近い東部の海岸地帯でさかん。

▶*44*

(1) ①南回帰線　②ウ

(2) ①グレートディバイディング山脈　②ウ

(3) ⑤，キャンベラ

(4) ①ア　②オ

(5) アボリジニ　(6) ア，エ

解説

(4) ①ボーキサイトは，アルミニウムの原料となる鉱石。②aは鉄鉱石，cはボーキサイト。

(5) 白豪主義政策とは，1970年代まで続いて

いたオーストラリアにおける白人以外の有
色人種の移民を規制する政策のこと。また，
白豪主義の考え方のもと，先住民（アボリ
ジニ）は長年迫害を受けた。

(6) **X**の国はニュージーランドである。イ…
西部よりも東部の方が少ない。ウ…飼育頭
数は2017年で世界第14位。中国が1位，オー
ストラリアが2位。オ…現在は中国が第1
位。

▶**45**
ア

（解説）

オセアニアからアジアへの輸出（白い矢印）
は，1,070億ドル→もっとも幅が広い矢印。
オセアニアのアジアからの輸入（黒い矢印）
は，395億ドル→二番目に幅が広い矢印。

▶**46**
(1) イ　　(2) キリスト教
(3) イ
(4) エ，理由：(例)年降水量が1,000mm
程度で，高緯度ほど気温が低いから。
(5) (例)輸出を目的として，主に牛乳
や肉類の生産を行っている。

（解説）

(3) **資料Ⅲ**から，南島のサザンアルプス山脈
の西側で降水量が多く，東側で少ないこと
がわかる。一般的に，山脈の風上（風が吹
いてくる方向）側では降水量が多くなり，
風下（風が吹いていく方向）側では少なく
なるので，正解はイ。

(4) **資料Ⅲ**から，ウェリントンの年降水量は
1,000～2,000mm。**資料Ⅳ**から，月降水量
を合計すると，イは1,000mm未満で，ウは
2,000mm以上なのは明らか。よってイ，ウ
は，それぞれC，Bの都市となる。残るA

の都市とウェリントンでは，ウェリントン
の方が高緯度側（南半球なので南側）。一
般的に高緯度ほど気温が低いので，正解は
エとなる。

3編 日本のさまざまな地域

9 身近な地域の調査

▶**47**
(1) ウ　　(2) ア　　(3) ウ
(4) イ　　(5) ウ　　(6) イ
(7) ウ　　(8) イ　　(9) ウ
(10) ウ　　(11) エ
(12) （国土交通省）国土地理院

（解説）

(1) 等高線が「水分」から
同心円状の扇型に広がっ
ていくことがわかる。な
お，河岸段丘の等高線
は，右のようになる。

(2)(3) 扇状地の扇央は水はけがよく，ぶど
うなどが栽培されているところがある。こ
の問題図は入試頻出の有名な地形図で，
「勝沼」（現・甲州市勝沼町）などの地名
から山梨県甲府盆地。この地域はぶどうの
栽培がさかん。

(4) 主曲線（細い実線）が10mごと，計曲線
（太めの実線）が50mごとに描いてあるの
で，2万5千分の1。5万分の1なら，主
曲線は20mごと，計曲線は100mごと。

(5) 2cm×25000＝50000cm=500m

(7) 扇端部にあたり，湧水帯となっている。

(8) 「藤井」集落の神社の標高は，439.5mの
三角点などから，435m程度。「蜂城山」は
738mなので，738－435＝303。

(9) ア…神社の記号がある。イ…「京戸川」は，

西北西に流れている。エ…中央自動車道などの道路はあるが，鉄道はない。

▶**48**

(1)　ア　　　(2)　扇状地

(3)　1.5km　(4)　ウ

解説

(1)　地形図の南東部（右下）に山があることや，高速道路の「釈迦堂PA」の位置などから判断できる。

(3)　6 cm×25000＝150000cm＝1.5km

(4)　ウ…「南西方向」がまちがい。南東～南南東の方向である。

▶**49**

(1)　ウ

(2)　(例) 着眼点：**水田が多く分布する点。**
　テーマ：**米作りの手順と工夫について。**

　　(例) 着眼点：**「～新田」という地名が多いこと。** テーマ：**この集落が立地した時代や背景について。**

解説

(1)　山の形からしか判断できないので，画像の尾根や谷の様子をよくみる。尾根が3列見えることに注目して，ウ。

　　なお，尾根とは，見晴らしがよいところ。谷には，川が流れていることが多い（谷川）。

▶**50**

(1)　イ　　　(2)　ウ

(3)　イ　　　(4)　エ

解説

(1)　「槍ヶ岳」は，同心円状の等高線が密になっており（ホルン），また，手前が半椀状にくぼんでいる（カール）ので，イ。

(2)　「槍平小屋」から「南岳小屋」までは

上りが続き，「南岳小屋」から「槍ヶ岳」までは尾根筋を通るため，比較的，高低差が小さい。アとウのうち，「南岳小屋」までの距離を考慮に入れて，ウが正しい。

(3)　問題文の最初に，縮尺は 1：25,000 と書いてあるが，主曲線が10mごとなことからも，25,000分の1とわかる。等高線を見て，A地点は2,100m，B地点は1,950mなので，高低差は150m（A B 間の等高線の本数を数えてもよい→15本で150m）となる。A B 間の距離は，地形図上で 4cmなので，4cm×25000＝100000cm＝1000m。この間の勾配は，150÷1000＝3÷20。

───────────────
トップコーチ

重要な氷河地形

●カール（圏谷）は，山腹のお椀状のくぼ地。複数のカールで先鋭になった山頂を，ホルン（ホーン）という。ヨーロッパのアルプス山脈のマッターホルンが代表的。日本では飛騨山脈の槍ヶ岳など。

●氷河の末端部には，モレーン（堆石）とよばれる岩くずがたまっている。

●氷河が削りとったU字谷が沈水すると，フィヨルドになる。スカンディナビア半島の大西洋岸（ノルウェー）や，ニュージーランド南島の南西岸が有名。
───────────────

▶**51**

(1)　エ　　(2)　3.5km　　(3)　ウ

(4)　イ　　(5)　ウ

(6)　(例) **江戸時代の支配階級である武士の住む侍屋敷をより安全な高台に配置したから。**

解説

(1)　消防署「Ｙ」は左端，警察署「⊗」と発電所「✿」は中央部にある。税務署「◇」はみられない。

(2) 図の注釈にも「5万分の1」とあるが，主曲線の間隔が20m→縮尺は5万分の1。
7 cm×50000＝350000cm＝3.5km。

(3) 「御髪山」の三角点は274.2m，道路の水準点は6.8m。その標高差は，267.4m。

(4) 海岸全体に岩の記号があり，西の方を中心に，がけの記号もみられる。

(5) 両方の地図で，「伝治沢」の位置を確かめる。ウ…自然災害の根拠はなく，国道などの整備のために土砂を入れたと考えられる。エ…福山城と福山館は同一と考えられるので，この文は正しい。

10 日本の自然環境

▶**52**

(1) A　　(2) A　　(3) ウ

(4) B　　(5) B

解説

(1)～(3) Aの佐渡島は新潟県，Bの屋久島は鹿児島県，Cの対馬は長崎県，Dの沖縄島は沖縄県，Eの淡路島は兵庫県。

(4) 文章は鹿児島県について述べたもの。

(5) 屋久島は屋久杉で有名。世界遺産に登録されている。

▶**53**

(1) エ　　(2) イ

(3) （例）山地が多く，河川は比較的標高の高い位置から短い距離で海に流れ込んでいるから。

解説

(1) Dの④は，神通川。Ⅰのグラフで春に流量が増加するのは，上流の山々からの雪どけ水によるもの。Ⅱのエは，冬に降水量が多く，日本海側の地域を示している。Aはア，Bはウ，Cはイ。

(2) ①は淀川で，ウ。②は釧路川で，エ。③は天竜川で，イ。④は神通川で，ア。

▶**54**

(1) ア　　　　　(2) 2…イ，8…オ

(3) ウ　　　　　(4) エ

(5) ①キ，②ア　(6) イ

解説

(1) イ…3の地域は，冬は雪も降るが，それほど多くない。
ウ…5の地域は，内陸のため，夏の雨は多くない。
エ…7の地域は，夏は湿潤である。

(2) アは夏に多雨→太平洋側の6または7。
イは冬に多雪→日本海側の2。
ウは少雨で冬に低温→中央高地の5。
エは冬にかなり低温→北海道の1。
オは少雨で冬はやや温和→瀬戸内の8。
カは冬に高温→南西諸島の9。

(4) 距離が250kmほどあり，中間に海または標高の低い部分があり，両端に2,000m程度の山地があることなどから，エ。

(6) イは沖縄県。本冊*p.97 75*参照。アは曲屋（岩手県など），ウは合掌造り集落（岐阜県白川郷，富山県五箇山），エは蔵造りの商家（埼玉県川越）。

トップコーチ

特徴のある民家

●曲屋…住居と馬小屋，物置が一体となったL字型の民家。寒さの厳しい東北地方と茨城県の一部にみられる。岩手県の南部曲屋は，とくに有名。

●合掌造り…豪雪地帯につくられた大型の木造家屋で，茅葺きの，急勾配な切妻造りの屋根が特徴的。屋根が巨大な合掌の形になっていて，屋根裏を蚕室など

に用いてきた。岐阜県白川郷, 富山県五箇山は, 世界文化遺産に登録。
●蔵造り…江戸時代, 幕府の奨励で, 江戸の町に耐火建築として蔵造り商家が立ち並ぶようになった。江戸との取り引きで活気のあった埼玉県川越の商家もこれにならい, 蔵造りの商家がたてられた。

▶**55**

(1)　ウ

(2)　（例）**Aは内陸の標高の高い場所にあるため, Bに比べ気温が低くなるから。**

(3)　ア

解説

(1) 地図で, 4月10日と4月20日の等期日線の間にある都市は, 山形市。

▶**56**

(1)　イ　　(2)　エ

解説

(1) 降水量の多い地域は, 日本海側と西日本の太平洋側。少ない地域で見ても, 瀬戸内, 中部地方の内陸（中央高地）, 北海道地方が正しく表されているのは, イ。

(2) 植生は気温の分布と相関がある。気温の高い方から順に, 亜熱帯林, 暖帯林, 温帯林, 冷帯林とならぶ。
　アとウは北日本に暖帯林があり, 誤り。
　イは関東地方より中部内陸地方の方が気温が高くなることになり, 誤り。

11 日本の産業・エネルギー

▶**57**

(1)　ア　　(2)　エ　　(3)　エ

解説

(1) 三角グラフにおいて, 第2次産業人口比率は右斜めの破線で値を読み取る。
　[注意点]　産業別人口比率などの三角グラフは, よく出題されるので, グラフの見方を覚えておくこと。第1次産業人口比率の値は, 横の破線で読み取る。同様にして, 第2次産業は右斜めの破線, 第3次産業は左斜めの破線で読み取る。

(3) 沖縄県は, さとうきびや果物の栽培など農業が盛んな県なので, 第1次産業人口比率が高い。また, 本土から遠く海を隔てた離島の県なので, 他県へのもしくは他県からの通勤・通学者はほとんどいない。つまり昼夜間人口比率は100%に近いと考えられる。以上から, エが該当する。東京都は企業のオフィスや学校などが集中し, 昼夜間人口比率が100%を越える。よって, イ。その東京のベッドタウンとなっている千葉県は, 昼夜間人口比率が100%を大きく下回るので, ウ。残るアが三重県。

▶**58**

ア

解説

米は, 北陸でもっとも多く, 次いで東北に多く, 沖縄でほとんどないアが該当する。
　イはどの地域にも多いが, とくに都市部周辺と四国に多いので, 野菜。
　ウは沖縄で多く, さとうきびやパイナップルなどを含むその他の耕種作物になる。
　エは北海道と九州に多いので, 畜産。

▶*59*

(1)　ウ　　(2)　エ

解説

(1)　ウ…インドからの輸入は多くない。フランスからの乳製品は安くはない。

(2)　遠洋漁業は，1970年代の200海里問題以降，生産量が激減したので，D。かわって伸びた沖合漁業も乱獲で，その後，生産量を減らしているので，沖合漁業はA。徐々に伸びているCは，海面養殖業。低位安定のBが，沿岸漁業。

▶*60*

(1)　化石燃料　　(2)　サウジアラビア

(3)　ウ　　(4)　エ　　(5)　京都市

解説

(2)　サウジアラビアは，世界で埋蔵量二位，産出でもアメリカと並んで一位または二位。

(3)　石油危機は，イスラエルとアラブ諸国との間の第四次中東戦争がきっかけとなっておこった。

　　［覚えておこう］　石油危機（オイルショック）…1973年，イスラエルとアラブ諸国との間で第四次中東戦争がおこった。このとき，アラブ産油国はイスラエルを支持する先進国に対して石油の輸出を制限し，価格も大きく引き上げた。このため，ペルシア湾岸諸国から大量に石油を輸入していたヨーロッパ諸国や日本は，物価が急騰し，買い占めなどがおこった。この経済的混乱を石油危機という。1979年にはイラン革命の影響で，第二次石油危機がおこった。

(5)　地球温暖化防止京都会議が開催され，京都議定書が採択された。

　　［覚えておこう］　地球温暖化防止条約（気候変動枠組条約）は，地球の温暖化を防止するために，温室効果ガス（二酸化炭素やフロンガスなど）の排出量を削減すること

を目的とする。第3回締約国会議（COP3）は，1997年に京都で開催され，各国ごとに法的な削減目標を定めた「京都議定書」が採択された。2015年には，2020年以降の対策を定めた「パリ協定」が採択された。

▶*61*

(1)　●…オ，　○…ウ，　■…エ，　□…イ

(2)　①豊田市，　②ウ，　③キ

解説

(1)　●は地方の空港や高速道路沿いに立地しているので，半導体。

　　○は太平洋側や瀬戸内海沿岸の臨海部に限られているので，石油化学。

　　■は佐賀県の伊万里など，有名な陶磁器の産地が含まれていることで判断する。

　　□は大都市の周辺部に工場があるので，自動車。

12 日本の貿易・交通・通信

▶*62*

A…ア，　B…オ，　C…エ

D…ウ，　E…イ

解説

　図2のDは，重要な資源の輸入が多く，オーストラリア。Eは液化天然ガスで，インドネシアとわかる。

　図1で，Aは常に上位に入るため，アメリカ合衆国。Bの中国は，近年，輸出入ともにアメリカ合衆国を抜いた。残るCが，韓国となる。

▶*63*

(1)　B　　(2)　衣類

(3)　(例)中国や東南アジアの国々で工

業化が進み，そこに進出した先進国
の多国籍企業や，自国企業からの輸
入が増えたから。

(4) **イ**

解説

(1) 魚介類など食料品が上位の①は，東京港。
輸出入とも集積回路が上位にある③は，航
空貨物の成田国際空港。自動車の輸出がか
なりの割合をしめる④は，名古屋港。ここ
まででは，すぐに判断できるが，あとの二つ
は，東西の大貿易港，横浜港と神戸港にな
ることは分かっても，その区別は難しい。
②は神戸港，⑤は横浜港となる。

(2) 輸入品目では，1985年から2018年までの
約30年の間に，機械類や衣類が増加してい
る。

(4) 日本の貿易相手国は，輸出入とも長い間，
アメリカ合衆国がトップであったが，2002
年には輸入において，2009年には輸出にお
いて中国が貿易相手国のトップになった。

▶**64**

A…エ，B…イ，C…ア，D…ケ，
E…ウ，F…オ，G…キ，H…ク，
I…カ

解説

日本の輸入品をみると，特定の品目を特定
の少数の国から輸入する傾向が強い。したが
って，輸入品を示して，輸入相手国を判定さ
せる問題がよく出題される。

この問題では，輸入品の〈表〉のほかに，
ヒントとして〈文〉が付いているので，難易
度のレベルは低くなっている。

▶**65**

(1) ア…e　　イ…b　　ウ…a
　　エ…d　　オ…c

(2) カ…①　　キ…⑤　　ク…④
　　ケ…②　　コ…③

解説

(1) おもな農産物のおもな輸入相手国は必ず
覚えておくこと。覚えていないとこの問題
を解くのは難しい。

米…アメリカ，タイ。小麦…アメリカ，
カナダ，オーストラリアの3カ国でほぼ
100％。大豆…アメリカ，ブラジル。オレ
ンジ…アメリカ，オーストラリア，南アフ
リカ。生鮮・冷蔵野菜…中国，アメリカ，
ニュージーランド。

その他にも，とうもろこしはアメリカが
90％以上。バナナはフィリピンが最も多い。
果物全体ではフィリピン，アメリカ，中国。
野菜全体では中国，アメリカ，韓国。茶は
中国，スリランカ。コーヒー豆はブラジル，
ベトナム，コロンビア。最新の統計書をみ
て確認しておく。

(2) 農産物以外のおもな輸入品目のおもな輸
入相手国も必ず覚えておくこと。これもあ
る程度覚えていないと，この問題を解くの
は難しい。

①鉄鉱石…オーストラリア，ブラジル。
②自動車…ドイツ，イギリス，イタリア，
アメリカ，南アフリカ。③航空機類…アメ
リカ。④衣類…中国。⑤肉類…アメリカ，
オーストラリア。

その他にも，魚介類は中国，アメリカ，
チリ。木材はカナダ，アメリカ，ロシア。
羊毛はオーストラリア。綿花はアメリカ，
ギリシャ，オーストラリア。石炭はオース
トラリア，インドネシア。原油はサウジア
ラビア，アラブ首長国連邦。液化天然ガス
はマレーシア，オーストラリア，カタール。
銅鉱はチリ，インドネシア，オーストラリ
ア。アルミニウムはオーストラリア。鉄鋼
は韓国，中国。コンピューターは中国。集
積回路は台湾，アメリカ，韓国，中国。こ

れも最新の統計書で確認しておく。

▶**66**

(1) ハブ　　(2) ア

(3) エ

解説

(1) 車輪の中心部のことをハブという。「航空路が放射状にのび」るようすを，ハブからスポークがのびるようすにたとえた呼称。

(2) もっとも普及しているウが携帯電話であることは，すぐに分かる。一時は増えつつあったのに，その後，普及しなくなったエは，PHS（携帯式の電話の一種）。残るアとイが，パソコンとファクシミリ（ファックス）になるが，より普及している方をパソコンと判断する。

(3) 成田国際空港であつかうのは航空貨物なので，軽量で高価な品目が中心になっていることから，エと分かる。ア…神戸港，イ…横浜港，ウ…名古屋港。

13 環境問題

▶**67**

(1) ①高度経済，②Uターン，
③二酸化炭素

(2) X…C，Y…F，Z…D

(3) a…ウ，b…原子力発電，
c…（例）各国が200海里の排他的
経済水域を設定したから。
d…ア，
e…シリコンバレー，f…ウ，
g…エ，h…サヘル，i…タイガ

解説

(2) Xのストックホルムはスウェーデン，Yのリオデジャネイロはブラジルの都市。リオデジャネイロの位置は，やや難しい。

トップコーチ

北アメリカ大陸と南アメリカ大陸

●**南アメリカ大陸**　南アメリカ大陸は，西経35～80度，南緯10～55度くらいにわたっていて，西経80度線がほぼ西端にあたる。

●**北アメリカ大陸**　北アメリカ大陸は，西経50～170度，南緯10度から北緯70度くらいにわたっている。南アメリカ大陸で西端の**西経80度線**は，北アメリカ大陸では，フロリダ半島の東をかすり，エリー湖を通っている。アラスカとカナダの国境は，**西経141度線**。北アメリカ大陸と南アメリカ大陸は，南北にまっすぐならんでいるのではなくて，西と東にずれていることに注意する。

(3) a…イランはペルシア人。他はアラブ人。
b…2016年の日本の発電方式は，火力が87.9％，水力が8.5％，原子力が1.7％である。地熱発電は0.2％にすぎない。
d…2000年前後から急増しているアが中国。イは日本，ウはアメリカ合衆国，エは韓国。
e…シリコンヴァレーでもよい。
g…海水面の上昇は，地球温暖化の影響。

▶**68**

(1) ①酸性雨　　②偏西風

(2) ①エ　　②a…イ　　b…エ
c…ア　　d…ウ

(3) ア

解説

(1) 酸性雨は，化石燃料の燃焼によって大気中に放出された硫黄酸化物や窒素酸化物などが溶け込んでいる酸性度の強い雨のこと。おもに先進国の工業地帯とその周辺地域を中心に降り，動植物への被害が出ている。

(2) ①エは，紫外線による健康被害。

②先進国のアメリカ，ドイツの方が，発
展途上国の中国，インドより1人当たりの
二酸化炭素排出量やエネルギー消費量は多
くなる。中国はインドよりも生活水準がよ
く経済が発展しているので，aが中国，b
がインドとなる。また，ドイツはアメリカ
よりも火力発電の占める割合が低く，原子
力や風力発電の占める割合が高いので，c
がアメリカ，dがドイツとなる。

(3) 人口の減少は，砂漠化の直接の原因には
ならない。

▶*69*

(1) 京都議定書　　(2) ア

解説

(1) 1997年に開かれた気候変動枠組条約の第
3回締約国会議は，地球温暖化防止京都会
議とも呼ばれている。この会議で採択され
た京都議定書は，2005年に発効したが，ア
メリカとカナダは離脱している。2015年に
フランスで開かれた気候変動枠組条約の第
21回締約国会議で採択されたパリ協定は，
先進国と発展途上国の双方が温室効果ガス
の排出を削減することを定めたが，参加国
への義務づけは行われなかった。

(2) A…2013年から2014年にかけて，二酸化
炭素は1.7ppm，メタンは9ppb，一酸化二
窒素は1.2ppb増加し，2014年から2015年に
かけて，二酸化炭素は2.3ppm，メタンは
12ppb，一酸化二窒素は0.9ppb増加してい
るので正しい。

B…1750年ごろと2015年の大気中濃度を
比較すると，メタンは2倍以上になったが，
二酸化炭素・一酸化二窒素は2倍未満なの
で正しい。

AもBもともに正しいので，アが正解で
ある。

▶*70*

B

解説

Bは，干上がったアラル海で，砂漠化の様
子を示す。他はすべて，酸性雨の被害に関す
るもの。酸性の雨水によって，石灰岩や大理
石は溶けてしまい，森林の樹木は枯れる。湖
水が酸性になると，魚が死滅する。

トップコーチ

アラル海の縮小

●消えるアラル海　アラル海は，中央ア
ジアのカザフスタンとウズベキスタンの
国境に位置する湖で，世界で4番目に広
い湖であった。しかし，1960年には6.8万
km^2あった面積が，2000年には2.2万km^2
になり，このまま推移すれば，今世紀中
に，アラル海は地図から消えてしまうこ
とになる。

●縮小の原因　旧ソ連の時代以来，アラ
ル海に注ぐアムダリア川，シルダリア川
流域の農地開発（綿花など）のためのか
んがいで，湖に流入する水が減少してい
ることがおもな原因。水位の低下によっ
て，塩分濃度が高まり，魚類は絶滅，干
上がった湖底から塩まじりの砂が飛散し，
周辺の人々に健康被害が出ている。

14 九州地方

▶*71*

(1) イ

(2) ①ウ，佐世保，②ア，筑豊

(3) ①ア，②大陸棚

(4) ①A…ク，B…ウ，C…オ，②ウ

(5) エ

解説

(1) 地図中，エ（大分県）の豊後（大分県には豊前の一部をふくむ）とオ（熊本県）の肥後を結ぶ→豊肥本線。アの福岡県は筑前と筑後のほか，豊前の一部からなる。イは肥前，ウは肥前と壱岐，対馬，カは日向，キは薩摩と大隅，クは琉球。

(2) ①軍港，造船，テーマパークから長崎県。
②直方，飯塚，炭田などから，福岡県。

(3) 巻き網漁や底引き網漁でとる。イ…太平洋側，ウ…北海道，エ…寒流の魚。

(4) ①水田率は，北九州が高く，南九州が低い。さとうきび，パイナップル，野菜などの栽培が中心の沖縄県はとくに低い→A。水田率がやや低いEは，シラス台地の広がる鹿児島県。海面漁獲量の多いBは，長崎県。商品販売額の多いDは，福岡県。残るCは，熊本県となる。
②Xは大分県で高く，沖縄県で低いので，65歳以上人口。Yは，鹿児島県と宮崎県で高いので，畜産の生産額。

(5) ◎は福岡市。エ…工業出荷額は，大分市や北九州市のほうが多い。

トップコーチ

沖縄県と鹿児島県の人口構成

●沖縄県

沖縄県は，人口の**自然増加率**が高く，全国で唯一年少人口（15歳未満）割合が老年人口（65歳以上）割合を上回っていた（2015年に沖縄県も，老年人口割合が年少人口を上回った）。沖縄県は長寿の人が多いことで有名。また，沖縄県では，観光業やアメリカ軍基地に関連したサービス業がさかんで，**第三次産業人口の割合**が高い。

●鹿児島県

鹿児島県，島根県，高知県など，**過疎**地が広いところは，老年人口の割合が高い。高齢化と過疎化は，同時に進行する。

▶**72**

IC工場…イ　　造船所…ウ

解説

IC工場は，製品の輸送に便利な高速道路のインターチェンジや空港の近辺に立地するので，イ。造船所は臨海部に立地するので，ウ。アは，大規模な製鉄所が立地する北九州市や大分市の近辺に分布しているので，鉄鋼・金属工場。エは難しいが，宮崎県延岡市に旭化成（化学工業）の工場があることを知っていれば，石油・化学工場とわかる。

▶**73**

(1) エ　　　(2) 韓国（大韓民国）

(3) ①大分，②筑紫

(4) （例）遠浅の有明海を干拓した

(5) クリーク　　(6) イ

(7) ムツゴロウ

(8) ①ビニールハウス
②気温（温度），③野菜

(9) 栽培漁業

(10) エ，オ…熊本県，カ…宮崎県

解説

(1) 福岡からは，ソウル（大阪と同じくらい）がもっとも近く，ついで那覇＝東京，ペキン，ホンコンと遠くなる。

(2) ②は韓国のハングル。①は英語，③は台湾向け中国語，④は中国向け中国語。

(6) ウは，冬の気温が高い→那覇市。アは，冬の降水量が多い日本海側の気候→金沢市。イとエで，エの方が年降水量が少ない→瀬戸内の岡山市。残るイが福岡市。

(10) エ…とうがらしやいちごで福岡県とわかる。ア…パインアップル，さとうきびで沖縄，イ…乾しいたけで大分，ウ…びわ，魚類で長崎，オ…野菜や果物で熊本，カ…促成栽培のピーマンやブロイラーで宮崎。

トップコーチ

日本各地の雨温図のポイント

●沖縄は，冬でも15℃以上。

●日本海側は，夏に加えて，冬にも積雪による降水量が多い。

●瀬戸内，中央高地（内陸），北海道は，年降水量が比較的少ない。

●東北地方の北部以北は，冬の平均気温が0℃未満になる。夏の気温は日本中大差がないので，判定材料にならない。

●北海道は，冬にかなり低温となる。

▶**74**

(1) 宮崎県，ア　　(2) イ

(3) ①エ，②ウ，③ア，④イ

(4) （例）冬も暖かい気候のもと，温室やビニールハウスを利用して，都市に向けて，露地ものが出回る前の時期に出荷する方法。

(5) （例）牛肉の輸入自由化により，出荷価格が低迷しているので，品質のよいブランド牛を育てることで，競争に負けないようにする。

解説

(2) イの円グラフは，割合を示すのに適している。アの棒グラフは量の比較に，ウは二つの指標（縦軸と横軸）の位置を，エの折れ線グラフは一つのものの変化を示すのに，それぞれ適している。

▶**75**

（例）家屋を石垣で囲んでいる。瓦を白い漆喰でとめている。平屋建てで屋根の傾斜も緩やかにして，風が上を通り抜けるようにしている。

（以上のうちの一つでよい。）

解説

石垣は積み上げただけで，風が石の隙間を抜けるように工夫されている。写真からは見にくいが，玄関の前に石垣のついたてをつくり，風が直接家の中にふきこまないようにもしている。本冊 p.76 **54** (6)参照。

竹富島は町並み保存に積極的で，伝統的な沖縄の家屋が多く残っている。

15 中国・四国地方

▶**76**

(1) 財閥　　(2) 朝鮮戦争

(3) イ，ウ

(4) （例）工業がさかんな地域とその周辺へ人口が集中する一方で，その他の地域の人口が減り，過疎化が進んだ地域も出現した。

(5) 広島県…エ　　cの県…ウ

(6) X…ウ　　Y…ア

解説

(3) ア…軽工業には，食料品工業や繊維工業，窯業，パルプ・紙工業，印刷業などがある。資料Aから，食料品工業だけで20％を占める。

イ…資料Aから，29＋17＝46％。

ウ…資料Bから，22＋13＋17＝52％。

エ…資料Bから，府中市と府中町は海に面していない。

(4) 資料B，Cから，工業の盛んな地域と人口の増加した地域がほぼ一致していることが読み取れる。また，工業の盛んではない内陸部の地域の多くで，人口が減少していったことも読み取れる。

(5) 広島県は中国・四国地方で最も工業がさかんなのでエ，cの愛媛県はまだいなどの養殖やみかんなどの栽培がさかんなのでウ

と判断する。アはaの山口県，イはbの香川県。

(6) 岡山県とcの愛媛県だけにみられるYは，この両県で石油化学コンビナートが発達していることから，アと判断する。

トップコーチ

日本の過密と過疎(かみつ)(かそ)

●過密

過密とは，都市に人口や産業が過剰に集まる現象のこと。土地の不足，交通渋滞，大気汚染，ゴミの増加など，様々な問題を引きおこす。わが国では，高度経済成長期以降，東京，大阪，名古屋の三大都市圏を中心に人口や産業が集中。また地方でも，県庁所在地や工業都市で人口が増加した。

●過疎

過疎とは，地域から人口が流出し，活力(とぼ)が乏しくなった状態のこと。わが国では，高度経済成長期以降，農村部で多くの若者が仕事を求めて都市部へ移動していった。若者が減ると子供も農村で生まれず，少子高齢化が進み，産業が衰退。生活の質も落ちていく。

▶**77**

(1) ウ　(2) ウ　(3) ア

(4) ①F，②G　(5) ウ

(6) 広島平和記念碑(ひ)(げんばく)（原爆ドーム）

解説

(1) ①は鳥取，②は岡山，③は高知。ア～ウの雨温図で，気温はほとんど差がないが，降水量に特徴がある。日本海側の①は冬にも降水量がかなりあり，ウ。イは夏に降水量が極端に多く，太平洋岸の気候の特徴を表しており，③の高知。アは降水量がもっとも少ないので，瀬戸内の気候の②の岡山。

(2) ア…②，イ…①。

(3) アは，千葉県の九十九里平野。海岸平(くじゅうくり)野で，なだらかな海岸線が続いている。X地域や，イ，ウ，エの地域は，リアス海岸が広がっている。

(4) ①Fの香川県では，農業用水の確保のため満濃池などのため池が多いが，香川用水(まんのういけ)などの用水路も完成した。

②Gの愛媛県のこと。みかんの栽培には，水はけのよい傾斜地がよい。また，海からの照り返しの日射もみかんに好都合で，栽培に適している。

(5) 岡山県の備前焼。上薬をぬらずに焼き(びぜんやき)(うわぐすり)上げる。ワラの灰や火の当たり具合で自然にできる模様に特徴がある。アの九谷焼は(くたに)石川県，イの有田焼は佐賀県の焼き物。(ありた)

(6) 広島県の世界文化遺産のもう一つは，宮(みや)島にある厳島神社。(じま)(いつくしま)

▶**78**

(1) ウ　(2) イ　(3) イ

解説

(2) 雨温図の読み方のポイント参照(この別冊→*p.28*)。アは，冬の気温が高いので，沖縄。ウは，冬の降水量が多いので，新潟などの日本海側。エは，最寒月平均気温が－3℃未満になっており北海道。北海道は梅雨がなく台風も少ないため，年降水量が少ない。イは，年降水量が少なく，気温の状況から瀬戸内の気候で，香川。

(3) 地形図の縮尺は50,000分の1，二地点間の距離は，地図上で約12cmであるから，12cm×50000＝600000cm＝6000m。

▶**79**

(1) A…キ，B…エ，C…ウ

　　D…オ，E…ア

(2) ①c，広島，②a，境港(さかいみなと)

(3) 香川用水

(4) イ　(5) イ

(6) ①みかん，②愛媛

解説

(1) 地図中のアは鳥取砂丘，イは出雲平野，ウは広島湾，エは岡山平野，オは讃岐(さぬき)平野，カは徳島平野，キは高知平野。

(5) アは冬に降水量が多い日本海側，ウは夏に降水量が多い太平洋側の特徴が読み取れる。イが，瀬戸内の気候。

トップコーチ

気候表や雨温図の読み方

●数字ではない

　気候の問題は，気温や降水量の数字を覚えるのではなく，特徴を読む。

(1) 冬にも降水量が多いのなら，日本海側である。

(2) 夏に極端に降水量が多いなら，太平洋側である。

(3) 年降水量が比較的少ないのなら，瀬戸内か中央高地か北海道である。

ということをつかんでおく。

●要注意の地域

　中国・四国地方では，南四国，瀬戸内，山陰の区別が重要。中部地方は，東海，中央高地，北陸の区別の出題率が高い。

16 近畿地方

▶**80**

(1) 伊吹(いぶき)山地（養老(ようろう)山地）

(2) 和歌山…紀ノ川(きの)，新宮…熊野川(くまの)

(3) 瀬田(せた)川　(4) 天下の台所

(5) 豊島(てしま)　(6) イ　(7) ウ

(8) ウ　(9) 下請(したう)け

解説

(1) 近畿地方と中部地方の間で南北に走る→滋賀県と岐阜県の間の伊吹山地となる。また，地図には描かれていないが，三重県と岐阜県の間の養老山地でも可。鈴鹿山脈は，三重県と滋賀県の間なので，不可。

(2) 山地は交通の便が悪いので，木材の運搬には河川が利用された。そのため，集散地は，河川の河口部に立地することが多かった。しかし，道路網の整備がすすみ，最近では，木材の産地に近い内陸部に集散地が立地するようになっている。この例としては，奈良県の桜井(さくらい)などがある。

(6) 関西国際空港は，航空機による貿易なので，軽くて価格の高いもの（集積回路など）が中心となっている表Bが該当する。表Aと表Cでは，輸出の金額が大きい表Aが神戸港。輸入品目で，大阪港は工業製品が多いことでも判断できる。工業製品は，もともと日本の輸出品であったが，現在では人件費の安い中国などの海外工場から輸入するようになっている。

(7) 中京工業地帯は，豊田の自動車を中心として，機械工業が多いので，イ。阪神工業地帯は，鉄鋼業の金属が多く，化学なども比較的多い。また，食料品や繊維なども少なくないので，ウ。残るアが，京浜工業地帯となる。

(8) エは，輸送用機械（自動車）がとくに多いので，愛知。アは，印刷や情報通信が多いことから，情報の集中する東京。大阪は金属・化学工業がさかんなので，ウがあてはまる。電気機械も多い。残るイが，福岡となる。

トップコーチ

豊島(てしま)の産業廃棄物問題

●大量の違法投棄

　香川県豊島では，悪質な業者によって，

1975年から16年間にわたって大量の産業廃棄物が違法に投棄され，野焼きされた。豊島の住民は当初から，豊島における産業廃棄物処理業を県が認めないよう主張していたが，県は許可を出した。その後，1990年に兵庫県警が違法投棄を摘発し，公害等調整委員会が大規模な実態調査を行った結果，約56万トンもの廃棄物が投棄されていたことが判明した。

●廃棄物の処理へ

1996年，高松地裁から業者に慰謝料の支払と廃棄物の撤去を命じる判決が出され，豊島住民が勝訴した。また，公害等調整委員会で2000年，業者側が住民に解決金を支払うこと，香川県が住民に謝罪し，廃棄物を撤去，処理することなどを定めた調停が成立した。2003年から2017年にかけて廃棄物が処理されたが，新たに廃棄物が見つかるなどしている。

▶**81**

オ

解説

A～Cのうち，都庁・市役所に最も近い0～10kmの地域の人口構成比が最も低くなっているのはBのみである。このことから，首都東京があり，都心に官庁や企業の本社が集まって住民が少ない東京大都市圏と判断する。AとCを比較すると，AはCよりも40～50kmの地域の人口構成比がかなり低いことがわかる。大阪大都市圏と名古屋大都市圏を比べると，後者の方が人口の密集する範囲が狭いので，Aを名古屋大都市圏と判断し，残ったCが大阪大都市圏ということになる。従って，正しい組み合わせはオである。

［覚えておこう］ 1950～1970年代の高度経済成長の時期に，農村から都市への人口集中が進んで大都市圏が形成される一方，過密に

よって住宅の不足や交通の渋滞，生活環境の悪化などさまざまな問題が発生した。このため，郊外にニュータウンという新規の住宅地が開発され，そこに建設された団地や一戸建て住宅に，都心の人々が移り住むようになった。すると都心の人口が減少して郊外の人口が増加する，ドーナツ化現象が起こった。

●三大都市圏のおもなニュータウン

東京大都市圏…多摩（多摩市など），港北（横浜市）など

大阪大都市圏…千里（吹田市など），泉北（堺市など）など

名古屋大都市圏…高蔵寺（春日井市）など

近年の東京大都市圏では，地価の下落や再開発によって，郊外から都心に引っ越す人が多くなり，都心の人口が増加する傾向にある。

▶**82**

(1) 大阪府，京都府

(2) ウ　(3) b　(4) ア

解説

(1) 図の昼夜間人口比率の計算式から，比率が100%以上なら，昼間人口が夜間人口より多いか同じということになる。

(2) 表から，工業出荷額が最も少ない奈良県は図から，昼夜間人口比率が95%未満で最も低いことがわかる。奈良県の昼夜間人口比率が低いのは，京阪神のベッドタウンとして夜間人口が多いことによる。

(3) 阪神工業地帯の中心で工業出荷額が最も多く，人口密度が最も高いaが大阪府。工業出荷額，人口密度とも2番目のbが兵庫県。中京工業地帯に含まれるdが三重県。残ったcが京都府。

(4) 三重県は，特に名古屋など愛知県と経済・生活面で関係が深い。イ～エの資料は，三重県内の状況はわかるが，他の県と関係の深さはわからない。アの資料は，県内だけでなく県外との関係の深さもわかる。

▶**83**

(1) （右図）

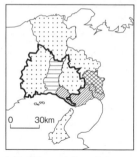

```
0    30km
```

(2) エ　(3) ア　(4) イ

解説

(1) ⅡとⅢの播磨の四地区の分布から，A，B，C，Dの地域を特定する。その上で，人口密度を凡例にしたがって描く。

A地域は，「就業者一人あたりの地域内総生産」が9,000（千円）をこえているので，bの都市（明石）のある地域になる。

D地域は，8,000～8,500（千円）なので，その北側の地域になる。

BとC地域は，「就業者一人あたりの地域内総生産」はⅡのグラフで同じレベルであるが，「第一次産業就業者比率」がB地域は1.2％なので，cの都市（姫路）のある地域になり，3.3％のC地域はその西側の地域になる。

(2) 順位を考えるまでもなく，明白な誤りがある。ア…阪神工業地帯は，但馬地域ではなく，大阪と姫路の間に広がる。イ…本州と淡路島の間には明石海峡大橋がある。ウ…淀川は大阪湾に流れる。

(3) グラフのイは，冬の気温が高い→那覇。エは，冬に0℃を下回る→釧路。残るアとウで，ウは冬に降水量が多い→日本海側の都市a（豊岡）となる。瀬戸内側の都市cは降水量が比較的少ないアが該当する。

(4) bは明石，cは姫路。安土城（滋賀県）は，世界遺産ではない。

17 中部地方

▶**84**

(1) ア　(2) エ

(3) ウ　(4) ウ

(5) 扇状地

解説

(1) ある県とは，愛知県。2005年に「愛・地球博」が開催された。愛知県の渥美半島では，温暖な気候を利用して，電照菊の栽培がさかん→ア。イは面積がもっとも狭いので，大阪。ウは人口がもっとも多いので，東京。エは，面積がもっとも広く，豚や菊もある程度多いので，静岡。

(3) ウは，アルプス・ヒマラヤ造山帯。

(4) 彦根城（滋賀県）は1992年に世界文化遺産に暫定登録された。世界遺産暫定リストは，世界遺産条約を締結している国が，5～10年の間に世界遺産に推薦しようとする物件をリストにしたもの。このリストをもとに，その遺産の価値が検討される。

▶**85**

(1) ポルダー

(2) ①明治，②愛知

(3) （例）**開花時期を遅らせ，価格の高い時期に出荷する。**

(4) メロン

(5) （例）**エアコン，カーナビ，カーオーディオ，シート，タイヤ，ガラスなど**

解説

(1) Aの地域を，輪中という。

(3) 電照菊は，露地物の出荷が終わった12月から3月にかけて出荷している。1950年代からさかんになったが，近年は航空機に

よる輸送が発達し，沖縄県の露地物と競合
するようになってきた。

(4) 温暖な気候を利用するメロンのハウス栽
培（愛知県，静岡県）は，1935年ごろから
始まった。1年に3～4回収穫でき，温室
メロンとして出荷される。

トップコーチ
輪 中（わ じゅう）
●河川下流域などの低湿地にある家や耕
地を洪水から守るため，堤防をめぐらし
ている地域（または集落）。濃尾平野の
西部（おもに岐阜県），木曽川，長良川，
揖斐川の下流域にみられる。住居（母屋）
は，盛り土をした高いところにたて，
裕福な家はさらに高いところに水屋（倉
庫）をつくって，家財道具を収めた。
●輪中は江戸時代につくられたものであ
るが，戦後は，治水技術の進歩や都市化
の進行とともに輪中堤をこわすところも
あった。しかし，1976年の長良川の決壊
によって，輪中のよさが再認識された。

▶**86**
(1) エ　(2) イ
(3) 奈良県，滋賀県，栃木県
(4) エ

解説

(1) エは伊那盆地で，南（太平洋）に流れる
天竜川（てんりゅう）の流域。他の三つ（アの長野盆地，
イの佐久盆地，ウの松本盆地）は，いずれ
も北（日本海）に流れる信濃川（千曲川），
支流の犀川の流域。

(2) ア…米が多く，新潟。ウ…畜産が多いの
で，北海道。エ…野菜が大半をしめる（近
郊農業）ので，東京。長野県は，抑制栽培
の高原野菜のほか，りんごなどの果物，米
作もさかんなイとなる。
［覚えておこう］　新潟県など北陸地方が米
どころの理由…雪解けの水が豊富。冬は雪
に閉ざされるため，収入源である夏の稲作
を集約的に行う。冷害が少ない（それは，
沖合いを暖流の対馬海流が流れること，フ
ェーン現象で高温になることによる）。

(4) 1～3とも，長野県が1位か2位を占め，
北海道が1位～3位のいずれかであるので，
他の都県に注目して考える。1はいずれも
雪の多い県であるから，スキー場。2は，
東京都があるので，博物館。残る3がキャ
ンプ場。

▶**87**
(1) エ　(2) ア
(3) ア　(4) ウ

解説

(1) ア…地形図は，事前調査の段階で使用。
聞き取り調査にはフィールドノートを使う。
イ…長野県の自然を調べるのには，日本
の地形や気候の図が必要。
ウ…長野県のスケールで農業の変化を読
む場合，5万分の1の地形図では，縮尺が
大きすぎる。長野県全体が見渡せる程度の
もっと縮尺の小さい地図の方がよい。
エ…長野県の地域的特色を調べるには，
日本の各地と比較する必要があるので，「日
本の土地利用図」を使用すればよい。

(2) 松本は，内陸性の気候で，気温の年較差は大きく，年降水量は少ない。高松は，瀬戸内の気候であるため，年降水量は少ない。

(3) 表1から，長野県が5位以内に入る作物は，そば，ぶどう，レタスである。

表2から，米の収穫量を農家数で割ると，長野県（199000÷51777≒4弱）は，新潟県（628000÷54409≒11より大）より低くなる。また，米の収穫量を田の面積で割ると，長野県（199000÷52800＝1990÷528≒4より小）は，新潟県（628000÷150900＝6280÷1509≒4より大）より低くなる。

(4) ア…「臨海部の県」とは，千葉。
イ…「大都市のある府」とは，大阪。
ウ…「内陸の県」とは岐阜のことで，窯業・土石は，岐阜の方がさかん。

トップコーチ

地域調査の方法

①調査の地域や内容をみつける。

→グループで意見をだしあって，具体的な調査テーマを絞りこんでゆく。

②事前調査をする。

→現地に行く前に，地形図で調べたり，関係機関で文献で調べたりする。

③実際に現地で聞き取り調査をする。

→訪問先に連絡をとって許可をえて行う。

④調査結果をまとめて，レポートなどで発表する。

▶**88**

(1) 北西　　(2) 寺院

(3) ウ　　(4) ウ

(5) エ　　(6) イ

解説

(3) 尾張町二丁目の水準点は，20.0m，金沢城の三角点は，59.5m。その差は約40m。

(4) 9.6cm×25000＝240000cm＝2.4km

---

(5) エ…かぎ型やT字型の道路は，侵入してきた敵を迷わせたり，追い詰めて城下を守る防御のためのものであった。

(6) 金沢市は日本海側なので，冬の降水量も多いイが該当する。イの夏は，梅雨や台風の時期に降水量が多く，他の地域の夏と同じである。

→日本海側は，夏に加えて冬にも降水量が多い点に注意しておく。

▶**89**

(1) ①桑畑，②25,000（2万5千）

(2) （下図）

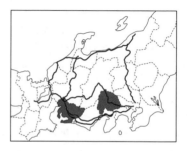

解説

(1) ② 3cm÷750m＝3÷75000＝1÷25000

(2) 山梨県（→甲府）と愛知県（→名古屋）を塗りつぶす。長野県と岐阜県は，県名と県庁所在都市名が一致する。神奈川県は中部地方でなく関東地方なので，塗らない。

---

18 関東地方

▶**90**

(1) イ　　(2) ①ウ，②エ

(3) ア　　(4) ア

解説

(1) Eは千葉県。表のア…茨城県，ウ…埼玉県，エ…栃木県。

(2) ①表の7都県の人口の合計を，総人口（約

1億2600万人）で割る。合計は，概算で足せばよい。単位を百万とすれば，（2＋2＋3＋7＋6＋9＋13）÷126＝42÷126＝1÷3で，約33％となる。

②表で，「人口÷面積」を計算すると，人口密度が出るが，選択肢をみると，トップはEかF，ラストはBかCとなっているので，まずEとFを比べ，次に，BとCを比べればよい。概算（単位：百万）で，Eは6÷5，Fは9÷2で計算することになるので，すぐに，F＞Eと分かる。次に，Bは2÷6，Cは3÷6で計算することになるので，すぐに，C＞Bと分かる。F＞Eで，C＞Bの選択肢は，エしかない。
［覚えておこう］　まじめに割り算をしていたら大変そうだと分かったら，概算で計算することを考える。適当な単位で，四捨五入した数字を使って，簡便に計算すると，すぐに分かることが多い。

(3) 東京都の羽田空港（東京国際空港）と，千葉県の成田国際空港を示している。

(4) 上州（群馬県，上野国）のからっ風として有名。問題文に，冬の季節風とあるので，北西の風を選べばよい。

▶**91**

(1) 鹿島港　　(2) 横須賀
(3) 富岡　　(4) ウ

解説

(1) 茨城県の鹿島臨海コンビナートの港。1995年，鹿島郡鹿島町が大野村を編入して鹿嶋市が誕生した。

(3) 1872（明治5）年，群馬県の富岡に官営富岡製糸場がつくられた。

(4) 関東地方の県ばかりなので，区別はむずかしい。群馬県北西部の嬬恋村では，高原野菜としてキャベツの栽培がさかんであることを思い出そう。

▶**92**

(1) （右図）

(2) ①高度経済成長，②（例）産業の中心が第一次産業から第二，第三次産業に変化し，農村から都市に人口が移動した

解説

(1) 関東地方の各県の位置をつかんでいないと，地図を完成させることができない。
［覚えておこう］　日本のすべての都道府県の位置をつかんでおくことは，ひじょうに大切。県境が記入された白地図を用意して，すべての県名，県庁所在地名を書きこんでみよう。できるまで，何回も繰り返して覚えておく。

(2) 産業分類も大切。第一次産業は農林水産業，第二次産業は鉱工業，建設業など，第三次産業はその他すべて（サービス業，商業，運輸業，情報通信業，金融・保険業など）。

▶**93**

(1) エ　　(2) エ　　(3) ウ
(4) 干拓　　(5) イ　　(6) ウ
(7) ウ

解説

(1) 図Aは5万分の1で，縦が10cmで実際は5,000m，横が7cmで3,500mになるが，図Bでは縦が2,500m，横が1,750m。

(2) 写真の手前は，水田ではなく畑。また，写真の奥に，列状に並んだ集落と林が見える。図Aのア，イ周辺は水田なので，該当しない。図Bは，江戸時代に計画的につくられた新田集落（三富新田）。三富とは，武蔵野の台地上の埼玉県三芳町上富と，同県所沢市中富，下富の総称。

(3) 現在も田の記号「川」があり，水田が広く分布している。

(4) 有明海は遠浅で，古くから干拓がすすめられている。

(5) ア…病院は「⊕」，銀行は「⦿」。
　　イ…工場は「☼」，茶畑は「∴」。
　　ウ…針葉樹林は「∧」，桑畑は「Ⴤ」。
　　エ…神社は「卄」，発電所は「☼」。
　［覚えておこう］　このような問題では，地図記号をきちんと覚えていないと，歯が立たない。主要な地図記号は，必ず暗記しておく。

(6) ウ…都市の再開発は，都心部で必要なことなので，郊外のこの地域ではふさわしくない。

(7) ア…群馬県，イ…栃木県，エ…東京都。

▶94

(1) ウ　(2) ア　(3) イ
(4) (例) 温泉湯治などの観光資源となる。
(5) 扇状地
(6) ①上越（または長野），②利根
(7) エ

(解説)
(1) 夏に涼しい高原の気候を利用して，抑制栽培が行われている。高原野菜として，東京方面に出荷。
(2) 中央高地の軽井沢は，冬の月平均気温が0℃を下回るので，アかイ。イとウは冬の降水量が比較的あり，日本海側と考えられるので，該当しない。したがってアが正解。なお，イは札幌，ウは新潟，エは東京。
(3) 万座・鹿沢口駅に向かうバスの運転手が「進行方向の左に志賀高原，右に浅間山」と言っているので，あてはまるのは，イ。
(7) しょうゆの生産は，銚子のほか，利根川中流の千葉県野田市周辺でもさかん。

トップコーチ
抑制栽培と促成栽培
●抑制栽培
　夏の涼しい気候を利用して，冬野菜を春〜夏に出荷する遅づくり。抑制とは，遅らせることで，露地栽培なら冬にできる野菜を，普通より遅らせて春や夏に出荷する。冬野菜とは，キャベツ，レタス，セロリなど。市場に出回っていないときに出荷することになるので，高い値段で売ることができ，収益性が高い。これは，促成栽培でも同様。
　夏も涼しい中央高地の高原が主産地。群馬県の嬬恋村，長野県の八ヶ岳山麓の野辺山原などが代表的な産地。
●促成栽培
　冬の暖かい気候を利用して，夏野菜を冬〜春に出荷する早づくり。促成とは，早めることで，露地栽培なら夏にできる野菜を，普通より早めて冬や春に出荷する。夏野菜とは，なす，ピーマン，かぼちゃ，きゅうりなど。草花も生産する。
　温室やビニールハウスなどの施設を使い，暖房をすることが多いので，設備代や燃料費はかかる。冬も温暖な宮崎平野，高知平野，伊豆半島，房総半島南部などでさかん。近年は，航空機による輸送が普及してきた沖縄県でもさかんになり，産地間の競争が厳しくなっている。

19 東北地方

▶95
(1) エ　(2) ウ
(3) イ　(4) ア

(解説)
(1) 人口密度の数字が大きくかけ離れている点に注目する。Xは宮城県，Yは岩手県。

ア…3県とは，福島，X，山形となるが，山形県は太平洋に面していない。

イ…3県とは，X，福島，青森となるが，福島の緯度がもっとも低い。

ウ…3県とは，青森，Y，山形となるが，越後平野（新潟県）はあてはまらない。

(2) A，Bは火山性の山脈で，比較的標高も高い。Cの北上高地は，阿武隈高地と同様で，火山性の山脈ではなく，地殻変動で隆起して形成された。

(3) ア…「沼田」などは，山間にできた谷底平野。山間部において，河川の運搬する土砂が多く，侵食作用よりも堆積作用の方が上回るとき，谷底に幅がせまく細長い平坦地が発達する。三角州は，河川の下流部で形成される。

イ…25,000分の1の地形図なので，主曲線は10m間隔でひかれている。「あいづにしかた」が240m程度，「あいづひのはら」が270m程度。

ウ…1kmは4cmにあたるので，誤り。

エ…山の中腹に神社があるが，山頂に寺院はない。また，水田がみられるあたりの標高は，約300mで，220mあたりを流れる只見川から取水しているとは考えにくい。この水田は，谷川などの水を利用していると推定できる。

▶96

(1) ウ　(2) イ　(3) エ
(4) ウ　(5) ウ

解説
(1) やませは，北海道や東北地方の太平洋岸に吹く初夏〜夏の冷たい風。
(2) コンピューターなどの部品（半導体など電子部品）は，小さく軽くて高価なので，一度に多くの部品を運ぶことができる。飛行機で輸送しても，部品の価格に対する一つあたりの輸送費の割合はごく小さくなる。

そのため，イのような場所に立地しやすい。
(3) 米で上位のアとイは，北海道か秋田県となるが，イは肉用牛がトップなので，北海道。エはりんごも多く，わかめが上位なので，岩手県となる。残るウが，宮城県。
(5) ア…曲げわっぱ（秋田県大館市）。秋田杉をうすくそいでつくった曲物の容器。
イ…将棋の駒（山形県天童市）。
ウ…南部鉄器（岩手県盛岡市，奥州市）。鋳物の鉄瓶など。
エ…鳴子こけし（宮城県大崎市）。こけしは東北各地にあるが，鳴子こけしがもっとも有名。首を回せば，音がする。胴体の中央が細くなっていて，菊の模様が多い。

▶97

(1) A…山形県，B…福島県
C…青森県，D…岩手県
E…宮城県，F…秋田県
(2) フェーン現象　(3) いわき市
(4) りんご　(5) リアス海岸
(6) 仙台市
(7) (例) 冬は積雪が多く，気温も低いため，二毛作ができないから。

解説
(1) 米は，太平洋側北部の青森，岩手は低い。畜産は岩手が高い。果実は青森や山形が高い。面積は岩手がもっとも広く，福島が続く。以上のことから判断する。後の設問がヒントになるので，そちらを先に考えるとよい。
(3) いわき市…32.4万人，郡山市…32.4万人，県庁所在地の福島市…27.9万人（2019年）。
(4) 青森県のりんご生産量は，全国の約半分である。
(6) 札幌市，仙台市，広島市，福岡市などは，地方中枢都市と呼ばれる。

▶**98**

(1)　A，ウ　　　　(2)　ウ

(3)　z，岩手県　　(4)　リアス海岸

(5)　エ

解説

(1)　人口密度は，1km²あたりの人口なので，表の数字から計算する。BとDは100人以下なので，すぐ除外できる。AとCを比べると，Aのほうが高いことはすぐ分かるが，その人数は計算で求める。

(2)　ア…農林水産業は第一次産業なので，第一次産業就業者の実数を計算する。ただし，計算には時間がかかるので，この計算をする前に，他の選択肢の正誤を先に検討したほうがよい。

　なお，計算してみると，A県は，1,207（千人）×3.9%（概算で，120万人の4%なら4.8万人）となり，B県の，655（千人）×9.9%（概算で，65.5万人の10%でも6.55万人）より少ない。

　イ…サービス業は，第二次産業ではなくて，第三次産業。

　ウ…実数を計算しても分かるが，B県とC県の第三次産業就業者では，総数も割合もB県のほうが高いので，実数も当然，B県のほうが多い。このことは，計算しなくてもすぐに分かる。そして，これが正解となるので，時間をとられるアの計算はパスできる。

　エ…就業者総数は，表ですぐに分かる。100万人→1,000（千人）をこえているのは，1,207のA県のみ。

[注意点]　問題全体を見渡してから，解答にかかること。正誤の判定などでは，正直に上から順番に検討する必要はない。とくに計算が必要となるような場合，その選択肢だけにかかっていると時間がかかることが予想されるので，他の選択肢から先に検討すること。

(3)　表のA～Dのうち，人口が最も多いAが宮城県，面積が最も広いBが岩手県，果実の生産が最も多いCが山形県，米の生産が最も多いDが秋田県。

(4)　三陸海岸は，典型的なリアス海岸。リアス式海岸ともいう。

(5)　ア，イ…白神山地や十和田湖は，青森と秋田の県境。ウ…中尊寺がある平泉は，岩手県。エ…宮城県仙台市は，約100万の人口があり，東北地方で最大。

▶**99**

(1)　(例)アメリカ合衆国，中国，スペイン，ポルトガル，トルコなど

(2)　(群馬県)→新潟県→山形県→(秋田県)

(3)　(例)日本海からの湿った季節風が山地にぶつかり雲ができるから。

(4)　(例)標高が低く平坦な土地が広がっているから。

(5)　(例)稲作中心の大規模経営を行うことによって，農業生産額を増加させている。

解説

(4)　海面より低い−3.9mの三角点がみられるように，干拓地であるために，堤防で囲まれた低い土地が広がっている。

(5)　日本の農業は，経営面積がせまいことで大規模な機械化がむずかしく，農業の生産性が低いことが問題。そこでこの事業は，大規模な稲作のモデルをめざしてきた。

20｜北海道地方

▶**100**

(1)　カルデラ湖　　(2)　イ

(3)　ウ，エ

(4)　(例)瀬戸大橋(せとおおはし)が完成したから。

(5)　青函(せいかん)トンネル

解説

(1)　火山活動によって，山体が吹き飛ばされたり，陥没(かんぼつ)してできた，大きな凹地(おうち)（くぼ地）のことを，カルデラという。

(2)　冬の降水量が多いウとエは日本海側である。気温が高いウが新潟，低いエが札幌。残るアとイで，気温が低いイが釧路(くしろ)，高いアが松本。

[注意点]　釧路は雪が少ない。北海道といえば，「冬は気温が低く雪が多い」，というイメージがあるかもしれないが，釧路は太平洋側であるため，冬の季節風からみると，日高(ひだか)山脈などの風下側になるので，比較的降雪は少ない。東北地方の太平洋側も同じ傾向。

(3)　ア…干拓(かんたく)ではなく客土(きゃくど)。

　　イ…温暖ではなく冷涼(れいりょう)。りんごは冷涼な気候に適し，青森県と長野県が主産地。みかんは温暖な気候に適する，というのが問題のパターン。

　　ウ…北海道の農産物が全国にしめる割合は，てんさいが100%，インゲンや小豆(あずき)が約90%，ジャガイモが約80%，小麦やたまねぎも60%をこえる。

　　オ…北上川ではなく最上川(もがみ)。

(4)　本州四国連絡橋の児島(こじま)・坂出(さかいで)ルート（通称：瀬戸大橋）が，1988年に開通。

(5)　青函トンネルも，1988年に開通した。青函トンネルは，「ゾーン539」の愛称でよばれる全長53.9kmの，鉄道トンネルとしては世界最長級の海底トンネル。ドーバー海峡のユーロトンネル（英仏海峡トンネル）は，全長50.5kmであるが，海底部の長さでは，青函トンネルより長い。本州と北海道の間の貨物輸送で重要。旅客は，航空機が中心。

▶**101**

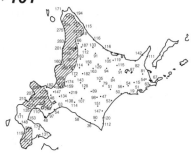

解説

　200cm以上の地域をすべて含んだ範囲を答える。200cm未満の地点は，その範囲に含まれないように注意する。以上の二点さえクリアしていれば，後は，こまかい線の位置とか，海の部分をどうするのかなどは，問われないはず。

▶**102**

(1)　ウ　　(2)　エ　　(3)　イ

(4)　①酪農，②品種改良

(5)　(例)（北海道では，）農家一戸あたりの耕地面積が広いため。

解説

(3)　ア…長野県の高原野菜の説明。

　　イ…この地域は十勝平野にあたるが，北海道の中でも大規模な畑作農業がみられる地域である。

　　ウ…鹿児島県のシラス台地の説明。

　　エ…東京や大阪などの大都市周辺でみられる近郊農業の説明。

(4)　②明治時代にはじまった北海道の開拓は，本州から移住した屯田兵(とんでんへい)によるものであった。そのため，食文化に米食があり，北海道での稲作は，悲願でもあった。現在，北海道は，米の作付け面積，生産量（トン），生産額ともに，全国有数。

　　最近では，「きらら397」のようなブラン

ド米も登場している。「きらら397」は，品種改良により1988年に北海道のブランド米になっている。「キラキラと星のように，雪のように白く輝き，きらめく様子」をあらわし，「397」は上川農業試験場が品種試験に用いた系統番号。

(5) 全国の農家一戸あたりの耕地面積。

北海道	32.0ha
都府県	2.9ha
全国平均	3.8ha

(2018年)

第1回 実力テスト

1

(1) ウ　　(2) ウ

(3) キ，(例)市街地では工場から出る騒音などの都市公害が発生しやすく，工場側も広い土地を求めていることがあるから。

(4) イ

解説
(1) 城の周辺は県の所有地になっていることが多く，城址公園に近いウが適当。
(2) A商店街は，駅周辺の商業地区に立地し，JRを利用することで比較的広い範囲を商圏としている。したがって専門的商品や高級品なども扱っている。また土地代も高く高層化しやすい。一方，B商店街は，住宅街に立地し，日用品を中心とした品ぞろえで，日替わりの特売などもあって，低価格競争がおきやすい。
(4) 公園は，普段の生活の憩いの場所として，また災害時の避難場所として，確保しておく必要がある。

2

(1) 鹿児島県

(2) 青森県，秋田県

(3) ①エ
　　②ナショナル・トラスト運動

(4) E　　(5) ウ

(6) イ

解説
(3) ②ナショナル・トラスト運動とは，貴重な自然環境や歴史的な建造物，景観などを保全するため，寄付金をつのり，土地や建物を買いとって，保存，管理する運動。
　　［覚えておこう］ナショナル・トラスト運動とは，1895年にイギリスではじめられた環境保護運動で，1907年にナショナル・トラスト法が制定された。日本では，「天神崎の自然を大切にする会」(和歌山県)，「日本野鳥の会」(北海道苫小牧市のウトナイ湖サンクチュアリの運営など)，「知床100m²運動」(北海道斜里町)，「トトロのふるさと財団」(埼玉県)，「妻籠を愛する会」(長野県)などがある。保護団体には，自然環境保全法によって税制上の優遇がある。
(4) 屋久島と白神山地は1993年，知床は2005年，小笠原諸島は2011年の登録。
(6) イは国際連合教育科学文化機関の略称。

3

(1) ア，イ，エ，カ　　(2) エ

(3) 偏西風　　　　　　(4) ア

(5) 戻る　　(6) 14日午前1時

(7) ア，エ，オ

(8) ヨーロッパ連合（EU）

解説
(1) ヨーロッパでイ，アメリカ合衆国でア，エ，カを通過している。
(3) 偏西風は，緯度30度〜60度付近に吹く。
(6) 次の「トップコーチ」のように二つの解き方があるので，理解しておきたい。

トップコーチ
時差の問題，二つの解き方

●西回りに時刻は遅れていくと考えて解く方法…横浜とロンドンの時差，ロンドンとサンフランシスコの時差を合わせればよい。1時間で15°ずれるので，（135°＋120°）÷15°＝17時間。午後6時＝18時から17時間時刻を戻して（18－17＝1），午前1時となる。

●東回りに時刻は進んでいくと考えて解く方法…横浜から東へ45°で日付変更線，さらに60°すすむと，サンフランシスコ。したがって，サンフランシスコは（45°＋60°）＝105°東にあり，105÷15＝7時間，時間が早い。午後6時＝18時に，7時間を足して，25時，つまり計算上は翌15日の午前1時となるが，**日付変更線を西から東にこえているので，日付を1日戻して，14日の午前1時となる。**

●日付変更線をこえる…**東から西へこえる**，ハワイ→日本のような場合は，**日付を進める。反対に，西から東へこえる，日本→ハワイのような場合は，日付を戻す。**

別の言い方をすれば，**東半球へこえる場合は日付を進め，西半球へこえる場合は日付を戻す**ことになる。東半球の方が，時間が早いことになっているので，こちらの方が覚えやすいだろう。

●東と西の基準…日付変更線を西から東へこえるのは，**東半球の側から西半球の側にこえる**ということ。東半球，西半球というのは，経度0度を基準に西側か，東側かで定義されているが，日付変更線＝およそ経度180度を基準にみると，東半球が西側で，西半球が東側になる。

(7) ア…インドのサリーのこと。
イ…オーストラリアのこと。
ウ…北極圏または南極圏にみられる**白夜**

のこと。
エ…だいたいシンガポール（北緯1度あたり）より北は北半球なので，このルートはすべて北半球である。
オ…面積が広い順は，ロシア，カナダ，アメリカ合衆国，中国であり，3番目はアメリカ合衆国。なお，1999年にアメリカ合衆国の面積の計算方式の変更から，4位の中国より広くなっている。

▶ **4**

(1) 一人っ子政策　　(2) イ
(3) 棚田（たなだ）　　(4) イスラム教，エ
(5) 焼畑農業　　(6) フィヨルド
(7) ウ　　(8) アルゼンチン，D

解説

(1) 人口が世界一の中国で，人口を抑制するために，1980年ごろから2015年まで行われた。一組の夫婦に一人の子供の場合，さまざまな優遇政策を導入していた。
　[注意点]　**一人っ子政策の問題点**…子供が二人になると優遇措置がなくなるばかりか罰則も科せられるので，籍に入れない子供（黒孩子（ヘイハイズ））の増加や，将来の老齢人口の増加，一人っ子への過保護などが問題。

(2) ②はモンゴル。降水量が少なく，草原が広がっている。馬の遊牧が特徴的である。アは熱帯雨林。ウはけわしい山地と冷帯林，エは熱帯のサバナ気候を示している。

(3) アジアは人口密度が高く，農業は集約的に行われる。ヒマラヤ山脈の山麓をはじめ，山地では，傾斜地で稲（米）を栽培するために階段状の水田をつくっている。

(4) エのカーストは，インドのヒンドゥー教にある身分制度。

(5) 移動式の原始的農業である。森林を伐採（ばっさい）し，乾燥させて火を入れる。この灰を肥料に数年間だけ自給的なキャッサバなどを栽

培する。その後，表土が完全に失われる前にここを放棄し，次の森林を伐採する。10年以上かかるが，最初の森林が再生すると，また伐採をくりかえす。

(6) 氷河によって侵食された氷食谷（ユー字谷）が沈水（地殻変動で海水に沈むこと）して成立。フィヨルドは高緯度地方にしかなく，⑥地方（ノルウェーの大西洋側）のほか，カナダ北部やチリ南部，ニュージーランド南島などでみられる。

(7) ウ…イグルーは，氷でできている。中はもちろん氷点下であるが，風を防ぐことができ，外よりは気温が高くなる。
ア…ユルトは，中央アジアのキルギス地方の，イ…ゲルは，モンゴルの，エ…ティピは，アメリカインディアンの，それぞれ移動式のテント。

第2回 実力テスト

▶ **1**

(1) イ　(2) ウ
(3) （例）ロンドンは偏西風の影響で年間の気温の変化が小さいが，明石市は季節風の影響を強くうけるので，年間の気温の変化が大きい。(58字)
(4) ①日付変更線，②遅らせ，③進める
(5) ア→エ→イ→ウ
(6) ①インド，②エ
(7) （例）神戸市や大阪市に通勤や通学をする人が多い (20字)

解説
(2) ヨーロッパは高緯度に位置し，イギリス海峡付近が北緯50度。日本は北緯40度が秋田県の男鹿半島，八郎潟干拓地を通るので，

Y線は北緯35度であることがわかる。
(3) ロンドンのような気候を西岸気候，明石市のような気候を東岸気候という。西岸気候では年較差が小さく，東岸気候では年較差が大きい。
(5) ア…那覇市，イ…大津市，ウ…四日市市，エ…下関市。
(6) ①インドのバンガロールなどには，コンピューター関連の企業が進出している。
②日本では，ア～ウの業種は，原料や製品を輸出入する傾向が強く，臨海部に立地している。エの食品工業は，原料産地と結びつくことが多く，内陸部にも立地する。
(7) 明石市は神戸市や大阪市のベッドタウンとしての住宅都市の側面もある。

▶ **2**

(1) ア，ウ
(2) A…カ，日本
B…オ，インド
C…キ，韓国（大韓民国）
D…ウ，エチオピア
E…エ，イタリア
F…ア，アメリカ合衆国
G…イ，ブラジル
(3) ヒンドゥー教，パキスタン
(4) 北緯38度線
(5) シリコンバレー
(6) アマゾン川

解説
(1) かなりの難問。A国は，出生率が死亡率を下回り，人口が減少している。C国は，老年人口が14％を超えており，すでに高齢社会である。G国は，出生率が低くなく，正しい。
(2) AとEの区別はとくに難しい。
(5) サンフランシスコの南，サンノゼ近くにある。「シリコンヴァレー」でもよい。

▶ **3**

(1) **にんじん**　　(2) **エ**

(3)

(4) **イ**

(5) ①**エ**，②**イ**，③**ア**，④**オ**，⑤**ウ**

解説

(1) 「長崎の生産量÷国内総生産量」で計算すれば，割合を求めることができるが，この割り算は，たいへん手間。

[覚えておこう] 計算は，簡略な方法を考えよう。

にんじんは，国内総生産量の１％が57（単位は百トンとなっているが，割合を求めるだけなので，無視して考えていけばよい）となるので，長崎県の325は，６％未満。同様に考えて，じゃがいもは，１％が226で長崎が921なので４％以上。たまねぎは１％が116で長崎が292なので３％未満。したがって，にんじんが最高。

第3回 実力テスト

▶ **1**

(1) **環太平洋造山帯**

---

(2) **ウ**

(3) ①**2**，②**135**

(4) **明石市，西脇市（以上，兵庫県），福知山市，京丹後市（以上，京都府）** など

解説

(1) もう一つは，アルプス・ヒマラヤ造山帯。

(2) 領海の外側から200海里までの排他的経済水域は，領海とは異なり，経済活動をおこなわない立ち入りは認められている。

トップコーチ

世界の山地

●**古期造山帯** 古い山地なので，ややなだらか。アメリカ合衆国のアパラチア山脈，ロシアのウラル山脈が代表的。

この他，ヨーロッパ北部のペニン山脈，スカンディナビア山脈，シュバルツバルト（酸性雨の被害で有名な黒森），南アフリカのドラケンスバーグ山脈，オーストラリアのグレートディバイディング山脈など。

●**新期造山帯** 比較的新しい時代の造山運動によってできたもの。地盤が不安定で地震や火山活動も活発。環太平洋造山帯とアルプス・ヒマラヤ造山帯とがある。

①環太平洋造山帯…南アメリカ大陸西岸のアンデス山脈から，北アメリカ大陸西岸のロッキー山脈，千島列島から日本列島をへて，フィリピン，ニューギニア，ニュージーランドまで，太平洋をとりかこむように続いている。

②アルプス・ヒマラヤ造山帯…スペインとフランスの国境をなすピレネー山脈，北アフリカのアトラス山脈から，アルプス山脈，バルカン半島，アナトリア高原，カフカス山脈，イラン高原，パミール高原，ヒマラヤ山脈，マレー半島，大スン

ダ列島とつながる。環太平洋造山帯とはインドネシアのスラウェシ島あたりで会合する。

2

(1) 緯線

(2) ①イ，②ア

(3) ①a…イ，b…オ，②イ

(4) イ

(5) ①A，イ，②C，ウ，③B，ア

解説

(2) ①ウ…現在世界最大の二酸化炭素排出国は中華人民共和国だが，化石燃料の消費量は人口だけに比例するのではなく，経済活動の規模や生活水準などにも比例する。

②ヨーロッパは，暖流の北大西洋海流とその上を吹いてくる偏西風の影響で，冬でも高緯度まで温暖。等温線が，図のように南北にのびるような形になる。また，等温線の数値が5℃や0℃となっていることからも，1月であることがわかる。

(3) ①aの地域では，毎日のようにスコールがみられる。bの地域では，熱帯低気圧が発達したハリケーンによる降雨がある。

②乾燥帯とその他の気候帯の区別は，乾燥限界値で判定する。この問題集の **14** の問題に解説がある（本冊→p.19）。ステップ気候と地中海性気候の区別は，乾燥限界値をもとにするので，降水量の多い方がステップ気候になることがある。

(4) イ…豪雨ではなく，豪雪。

(5) A〜Cの雨温図は，降水量の目盛りの取り方がそれぞれ異なっているので，要注意。

①のグラフは，降水量の少ないときに高温（夏），冬に雨→雨温図ではAとなる。

②のグラフは，降水量が毎月50mm前後なので，雨温図ではCとなる。また，毎月

50mm前後の降水では，「年中多雨」とまではいえないので，ウ「年間一定の降水」。

③のグラフは，降水量が0から250mmの間で変動が大きいので，雨温図ではBとなる。

3

(1) 石炭　　(2) イ

(3) ①太平洋ベルト，②カ

(4) (例) **原料は輸入にたより，製品も多く輸出しているが，原料や製品が重いため，船で運ぶから。**

解説

(2) アは近年激増しており中国。ウは1990年代初め，ソ連の崩壊で一時的に減少したロシア。エはこの5か国中最も少ないドイツ。残るイの日本はアメリカ合衆国よりやや多いくらいである。

(3) ②出荷額が2位の2倍以上にもなるBは，自動車工業の豊田などのある愛知県。CとDは，東京都と神奈川県のどちらかとなるが，製品の出荷額では，神奈川県の方が多い。

[注意点] 東京都は，研究・開発機関などは多いが，実際の工場は，海外に移転したりして，出荷額は減少している。工場の海外進出によって，国内の産業がおとろえることを，産業の空洞化という。1980年代の貿易摩擦や急激な円高，中国の経済特区など，発展途上国が先進国の多国籍企業うけ入れの体制を整備したことを背景に，電気機械，自動車などの工場が，中国や東南アジアなどのアジア，北アメリカ，ヨーロッパに移転して，国内の産業の空洞化が問題となっている。

4

(1) 石炭　　(2) ロシア，E

解説

(1) 石炭の埋蔵量は，アメリカ合衆国が世界第1位であるが，産出は，中国が第1位。アジアの中のAは，一人当たりの排出量は少ないが，全体としては大きいので，人口の多い中国となる。Bはその反対なので，工業化のすすんだ日本となる。

(2) アメリカ合衆国は，署名はしたが，その後，京都議定書から離脱している。京都議定書から先進国で唯一，離脱しているアメリカは，自国の経済利益のみを考えて批准を拒否していると，世界中から非難を浴びた。(この別冊→ **p.23**)

京都議定書は，ロシアの批准で発効したが，ロシアが表のDとEのどちらかとなると，区別は難しい。

Eのほうが，合計が大きいこと，気体燃料（天然ガス）が多いことから，こちらがロシアとなる。

なお，表のAは中国，Bは日本，Cは南アフリカ共和国，Dはイギリス，Eはロシア，Fはアメリカ合衆国である。

5

(1) A…エ　　C…ウ

(2) A…ア　　B…ウ
　　C…エ　　D…イ

解説

(1) A…特に貨物輸送で割合が大きく減少しているので，エの鉄道。

B…貨物・旅客輸送とも大きく増加しているので，イの自動車。

C…貨物輸送の割合は多いが旅客輸送の割合がとても少ないので，ウの船舶。

D…1965年時点では貨物・旅客輸送とも

割合がとても少ないので，アの航空機。

(2) A…地方の県では自動車がおもな交通手段なので，アが該当。

B…大都市およびその近郊の県では自転車の利用が多いので，ウが該当。

C…面積の広い北海道が1位なので，エの道路の実延長距離が該当。

D…大都市圏では鉄道路線網が発達しているので，イが該当。

第4回 **実力テスト**

1

(1) B　　(2) ウ　　(3) イ

(4) ①b，サウジアラビア，②イ

(5) ①オ，②ア

(6) あ，(例) 沖合いを流れる暖流と偏西風の影響で温暖であるから。

解説

(1) ロシアのカムチャッカ半島の向きが約90度誤っている。カムチャッカ半島は環太平洋造山帯の一部で，北アメリカプレートに太平洋プレートが沈み込む場所に当っている。4500mを超える山脈もあるカムチャッカ半島と千島列島の島弧とは，一列に並んでいるはずなので，これが誤り。正しくは，右図。

なお，島弧とは，大陸のプレートに海洋のプレートが沈み込む場所に形成される弓状の島々。弧状列島ともいう。海溝や火山帯が平行にみられる。

(2) Eはアフリカのギニア湾の部分。経度0度と赤道（緯度0度）が交わる場所。

(3) Xは，台湾を通っているので，北回帰線とわかる。北回帰線付近は乾燥気候が広がる地域が多く，アフリカのサハラ砂漠やア

ラビア半島，メキシコの西部などがある。また，南回帰線付近でも，オーストラリアの砂漠やアフリカ南部のカラハリ砂漠などがある。

一方，Yは，タイのバンコクやインドネシアのスマトラ島を通り，東経100度。
[覚えておこう] 知っている経度からだいたいの位置を計算しても，解くことができる。イギリスのロンドンが経度0度，日本は東経135度線が通るので，これから考えればよい。

(4) ①日本時間の午後8時が，ある都市では午後2時なので，6時間の時差がある。ある都市の方が時間が遅いので，日本より西にあることが分かる。日本とは，15°×6時間＝90°で，経度差は90度となるので，135－90＝45で，東経45度上の都市となり，b（リヤド）があてはまる。

②イは，イスラム教の礼拝の様子。礼拝は1日5回メッカの方に向かって行う。サウジアラビアはイスラム教徒がほとんどで，聖地メッカはこの国にある。

アは，フランスのパリにあるエッフェル塔。ウは，タイやミャンマーによくみられる仏塔（日本の寺院の五重塔にあたる）。エは，牛と共存しているインドの都市と考えられる。

(5) ①オはニューヨーク。2001年に同時多発テロが起こった。

②アはスマトラ島沖。2004年にスマトラ島沖地震により，インド洋大津波が発生した。

(6) 表の①はアイルランドで首都はダブリン，②は韓国で首都はソウル。ユーラシア大陸の西岸は，暖流と偏西風の影響で冬の気温が高く，夏の気温もそれほど高くない。このような気候を西岸気候という。一方，大陸の東岸では，季節風の影響で，冬は冷え込み夏はたいへん暑い。このような気候を東岸気候という。

2

(1) ウ　(2) エ
(3) 原因…(例)自動車から出される排気ガスによって，温室効果ガスの濃度が高くなった。
対策…(例)自動車の利用を減らして，できるだけ電車などの公共交通機関で移動するようにする。

解説
(1) わざと堤防をつなげないで，いくつかの地点に水の出入口を設けたものを霞堤という。大雨によって川の水かさが増すと，それぞれの出入口から水が逃げてたまるようになっており，堤防が決壊して一気に水が流れ出すことを防ぐ効果がある。その後，川の水かさが減ると，出入口の近くにたまった水が川にもどる。したがって，ウが正しい。
(2) 台風の接近や発達した低気圧の影響によって，海水面が大きく上昇する現象を高潮という。高潮は気圧の変化や潮位の上昇によっておこるものであり，エはあてはまらない。地震などによって海底の地形が急激に変化し，それによって発生する高い波は，津波とよばれる。

3

(1) ①オ，②ウ
(2) ①イ，②ウ
(3) 1月2日8：00
(4) ①オ，②イ
(5) ①エ，②エ
(6) ①エ，②ウ
(7) エ

解説
(1) ①石炭の産出が世界第1位のAは，中国。

日本の輸入先が第1位のCは，オーストラリア。したがって，Bはアメリカ合衆国。ただし，統計年次によっては，変動する。

②Aは1970年頃まではある程度の割合があり，少なくなってはいるが，今も続いているので，水力。

Bは1970年代から始まり増加傾向なので，原子力か天然ガスが該当する。東日本大震災の影響で2011年から大きく減少していることから考えて，原子力になる。

Cは，現在割合がもっとも多い石油と，1960年頃に主流が逆転しているので，石炭となる。

(2) ①群馬県の鉄道，バスなどの公共交通網は，問題の4都県の中ではいちばん発達していないので，1世帯に複数台の自動車があると考えられ，1世帯あたり台数はもっとも多いはず。総台数は他の都県より少ないと考えられるので，イが該当する。

また，表のデータを使い，「総台数÷1世帯あたり台数」を計算すると，世帯数が求められる。群馬県は，世帯数はもっとも少ないと考えられる。計算式を想定してみると，アやエでは0.44や0.71などで割るので，世帯数は総台数の数値をこえるし，ウでは総台数の344に近い値になるが，イはもっとも少ない総台数を1.633で割るので，当然もっとも少なくなり，これが群馬県と判断することもできる。

なお，総台数がもっとも多く，1世帯あたり台数がもっとも少ないアは東京都で，続くエは神奈川県となり，残るウが，千葉県となる。

②アは台数がもっとも多いので，アメリカ合衆国。エとオは，乗用車1台あたりの人口がかなり多い（普及率が低い）ので，メキシコとロシアになる。

残るイとウがドイツと日本になる。ここで，表のデータを使い，「乗用車保有台数×乗用車1台あたりの人口」を計算すれば，

総人口が求められるので，ざっと計算してみると，イは1億人をこえるが，ウは8000万人程度となる→イが日本，ウがドイツ。

なお，エとオについても，総人口から判別できる。エは1億3千万人程度，オは1億4千万人程度なので，エがメキシコ，オがロシア。

トップコーチ
統計問題のカンどころ

統計表などで与えられたデータをもとにすると，新しい判断材料のデータが得られることがある。

●例1

都道府県や国ごとの自動車の総台数と，1世帯あたり台数のデータがあれば，世帯数のデータを求めることができる。

●例2

都道府県や国ごとの乗用車保有台数と，乗用車1台あたりの人口のデータがあれば，総人口のデータを求めることができる。

(3) 日付変更線をまたがないで，ロンドン経由で考える方法が，いちばん分かりやすい。

［第一］

西経120度と東経150度との時差は，経線0度を通過する経度差で考えて，$(120°+150°)÷15°=18時間$，となり，18時間の時差がある。オーストラリアがサマータイムを実施しているので，1時間を加えて，この日は19時間の時差となる。

［覚えておこう］ サマータイムを実施すると，実際の時刻より1時間進める（午前9時ならそのときを午前10時にする）ことなので，経線で考えると，標準時子午線が15度東へずれることと同じになる。そのためオーストラリアの標準時子午線が東経165度になると考えればよい。

［第二］

ロサンゼルスの12月31日22：30は，シド

ニーでは＋19時間の1月1日17：30である。この時刻に出発した飛行機が14時間30分後にシドニーに到着するので，1月1日17：30に14時間30分を加えると，シドニー時間で1月1日32時，つまり1月2日午前8時となる。

[第三]

12月31日22：30から，飛行所要時間の14時間30分と時差の19時間の合計33時間30分を進めていけば，シドニー到着日時が分かる。まず，1時間30分後に1月1日0：00となり，次の24時間後に1月2日0：00となり，さらに8時間後であるから，1月2日午前8時となる。

トップコーチ

日付変更線をまたいで考える方法

サマータイムや，日付変更線の処理がややこしい。なお,本別冊41ページの「トップコーチ」も参照のこと。

●時差とサマータイムの関連　両都市の経度差は，西経分の60度と東経分の30度で合計90度。90÷15で，時差は6時間であるが，サマータイムを差し引くとこの日は5時間の時差があったことになる。

●飛行時間と時差の関連　12月31日22：30から，飛行所要時間の14時間30分と時差の5時間の差＝9時間30分を進めていけば，シドニー到着日時が分かる。

●日付変更線の処理　1時間30分後に1月1日0：00となり，次の8時間後に1月1日8時で到着するが，日付変更線を西半球から東半球にこえるので，日付を1日加えて，1月2日午前8時となる。

---

(4)　①アのカイロとエのニューオーリンズはおよそ30度，イのサンパウロは23.4度（南回帰線），ウの東京は35度，オのローマはおよそ40度。

②野菜類は，東京に出荷する近郊農業が

さかんなため上位に入る。また卵なども新鮮さを保つためにも都市近郊でも生産される傾向がある。しかし，肉用牛は，出荷の頻度が少なく，広い土地も必要なため，北日本や南九州が上位に入る。

(5)　①船舶は，減少傾向。減少傾向にあるのはイとエであるが，より割合が少ないエが船舶。したがってイが鉄鋼。ただしイもエも2010年ではわずかに増加している。これは，近年の世界規模での経済成長によるところが大きい。アは1970年にはほとんどないので，半導体等電子部品。ウは割合が多いので，自動車になる。

②Aは4か国で輸出総額がもっとも多く，輸出相手の上位にアジア州のホンコンや韓国があることから中国である。BとCは輸出総額が同程度だが，輸出相手国の1・2位が隣国のカナダ・メキシコであるBがアメリカ合衆国，ヨーロッパ州の国々への輸出が多いCがドイツと判断する。そして残ったDが日本となる。

(6)　①アは昼間流入率が大きいので，東京都区部。イは他に比べ移動の割合が少ないので，札幌市。ウとエを比べれば，ウは流出率の方が高く，エは流入率の方が高い。阪神間の方が京浜間よりも一極集中の傾向が弱いので，ウが横浜市，エが神戸市になる。

②AとBに関しては，大阪50km圏の傾向から判断して，Aが40〜50km，Bが0〜10kmとなる。次にCとDを比べると，Dの方が中心が少なく範囲も広いので，東京50km圏，Cが名古屋50km圏。

(7)　ア…都市内部の気温が相対的に上がる現象である。

イ…窒素酸化物や硫黄酸化物が偏西風に乗って運ばれ，内陸部でも被害が大きい。

ウ…オゾン層の破壊はフロンガスによってすすむ。石油や石炭の燃焼により二酸化炭素が排出されておこるのは，地球温暖化。